新时代深化国有企业改革重大理论与实践专题研究报告

徐传谌　汤吉军　等著

中国财经出版传媒集团

经济科学出版社
Economic Science Press

图书在版编目（CIP）数据

新时代深化国有企业改革重大理论与实践专题研究报告/
徐传谌等著 . —北京：经济科学出版社，2018.5
ISBN 978 - 7 - 5141 - 9360 - 2

Ⅰ. ①新… Ⅱ. ①徐… Ⅲ. ①国有企业 – 经济体制
改革 – 研究报告 – 中国 Ⅳ. ①F279.241

中国版本图书馆 CIP 数据核字（2018）第 112455 号

责任编辑：李晓杰
责任校对：隗立娜
责任印制：李 鹏

新时代深化国有企业改革重大理论与实践专题研究报告
徐传谌 汤吉军 等著
经济科学出版社出版、发行 新华书店经销
社址：北京市海淀区阜成路甲 28 号 邮编：100142
总编部电话：010 - 88191217 发行部电话：010 - 88191522
网址：www. esp. com. cn
电子邮件：esp@ esp. com. cn
天猫网店：经济科学出版社旗舰店
网址：http://jjkxcbs. tmall. com
北京季蜂印刷有限公司印装
710 × 1000 16 开 16.75 印张 330000 字
2018 年 5 月第 1 版 2018 年 5 月第 1 次印刷
ISBN 978 - 7 - 5141 - 9360 - 2 定价：58.00 元
（图书出现印装问题，本社负责调换。电话：010 - 88191510）
（版权所有 侵权必究 举报电话：010 - 88191586
电子邮箱：dbts@ esp. com. cn）

本书出版得到以下项目资助：

教育部哲学社会科学中国国有经济发展报告培育项目资助

教育部人文社会科学重点研究基地基金资助

吉林大学高峰学科项目资助

教育部人文社科重点研究基地重大项目（16JJD790020）资助

目录
Contents

第 1 章

深化国有企业改革的顶层设计

1.1 国有企业在我国经济建设和社会发展中的重要地位和作用

1.1.1 国有企业是我国基本经济制度的基石

公有制为主体、多种所有制经济共同发展的基本经济制度，是中国特色社会主义制度的重要支柱，也是社会主义市场经济体制的根基。公有制经济为主体使我国市场经济与资本主义市场经济截然不同，呈现出社会主义特色。公有制经济的发展情况关乎基本经济制度的性质稳定，成为多种所有制共同发展的重要前提。所以，公有制经济是我国基本经济制度的基础，是所有制结构中的主体框架，其优势和特点在和其他所有制经济的相互促进和共同发展中得到体现和放大。

在一个国家范围内发展公有制经济，国有经济无疑是公有制程度最高、影响力最大的公有制形态，也是中国特色社会主义初级阶段和无产阶级专政前提之下，发展公有制经济的必然选择。国有经济是我国公有制经济的主要形式，是公有制经济的主体和基础。在当前条件下国有经济要得到发展，必须融入市场经济当中，与市场经济紧密结合，成为市场的独立主体。这要求国有经济采取企业的形态进入市场，国有企业就成为国有经济的具体实现形式。企业形态也使得国有经济可以和其他所有制企业进行互动和沟通，从而相互影响，相互促进，共同发展。因此，国有企业是中国当前历史阶段的必然产物，是公有制的主要形式，是我国基本经济制度的基石。

1.1.2　国有企业是中国共产党执政的经济基础

中国共产党的命名本身就蕴含着经济制度的诉求和经济发展的理想。作为无产阶级的政党，基于对人类历史发展规律的准确判断，将实现共产主义作为最高理想和最终目标。而共产主义的核心是一种先进的生产方式，该生产方式建立在公有制基础之上，劳动者在共同占有生产资料的前提下进行联合生产，所有制不再是劳动分工的划分依据。因此发展公有制经济是中国共产党实现共产主义理想的根本途径，也是其成为执政党的重要目的。以公有制发展推动经济基础乃至整个社会制度向更高层次演进，是中国共产党执政的主要任务。在这一任务完成的过程中，生产力得到进一步解放，生产关系与生产力的关系更为协调，生产力发展的成果惠及以无产阶级为主体的广大劳动者。

在当前条件下，发展公有制经济的主要内容便是发展国有企业。通过国有企业，中国共产党的宗旨和理念可以融入经济层面，在市场经济中得到扩散，使市场经济具备社会主义特性。国有企业为中国共产党实践社会主义生产关系，乃至实现共产主义理想提供了载体和工具。为中国共产党在微观层面了解市场经济、把握经济规律、自觉调控经济运行提供了窗口和抓手。中国共产党是在政治、经济和文化等诸多领域实现根本性革新的政党，而国有企业便是中国共产党实践理想的经济基础，它将深刻地影响其他领域改革和发展的进程和方向。

1.1.3　国有企业在经济社会发展中起主导作用

国有企业在国民经济的关键领域处于支配地位，控制国民经济的命脉。国有企业在涉及国家安全的行业、支柱产业和高新技术产业中的重要骨干企业、提供重要公共产品的行业、重大基础设施和重要矿产资源行业等领域具有控制力。通过控制国民经济命脉，国有企业的影响力和控制力得到增强和放大，从而保证了关系国计民生的产品供给稳定，维护了国家的经济安全，在抗击严重自然灾害和完成国家重大活动任务中发挥了中流砥柱的作用。当外部经济环境出现大幅度波动时，国有企业承受了大部分的外部冲击，保证了国内市场环境的秩序，避免国家经济命脉被外部经济体所控制而丧失经济发展的自主权。基本经济制度要求国有企业承担起掌控经济命脉的责任，而通过掌控经济命脉，国有企业更好地发挥了自身的特性和功能。

国有企业在结构调整和转型升级中发挥引领作用。在推动传统产业改造升级中，国有企业带头淘汰落后产能，大力提高产业集中度，加强技术改造，提升产业层级。在培育发展战略新兴产业中，国有企业加快发展高端装备制造，率先实现规模化生产，并且注重发展生产性服务业，逐步实现从制造业环节为主向研发设计和销售服务两端延伸的转变。结构调整和转型升级将大大提升我国经济发展的质量，提升成本收益率和生产效率，极大地提升中国经济整体的竞争实力，有助于提升中国经济在世界产业链中的地位。同时，国有企业在这一过程中，开辟了更广阔的市场空间，为其他所有制经济创造了更多的发展机遇。

国有企业在技术创新中发挥模范带头作用。根据国家中长期科技发展规划，我国需要突破的 11 个重点领域和 16 个重大科技专项，中央企业全部涉及。有 54 家中央企业被正式命名为 "创新性企业"。56 个产业技术创新战略联盟有 24 个由中央企业牵头或参与组建。一些重大的科技创新成果和重大的工程建设，都是由国有企业承担完成。国有企业的科技水平和创新实力表明国有经济走在生产力发展的前沿。[①]

国有经济在协调经济发展和社会进步的关系当中发挥表率作用。经济发展并不一定会带来社会进步，过快的经济增长甚至会造成矛盾在社会层面的积攒和激化。经济发展和社会进步之间的关系需要自觉地加以调节，而国有企业在这方面做出了表率。国有企业明确将履行社会责任作为企业发展的重要目标，率先在全社会公布企业社会责任报告。国有企业的利润归全民所有，相当大一部分用于充实社会保险基金，使企业发展成果惠及全民。国有企业在节能减排方面也做出了突出的贡献，节能减排取得的效果超出全国平均的水平。此外，国有企业还积极参与定点扶贫、援疆援藏和各类社会公益事业，在企业所具有的一般性功能基础上，国有企业发挥了特殊的功效，承担了特殊的职责。

1.1.4　国有企业对其他所有制经济的发展起到示范和引导作用

公有制经济是生产力发展和人类进步的必然选择。生产力需要在更平等的交往中保存和传承，而只有共同占有生产资料，才能从根本上克服分工所造成的对立，才能实现个人的自由发展。"只有在共同体中，个人才能获得全面发展其才能的手段，只有共同体才能有个人自由。"[②] 因此，国有企业的产生顺应了生产力规模化发展的趋势，其发展有利于个人的自由和解放。国有企业作为新型的生产关系，其自身的发展和完善过程会充分发挥公有制对生产力的推动力，并在市场经济中对其他所有制经济的发展起到示范和引导的作用。

当前历史条件下，国有企业将资本的运动和生产力的发展绑定在一起，因此

---

①　国务院国资委宣传局．国企热点面对面 [M]．北京：中国经济出版社，2012．
②　马克思恩格斯选集（第 1 卷）[M]．北京：人民出版社，1995．

呈现出与其他所有制经济不同的特征。国有企业能够克服资本的盲目逐利性，着眼于技术发展和生产能力的提升，因此国有企业整体上向技术密集型产业集中，并能够及时遏制自身的投机行为，保证了市场的有序和稳定，为其他所有制发展创造了良好的环境。国有企业在国有资产保值增值的基础上，更关注劳动者的发展，从而形成了更为和谐的劳资关系，尊重劳动者的创新精神，一些重大技术创新由基层员工完成。国有企业在发展的同时，密切关注自身对社会发展的推动作用，主动承担相应的社会责任，并以企业社会责任报告的形式对外发布，发展指数和难度增幅都取得了显著的成绩。在现代企业制度建设上，国有企业的治理结构更为规范和公开，企业内部各部门和各层级之间的职能清晰，并且在现代企业制度中融入了党组织等制度体系，突出了企业的社会主义属性，这对于民营企业有较强的示范效应。

1.2　国有企业市场化改革总体状况判断及依据

1.2.1　国有企业总体上已经同市场经济相融合

国有企业改革是中国经济体制改革的主要任务。国有企业的改革历程正是对中国经济体制从计划经济到市场经济转变的集中反映。从放权让利、承包制到建立现代企业制度、成立国有资产监督管理委员会，国有企业改革逐步明确市场化改革的总体方向。历经近40年的改革，国有企业总体上已经和社会主义市场经济相融合，成为真正独立的市场主体，接受相应法律的约束和保护，公平参与市场竞争，自觉遵守市场规则，并以市场信号为基础决定企业的经营战略和发展方向。

与市场经济相融合，是国有企业演进和发展的必然途径。在当前历史阶段，市场经济是人类交往方式的先进形态，在交往深度和交往广度两方面都达到了很高的水平，并逐步突破国家的政治边界而走向全球一体化。在这种交往方式下，生产力得到更好的传播、存续和发展。同样，市场经济是开放的体系，核心是以价格为表象的评价机制，只要遵守市场规则，各种类型的行为主体都可以参与价格评价过程，而恰恰是市场的开放性保证其评价机制的相对客观性。因此，国有企业与市场经济相融合是对生产力当前发展阶段的顺应，而市场经济的特点也为国有企业的融入创造了条件。

国有企业融入市场经济同样对市场经济本身的演进产生了积极的影响。国有企业的融入使公有制经济在市场经济中占据了主体地位，使中国的市场经济迥异于资本主义国家以私有制为主体的市场经济，呈现出社会主义特色。这使得市场经济中存在的盲目性和滞后性得到一定程度的纠正，以投机为典型的市场评价机制的错误概率得到了降低，增强了中国市场经济对外部经济波动的抵御能力。国有企业融入市场经济，是二者共同演进和发展的必然结果。国有企业总体上与市场经济的融合标志着国有企业阶段性改革目标的完成，接下来改革将着重探索国有企业如何在市场经济环境中提升自身的活力、控制力和影响力，充分发挥自身的所有制特性和优势，并通过市场进行传播和扩散。

1.2.2 国有企业大部分处于市场竞争行业

依据目前的行业分布情况，90%以上的国有企业处于高度市场竞争的行业。[①]历经多轮市场化改革，国有企业已经基本适应了市场的运行规则，能够承受来自市场的竞争压力，并且在竞争中吸收对手的长处，结合自身的优势，不断提升产品质量和服务水平，在市场竞争中生存和发展。从以资本和技术密集型的装备制造业，到劳动密集型的旅游行业，各类型的竞争行业中都有国有企业参与其中，并且很多国有企业在所属行业中呈现出竞争优势，其产品成为该行业的知名品牌，其服务成为行业的标杆。在竞争中，国有企业逐步体现出自己的优势，企业发展的长期预期良好，产品和服务的质量有保证，品牌具有较高的信誉度和忠诚度。在许多产业，形成了以国有企业为核心和支柱，其他所有制企业沿产业链与其形成合作关系的产业结构。市场化改革使国有企业实现了优胜劣汰，在市场竞争中生存下来的国有企业总体上表现出很强的市场适应性。

一些国有企业处于垄断行业当中，但也积极进行市场化改革。这些行业本身在市场规则下就易形成自然垄断的市场结构，国有企业占据垄断地位可以避免出现大量的垄断行为，保证产品质量和价格的稳定，保证产品的供应能力。所以这些行业的市场化改革并不是要去除垄断的产业结构，而是要降低行政性垄断的程度，使国有企业的垄断地位建立在市场竞争之上。通过一系列改革，这些垄断行业形成了寡头垄断的格局，强化国有企业彼此之间的市场竞争。这些行业的国有企业积极融入国际市场，以国际市场竞争来弥补国内市场竞争的不足。同时，不断放宽行业准入制度，鼓励民营资本参与国有企业改革和运营，通过消除行政壁垒来提升行业的可竞争性。

1.2.3 市场化改革使国有企业经济效益得到根本改善

国有企业改革的最初动力源于国有经济在计划经济体制下经济效益低下，企

---

① 国务院国资委新闻中心. 国企热点面对面 [M]. 北京：中国经济出版社，2012，172.

业缺乏活力，政府对企业经营过度干预。通过市场化改革，淘汰落后产能，战略性重组和转换机制后的国有企业整体经济效益得到了根本的改善，摆脱了 20 世纪 90 年代困难时期的低迷状态，重新焕发了活力。与市场经济相融合，使国有企业获得了新生，实现了国有企业改革的初衷。

2003 ~ 2010 年间，全国国有资产总量由 70457.2 亿元增长到 2010 年 187492.9 亿元，年平均增长率超过 13%；全国国有工业总产值由 2003 年的 53407.9 亿元增长到 2010 年的 185861.02 亿元，年平均增长率为 17.34%；全国国有企业利润总额由 2003 年的 4769.4 亿元增长至 2010 年的 21428.2 亿元，年平均增长速度超过 23%；全国国有企业上缴税金总额从 2003 年的 7865 亿元增加到 2010 年的 26544.3 亿元，年平均增幅为 16.8%。① 2013 年，中国进入世界 500 强的企业达到 95 家，其中国有企业达到 79 家，占中国上榜企业总数的 83.15%，上榜国企的类别结构也更多样化。

直面激烈的市场竞争，积极提升技术水平，抑制获取垄断利润的冲动，上缴利税的比例不断提升，承担更多的社会责任和政策任务，国有企业在市场经济中不但实现了经济效益的根本改善，还发挥着更丰富多样的经济职能。追求经济效益并不是国有企业发展的唯一目的，但是经济效益的不断提升充分证实了国有企业和市场经济融合的可能性，也为国有企业其他职能的发挥奠定了坚实的基础。

1.2.4　国有企业总体上建立起现代企业制度

要融入市场经济，国有企业必须成为独立自主的微观经济主体，建立现代企业制度势在必行。历经多年改革，国有企业内部的产权结构和治理结构发生了根本转变，基本形成了产权清晰、权责明确、政企分开、管理科学的现代企业制度。现代企业制度改革要求国有企业管理体系也要相应发生变革，按照党的十六大确定的重大原则，中央、省、市三级组建了国有资产监管机构，代表政府履行国有资产出资人职责，在机构设置上实现了政府与企业之间的分离，政府依据市场规则来管理国有企业。一套与市场经济相适应的、完整的国有企业运营和管理体制总体上建立起来。

目前，全国国有企业改制率超过 90%，中央企业及所属子公司的股份制改革从 2005 年的 40% 提高到 2010 年的 70%，中央企业控股境内外上市公司达 336 家。② 国有企业治理结构的权力层级完整清晰，各层级的部门职能明确，外部监

---

① 徐传谌，彭华岗. 中国国有经济发展报告（2003 ~ 2010）［M］. 北京：经济科学出版社，2013，29 - 51.

② 国务院国资委、国务院国资委新闻中心. 国企热点面对面［M］. 北京：中国经济出版社，2012，175.

管体系完善，相应规章制度完备且基本执行到位。一些独资的中央企业也深入推进建立规范的董事会制度，部分中央企业实现了整体上市。同时，国有企业积极探索中国特色的公司治理模式，在治理结构中引入党组织和职工代表大会等制度，设立职工董事职位，使企业决策更为民主和科学，管理更加有效。对于资产规模巨大的企业集团，该如何调整治理结构以保证管理的效率，国有企业正探索一条具有中国特色的道路，这将对中国民营企业产生积极的示范效应。

1.3　深化国有企业改革的指导思想和基本原则

1.3.1　深化国有企业改革的指导思想

高举中国特色社会主义伟大旗帜，认真贯彻落实党的十八大和十八届三中、四中全会精神，坚持和完善基本经济制度，坚持社会主义市场经济改革方向，以分类推进国有企业改革为切入点，以完善国有资产管理体制为保障，以规范经营决策、资产保值增值、公平参与竞争、提高企业效率、增强企业活力、承担社会责任为重点，发展混合所有制经济，完善现代企业制度，坚定不移加快推进国有企业改革，不断增强国有经济活力、控制力、影响力，为促进经济社会持续健康发展、实现中华民族伟大复兴的中国梦作出积极贡献。

1.3.2　深化国有企业改革的基本原则

坚持和完善基本经济制度。毫不动摇地巩固和发展公有制经济，毫不动摇地鼓励、支持、引导非公有制经济发展。坚持公有制主体地位，发挥国有经济主导作用。发展混合所有制经济，促进国有资本、集体资本、非公有资本等交叉持股、相互融合，推动各种所有制资本取长补短、相互促进、共同发展。

坚持社会主义市场经济改革方向。处理好政府和市场的关系，使市场在资源配置中起决定性作用和更好发挥政府作用。遵循市场经济规律和企业发展规律，保护企业法人财产权，推动国有企业完善现代企业制度，更好适应市场化、国际化发展需要，不断增强活力和市场竞争力。

坚持政企分开、政资分开、资企分开。政府公共管理部门依法履行公共管理职能，平等对待各类所有制企业，促进公平竞争、共同发展。国有资产监管机构根据授权依法履行国有资产出资人代表职责，着力打造专业化出资人机构，以管资本为主加强国有资产监管。国有企业作为独立的市场主体，依法自主经营、自负盈亏、自担风险、自我发展。

坚持问题导向。全面深入开展调查研究，认真查找国有企业改革发展的突出问题和现实困难，高度重视社会关切和职工群众期盼，着力解决制约国有企业改革发展的体制机制弊端，努力在重点难点问题上实现根本性突破。

坚持试点先行统筹推进。搞好国有企业改革的顶层设计和系统规划，正确处理先行先试、重点突破与协同配套、整体推进的关系。充分尊重基层首创精神和有益探索，通过试点总结推出可复制、可推广的经验，积极稳妥、以点带面逐步深化，确保改革有序有力有效推进。

坚持党对国有企业的领导。把坚持和加强党的领导作为坚定明确的政治方向，进一步加强和改进国有企业党的建设，充分发挥企业党组织政治核心作用，把党的政治优势、组织优势和群众工作优势转化为企业的竞争优势、创新优势和科学发展优势。

1.4 深化国有企业改革的目标和重点

1.4.1 深化国有企业改革的目标

到 2020 年，在国有企业改革重要领域和关键环节取得决定性成果，形成更加符合基本经济制度和中国特色社会主义市场经济要求的国有资产管理体制、现代企业制度、市场化经营机制，国有资本布局结构更趋合理，国有经济活力、控制力、影响力进一步增强。

全面完成国有企业公司制改革，发展混合所有制经济取得积极进展，股权结构更趋合理，协调运转、有效制衡的公司法人治理结构更加健全。

形成国有资本有序进退、企业优胜劣汰、经营灵活自主、内部管理人员能上能下、员工能进能出、收入能增能减的市场化机制。

国有资产监管制度体系更加成熟定型，监管的科学性、针对性、有效性进一步提高，经营性国有资产实现集中统一监管，国有资产保值增值责任全面落实。

国有资本功能进一步放大，国有经济布局结构进一步优化、主导作用进一步发挥。

1.4.2 深化国有企业改革的重点

分类推进国有企业改革。划分不同国有企业类别，根据不同领域国有资本的战略定位和发展目标，综合分析国有企业现状和地位作用，将国有企业分为商业一类、商业二类、公益类三类。商业一类企业主要处于充分竞争行业和领域，以增强国有经济活力、放大国有资本功能、实现国有资本保值增值为主要目标，坚持经济效益优先、兼顾社会效益，实行商业化、市场化运作。商业二类企业的主业主要处于关系国家安全、国民经济命脉的重要行业和关键领域，或处于自然垄断行业、经营专营业务、承担重大专项任务，以保障国家安全和国民经济运行、发展前瞻性战略性产业为主要目标，实现社会效益与经济效益的有机统一。公益类企业以保障服务民生、提供公共产品和服务为主，以实现社会效益最大化为主要目标，产品和服务价格由政府制定。国有企业分类改革将成为其他国企改革政策的重要前提和基础。

完善国有资产管理体制。以打造专业化的出资人代表机构为目标，以缩减监管对象、限定监管范围、聚焦监管内容、调整监管方式、提高监管效能为重点，精简优化国有资产监管职能，加快改进监管方式和手段，进一步激发企业活力，提高国有资本投资运营效率和质量。改革国有资本授权经营体制，改组、组建国有资产投资公司、运营公司。推进经营性国有资产集中统一监管，从中央到地方，各层面应将行政事业性和资源性国有资产转为经营性国有资产，纳入国有资产监管体系。完善国有资本经营预算制度，建立覆盖全部国有企业、分级管理的国有资本经营预算和收益管理制度，逐步建立国有企业市场化分红机制。

完善现代企业制度。健全公司法人治理结构，进一步理顺公司股东（大）会、董事会、监事会、经理层和党组织的关系，明确各自职责，形成权责对等、协调运转、有效制衡的决策执行监督机制。建立企业领导人员分类分层管理制度，根据不同企业类型，研究确定企业领导人员不同管理方式。合理增加市场化选聘比例，加快建立市场化的退出机制。完善激励约束机制。实行与企业领导人员选任方式相匹配、与企业功能性质相适应的差异化薪酬分配办法，严格规范国有企业领导人薪酬分配。深化劳动用工分配制度改革，进一步深化企业内部管理人员能上能下、员工能进能出、收入能增能减的制度改革，规范企业各类用工制度。

放大国有企业功能。坚持依法依规、程序透明、规范操作，以国有资本放大功能、保值增值和国有企业转换机制、提高竞争力为目标，稳妥推动国有企业发展混合所有制经济。推动国有经济布局结构调整，优化国有资本布局，使国有企业的功能和优势更为突出。推动企业转型升级，促进国有企业向价值链、产业链高端发展，提升产业的整体素质和竞争优势，带动其他所有制经济共同发展和转型。鼓励支持企业开展国际化经营，推动企业树立全球化战略意识，充分利用国际国内两个市场，培育一批世界水平的跨国公司，通过国有企业的国际化经营，带动更多的中国企业融入国际市场。

1.5 深化国有企业改革的顶层设计问题

1.5.1 深化国有企业改革顶层设计的理论依据

生产关系对生产力的发展具有反作用。虽然生产力的发展水平决定了生产关系的基本形态，但并不意味着生产关系只处于被动地位。生产关系的主动调整会缓解二者之间的矛盾关系，为生产力的发展创造更大的制度空间。中国历经近40年的改革开放，本质上就是要通过生产关系的自觉改造和主动实践来推动生产力的解放和发展。而社会主义的优势之一就是不坐等生产关系和生产力的矛盾激化，不割裂生产关系和生产力辩证统一的关系，以发展的眼光看待生产关系的演进。生产关系对生产力的发展具有反作用，使得顶层设计有了发挥功效的前提，而顶层设计也是调整生产关系中一种重要的方法。

认知对实践具有能动作用。人不是客观规律的奴仆，人可以在实践中利用认知到的规律改造自身、改造世界。实践是认知的基础，保证了认知的客观性和准确性。同时，认知对实践具有能动作用，可以指导实践，在实践中接受检验，不断完善。数十年的渐进式改革实践，中国已经逐步形成了一套适合自身特点的社会主义市场经济理论体系，对于如何进行改革和发展有了基本的认知和判断，有能力也有条件利用这些理论来指导进一步的改革实践。同时，也只有依据从自身实践中得出的理论体系，才能保证理论和实践的统一，才能保证改革不迷失方向。顶层设计是认识指导实践的具体表现，是对自身理论体系的自觉运用，并在实践过程中得到检验和完善。

整体与部分之间的辩证关系。整体与部分的功能和地位不同，整体居于主导地位、统率部分，具有部分不具备的功能。而部分处于被支配地位，受整体的制约。因此，要正确指导实践，推动国有企业改革，必须着眼于整体，从全局出发，统筹规划，平衡各个部分之间的关系，实现整体目标的最优化。局部出现的问题往往具有特殊性和片面性，各个部分只顾及自身的局部利益，很容易出现各自为战，相互掣肘，损害整体利益的现象。顶层设计是对整体与部分之间关系的协调，通过汇总各个局部的情况，整体设计改革方案，从而把握改革主线，解决改革中的共性问题。

国家经济治理的普遍性和必要性。经济体制改革是全面深化改革的重点，核心问题是处理好政府和市场的关系，使市场在资源配置中起决定性作用和更好发挥政府作用。不能割裂政府和市场之间的关系，政府是市场规则最有力的维护者，政府科学合理的经济治理体系是市场经济健康发展的有效保障。纵观历史发展，国家经济治理在经济发展中扮演越来越重要的作用，并被各国普遍使用。政府制定长远的经济发展和产业升级规划，管制和调整市场主体的经济行为，从而保证市场的有序和繁荣。顶层设计是国家经济治理的重要组成部分，体现了国家治理体系的现代化程度和治理能力的水平。

1.5.2　深化国有企业改革顶层设计的原则

遵循市场化改革方向。顶层设计要强化国有企业与市场经济的融合程度，提升国有企业在市场环境中的适应能力。顶层设计不是对市场机制的取代，也不是放任国有企业在市场中自生自灭，而是要帮助国有企业合理有序地融入市场，在市场中发挥应有的职能和功效，从而实现国企改革的主要目标。这也意味着，国有企业的市场表现将作为顶层设计基础的客观评价标准，顶层设计将以市场作为重要的信息来源。这将有助于理顺政府和市场的关系，保证顶层设计的客观性，降低出现主观臆断和决策失误的风险。

广泛听取不同群体的意见。在市场经济当中，不同群体存在不同的利益诉求和改革期望，同一改革政策会对不同群体产生截然不同的影响。因此，要保证顶层设计的全面性和普遍性，得到更广大人民群众的支持和拥护，必须广泛听取不同群体的意见，了解现有改革举措在不同群体中产生的实际效果及差异，从而能够准确合理地调整和完善设计。同时，不能被动地等待意见反馈，对于表达意见能力较弱的群体，应主动与其交流，为其意见反馈创造便捷的沟通渠道，保证顶层设计服务于最广大人民的根本利益。

保证顶层设计过程的公开透明。自我约束和自我监督是顶层设计要面对的最大困难。缺乏约束和监督，容易造成政策设计丧失稳定性，导致机制僵化和决策失误。而克服这类问题，保证顶层设计过程的公开透明是必然选择。公开透明一方面要利用明确的规章制度以及法律法规来加以保证，使政府行为得到硬性约束。另一方面通过顶层设计的公开透明来强化政府自我约束和自我监督的意识和氛围，最终形成行为惯性。

强化顶层设计的实施机制。一项政策能否取得预期效果，一个关键环节在于政策能否被准确地贯彻和实施。而实施过程中的低误差也保证可以得到较为准确的反馈信息，有助于政策设计的调整和改进。所以在保证政策设计科学性和合理性的前提下，应加大力度推进政策的贯彻和落实，建立灵活长效的实施机制，明确各部门在政策实施过程中的责任边界。同时，也要求顶层设计要考虑到实施的可操作性和可检验性，使政策实施的效果更容易显现。

1.5.3 顶层设计和问题导向的关系

顶层设计和问题导向是有机整体。顶层设计和问题导向是调整生产关系的两种主要方法，彼此相互依托、相互促进，在国有企业改革过程中共同发挥作用。过度使用某一种方法，都可能会对改革造成负面影响，应统筹兼顾，充分发挥两种方法的特长。

顶层设计适用于解决一般问题和根本问题，而问题导向适用于解决特殊和具体问题。顶层设计具有全局性，因此所关注的问题也具有一般性和根本性，适用于整体规划和全面统筹。而问题导向主要针对局部问题，所遇到的问题往往具有特殊性，是根本问题的具体化表现。

顶层设计具有前瞻性，问题导向具有及时性。顶层设计涉及的时间跨度较大，要对改革进程做出预判，引导改革方向，制定长远改革规划，不应频繁变革。而问题导向针对各种暴露出来的具体问题制定相应对策，强调问题解决的时效性，并且可以依据问题本身的变化情况调整相应政策，表现出很强的时效性和灵活性。

顶层设计为问题导向提供方针指导，问题导向为顶层设计提供信息反馈。问题导向不能偏离顶层设计所指定的整体改革方案，在具体问题的解决过程中应遵循顶层设计设定的基本改革方针。而顶层设计不能忽视问题导向所反馈的信息，当问题导向所遇到的问题具有普遍性和一般性时，问题导向的一些内容便可以上升为顶层设计，从全局层面对该问题进行解决和防范。

1.6 深化国有企业改革方法论

1.6.1 市场配置与政府管制相结合

经济体制改革的核心问题是处理好政府和市场的关系，使市场在资源配置中起决定性作用和更好发挥政府作用。国有企业改革作为经济体制改革的重要组成部分，同样要处理好市场与政府的关系，充分发挥二者的特点和作用。市场为国有企业提供基本的活动场所和行为规则，而政府为国有企业制定长远的发展战略和改革规划。国有企业的市场表现成为政府管制的客观依据，而政府的政策制定和改革实施将推进国有企业与市场的融合程度，自觉纠正改革中可能出现的问题。在改革中不能将市场和政府的关系对立起来，国有企业不能脱离政府的监管而放任发展，不能退化成一般性的市场主体。政府管制也要以尊重市场规则为前提，改革的基本政策应主要通过市场来发挥作用，不能削弱市场在资源配置中的决定作用。

1.6.2　顶层设计与基层探索相结合

在改革过程中协调中央与地方的关系，充分调动中央和地方的两个积极性，是保证改革顺利进行的关键。在国有企业改革中涉及重大和全局的制度改革，应遵循顶层设计的方法，依靠中央的权威性支持，平衡各地方和各部门的利益关系，把握改革的前进方向。同时，也要正视各地方和各基层之间的客观差异，依据其现实情况相应调整改革的进程，合理增减具体的实施细则，实现因地制宜和因企制宜。要尊重群众的首创精神，鼓励地方、基层、群众大胆探索、先行先试，调整各个方面的改革积极性，充分体现基层的改革期望和具体要求。基层探索既可以成为顶层设计的有益补充，解决一些具体和特殊的问题，也可以帮助顶层设计探索解决前沿问题的方法，使顶层设计能够从中得到较为成熟的经验。顶层设计使改革谨慎稳健，而基层探索又使改革充满活力，二者结合将形成"自上而下"和"自下而上"两条改革路径相互联动的格局。

1.6.3　重点突破与整体推进相结合

整体推进，才能统筹协调，把握改革大局；重点突破，才能以点带面，激发改革动力。整体推进与重点突破相结合，是中国改革的一条重要经验。随着国有企业改革的不断深入，各个领域各个环节改革的关联性和互动性明显增强，每一项改革都会对其他改革产生重要影响，每一项改革又都需要其他改革协同配合，不整体推进，很多单项改革很难完成。但整体推进又不是平均用力、齐头并进，而是要注重抓主要矛盾和矛盾的主要方面，注重抓改革的关键环节。从改革全局来看，重点领域的改革关系到改革大局，是改革的重中之重。在改革中必须先在这些领域有所突破，才能打破路径依赖，其他领域的改革才能顺势而为，取得事半功倍的效果。整体推进要以重点突破为前提，而重点突破需要协同配套，以整体推进为保障。必须加强对各项改革关联性的研究，更加注重改革的系统性、整体性、协同性，努力做到整体推进和重点突破相统一，形成推进改革开放的强大合力。

1.6.4　借鉴先进经验与自主实践创新相结合

对于改革中的难点问题和新出现的问题，借鉴先进经验和自主实践创新是两种有效的解决方法。这两种方法各具特色，借鉴先进经验可以缩短解决问题的时间，节省改革过程中所耗费的各种成本，具有较好的时效性，也容易得到其他国家的理解和认同。而自主实践创新更贴近自身的现实情况，对问题的解决也更为细致和彻底。通过自主创新各项改革之间容易相互配合，形成联动效用，且自主实践创新可以规避其他国家的一些共性问题，有利于探索出一条符合自身特点的改革道路，有助于实现赶超。因此，在国有企业改革过程中应结合两种方法的长处，取长补短，统筹兼顾。在借鉴先进经验的同时，应依据自身现实对其进行改造和调整，不能食而不化，盲目照搬，甚至否定自主实践的价值。同时，在自主实践过程中，应广泛了解和吸取先进经验，对这些经验进行扬弃后为己所用，不能闭门造车，故步自封。

第 2 章

分类推进国有企业改革

2.1 国有资本分类标准

虽然在过去的近 40 年改革开放过程中，国有资产和国有企业改革已经取得了令人瞩目的成绩，国有资产已基本实现功能定位，国企管理也与市场经济接轨，但是随着改革的深入，当前我国国有资本和国有企业在发展过程面临着很多新问题，严重制约了国有资产和国有企业的快速健康发展。

为了更好地促进国有经济的稳定健康发展，《中国共产党第十八届中央委员会第三次全体会议公报》（2013 年 11 月 12 日）强调指出，公有制为主体、多种所有制经济共同发展的基本经济制度，是中国特色社会主义制度的重要支柱，也是社会主义市场经济体制的根基。必须毫不动摇巩固和发展公有制经济，坚持公有制主体地位，发挥国有经济主导作用，不断增强国有经济活力、控制力、影响力。要完善产权保护制度，积极发展混合所有制经济，推动国有企业完善现代企业制度。为贯彻落实党的十八大关于全面深化改革的战略部署，十八届中央委员会第三次全体会议研究了全面深化改革的若干重大问题，并作出了《中共中央关于全面深化改革若干重大问题的决定》（2013 年 11 月 15 日）（以下简称《决定》）。《决定》对国有资产管理提出以下要求：要完善国有资产管理体制，以管资本为主加强国有资产监管，改革国有资本授权经营体制，组建若干国有资本运营公司，支持有条件的国有企业改组为国有资本投资公司。国有资本投资运营要服务于国家战略目标，更多投向关系国家安全、国民经济命脉的重要行业和关键领域，重点提供公共服务、发展重要前瞻性战略性产业、保护生态环境、支持科技进步、保障国家安全。国有资本加大对公益性企业的投入，在提供公共服务方面作出更大贡献。《决定》对国有企业管理（改革）提出以下要求：要推动国有企业完善现代企业制度，适应市场化、国际化新形势，以规范经营决策、资产保值增值、公平参与竞争、提高企业效率、增强企业活力、承担社会责任为重点，进一步深化国有企业改革，准确界定不同国有企业功能。深化企业内部管理人员能上能下、员工能进能出、收入能增能减的制度改革。建立长效激励约束机制，强化国有企业经营投资责任追究。探索推进国有企业财务预算等重大信息公开。国有企业要合理增加市场化选聘比例，合理确定并严格规范国有企业管理人员薪酬水平、职务待遇、职务消费、业务消费。2012年12月17日，上海市深化国资改革促进企业发展工作会议发布了《关于进一步深化上海国资改革促进企业发展的意见》（即"上海国资国企改革20条"，以下简称《意见》），《意见》对深化国资改革、促进企业发展的重要意义、指导思想、基本原则、主要目标做出了阐述，并指出要加快国资与产业联动调整，优化国资布局结构和分类完善治理结构，建立市场化的选人用人和激励约束机制，优化国资监管体系，提高国资监管效率等一系列改革措施，从而优化国有资产布局，深化国有资产改革，优化国有资产监管模式。

国有资产和国有企业改革的最终目标是以促进国有经济健康发展为手段推动国民经济健康发展和社会全面进步。通过对二者的深入改革，强化公有制经济的主体地位，突出国有经济六大功能（程恩富，2013年12月28日在"2013中国国有经济发展论坛"上的讲话），即基础服务功能、流通调节功能、技术示范功能、社会创立功能、产权保障功能和国民凝聚功能。通过研究社会有限资源的优化配置、兼顾公平和效率原则，对有些领域增加国有资本投资，提高国有控股地位，加强监管，提高效率，而对另外一些领域积极发展混合所有制经济，有计划地引进非公有制经济体，充分引入市场竞争，最终实现无论是国有企业还是民营企业都能成长为具有国际影响力、国际竞争力的国际化大企业。

2.1.1 国资类别划分的必要性

从会计学角度，资本是指所有者投入生产经营，能产生效益的资金。资产是指企业过去的交易或者事项形成的由企业拥有或有控制、预期会给企业带来经济利益的资源，包括各种收入、债权和其他。资本与资产虽一字之差，含义区别较大：一是资产范畴比资本大，在经济学意义上看，资产包含负债，而资本不包含；二是资本更多地表现为价值，而资产更多体现为功能性的使用价值；三是资本的流动性高于资产，价值规律告诉人们，资本总是流向高利润行业；四是在传统意义上看，资本与劳动强调了其对立面，而资产强调了统一性。党的十八届三中全会提出了"以管资本为主"的国资监管体制，突出了国有资本，新阶段的国有经济改革集中在国有资本和国有企业的分类与管理上。对于国有资本分类的必要性主要概括为以下两点：

第一，党的十八届三中全会指出："公有制为主体、多种所有制经济共同发展的基本经济制度，是中国特色社会主义制度的重要支柱，也是社会主义市场经济体制的根基"，为此国家必须保有大量国有资产。新的一轮国资国企改革强调发展多种所有制经济的，绝不是要削弱国有经济，我们必须牢记"公有制为主体"这个大前提。同时，在涉及国家安全、社会公共基础设施服务等行业国有企业的在一定程度上弥补了市场失灵缺陷，使这些经济部门更好发挥自身的效益，因此，现阶段国家持有大量国有资产是必要的，那么对国资分类就势在必行。

第二，目前来看，我国国有资产分布领域广泛，业务类型多样，数量庞大。我国的国有资本以企业形式存在并分布于社会几乎所有行业，国有资本在国民经济的行业重要性和产业链环节重点各有不同，且众多的国有企业在市场竞争中的地位、规模等方方面面均有所不同，承担国家任务也有所不同，对社会影响力及对国民经济影响力、产业影响力都不同。国有资产战略布局不尽合理，国有经济分布面过宽，在竞争性行业比重过大，没有按照重要行业、关键领域以及社会功能进行有效区分、合理布局。为解决国有资产管理中面临的问题，首先应当对国有资产进行明确的划分，分类监管更符合国有企业的实际，监管既不缺位，又不干预企业的自主经营，这也是党的十七大、十八大提出的完善国有资产管理体制的前提。

2.1.2　国有资本分类标准

最早提出国有资产明确且被认可的分类是在 2013 年上海国资委提出的，将国有资产分为公益性、垄断性和竞争性。随后的国企改革划为三类，分别为公益保障类、特定功能类、商业竞争类，与上海国资委的划分标准大同小异。最后在国有经济或国有资本的分类方面的共识是分为公益类和商业类两大类，特定功能类不是删除了，而是和之前的商业竞争类一起统称为商业类，并分为商业一类和商业二类。其中，商业一类就是最初的竞争类国有企业，而商业二类就是特定功能类国有企业。

商业类是指以经济效益为导向，以增强国有经济活力、放大国有资本功能、实现国有资产保值增值为主要目标的企业。商业一类主要是指处于充分竞争行业和领域的企业，也就是之前所说的商业竞争类；商业二类主要是指主业关系到国家安全、国民经济命脉的重要行业和关键领域，或处于自然垄断行业，经营专营业务，承担重大专项任务的企业，也就是之前三类版本中的特定功能类。公益类是以社会效益为导向，以保障民生、提供公共产品和服务为主要目标的企业，产品或服务价格必要时可以由政府制定，发生政策性亏损时政府给予补贴。

按照标普对于行业的分类将每个功能类又细致分为十个不同的领域，包括能源、金融、工业、信息技术、公用事业、电信服务、医疗保健、基础材料和日常与非日常消费品十个领域。商业一类主要是消费品和工业，还涉及少部分的公用事业和金融；商业二类国有资产涉及能源、金融和工业三个领域；公益类国有资产涉及公用事业、医疗保健、电信服务、工业、金融和基础材料六个领域。然后，按照我国国民经济行业标准，对每个重要领域涉及的行业详细细分。

商业一类是处于充分竞争领域和行业的国有资产。在工业领域涉及制造业和建筑业，其中，制造业包括造纸和纸制品业、印刷和记录媒介复制业、橡胶和塑料制品业、非金属矿物制品业、黑色金属冶炼和压延加工业、有色金属冶炼和压延加工业、金属制品业、通用设备制造业、专用设备制造业、计算机通信和其他电子设备制造业、仪器仪表制造业、其他制造业、金属制品机械和设备修理业，建筑业包括房屋建筑业、土木工程建筑业、建筑安装业、建筑装饰和其他建筑业；公用事业领域包括交通运输仓储和邮政业中装卸搬运和运输代理业、仓储业两个子行业；金融领域专指租赁业和商务服务业；市场竞争级中占比最大的是消费品领域，包括农业、畜牧业、渔业、林业、农林牧渔服务业、制造业中农副食品加工业、食品制造业、酒饮料和精制茶制造业、烟草制品业、纺织服装服饰业、皮革毛皮羽毛及其制品和制鞋业、木材加工和木竹藤棕草制品业、家具制造业、文教工美体育和娱乐用品制造业、汽车制造业等子行业、批发和零售业、住宿和餐饮业、居民服务修理和其他服务业；文化体育和娱乐业，包括新闻和出版业、广播电视电影和影视录音制作业、文化艺术业、体育、娱乐业五个子行业。

对于商业二类国有资产，主要出于国家政治安全、经济安全等方面的考虑，将涉及国家命脉的行业和提供社会公共基础设施和公共服务的行业。能源领域主要涉及采矿业，包括石油与天然气开采业、煤炭开采与洗选业、黑色金属矿采选业、有色金属矿采选业、非金属矿采选业、开采辅助活动、其他采矿业七个子行业；金融领域主要涉及货币金融服务业、资本市场服务业、保险业、其他金融业四个子行业，几乎涵盖了所有金融业；工业领域主要是制造业，包括石油加工炼焦和核燃料加工业两个子行业。

对于公益类国有资产主要是以保障民生、提供公共产品和服务为主要目标的国有资产。工业领域涉及制造业，包括军工产业、铁路船舶航空航天等；医疗保健领域包括制造业中的医药行业；公用事业领域涉及制造业、电力热力燃气及水生产和供应业以及交通运输仓储和邮政业，其中，制造业指废弃资源综合利用业子行业，电力热力燃气及水生产和供应业包括电力热力生产和供应业、燃气生产和供应业、水生产和供应业，交通运输仓储和邮政业包括铁路运输业、道路运输业、水上运输业、航空运输业、管道运输业；金融领域如银行业；电信服务领域涉及邮政业和信息传输、软件和信息技术服务业，其中，信息传输、软件和信息技术服务业包括电信广播电视和卫星传输服务、互联网和相关服务。

每个行业由于产品特性、参与者等不同会呈现不同的市场竞争结构，可以分为完全竞争、垄断竞争、寡头垄断和完全垄断四种类型。反映市场竞争结构最重要的就是产品定价形成机制，即由市场供求定价、政府参与定价或是垄断定价。国有企业在面向社会和市场提供产品与服务时，是否拥有自主的定价权是判别其竞争性程度的重要因素。最后，将目标落实于市场的微观主体——企业，针对不同的国有企业，政府在管理中对其控制力也不同，而控制力的强弱集中体现在所有者的持股比例上，大体可以划分为国有独资、国有绝对控股、国有相对控股、国有参股，不同持股比例对应不同的管控模式。

2.2　国有企业分类改革及监管模式

2.2.1　国有企业管理研究综述

我国是社会主义国家，以公有制为主体、多种所有制共同发展是我国的基本经济制度，这就从根本上肯定了国有经济在我国的重要地位。作为我国国民经济的支柱，国有企业改革也是中国经济体制改革的中心环节，一直以来备受国内外舆论瞩目，也一直是理论界研究的热点与重点。

目前一部分学者将国有企业分为两类。早在 1998 年，中国人民大学经济研究报告课题组在《国有企业的分类改革战略》中就提出按照国有企业提供的产品性质及所处行业的差别，大体上把国有企业分为竞争性企业和非竞争性企业。非竞争性国有企业又可分为提供公共产品的单位和从事基础工业、基础设施的垄断性企业两大类。国务院国有资产监督管理委员会副主任邵宁在"2011 中国企业领袖（第十届）年会"上也提出国有经济结构调整将使国企向两个方向集中，这两个方向分别为公益性质的国有企业和竞争领域的大型国有企业，公益型国有企业"在中央层面包括如石油石化、电网、通信服务等领域的企业，而在地方包括供水、供气、公共交通等方面的企业"；竞争型国有企业如宝钢、中粮、一汽、中国建材等企业。

但是，还有一部分学者认为将国有企业分成两类不覆盖全部国有企业，主张将国有企业分为三类。郭全中（2006）提出国有企业主要有三类：第一类是由政府部门直接经营管理的以社会服务为基本目标的企业，其财务和会计账目至少部分地与政府预算有直接关联，这类企业称为国营企业；第二类是指具有特定的法律地位、完全归政府所有或政府以特殊方式控制、承担一定政策目标，但有一定经营自主权的企业，这被称为国家主办企业；第三类是政府拥有足以保证控制权的股份、以营利为目标、具有与民营企业完全相同的法律地位、享有完全经营管理自主权的企业，被称为国有企业。

高文燕、杜国功（2013）从影响力、控制力和活力三个维度，将国有企业分为国家安全类、公共保障类和市场引导类，其中影响力和政府控制力逐渐降低，随之活力不断增强，对不同类型的国有企业提出不同的目标定位和管理重点。高明华（2013）从国有企业的经营目标是利润导向还是公益导向，经营模式是垄断还是竞争两个维度出发，将国有企业分为公益性国有企业、垄断性国有企业和竞争性国有企业，研究不同性质的国有企业改革方向和治理机制。公益性国有企业在治理机制上是以成本控制为核心，采取国有独资形式，竞争性国有企业则以利润为导向，目的就是国有资产的保值增值，垄断性国有企业，又细分为稀缺资源垄断和自然垄断性国有企业，对两种垄断性国有企业都应该采用国有独资形式。

2013 年上海市委市政府出台《关于进一步深化上海国资国企改革促进企业发展的意见》，将国有企业分为竞争类、功能类、公益类三大类型企业。不同学者都对国有企业分类改革提出了很多建议，丰富了国企分类管理理论。

2.2.2 中国国有企业管理体制的演变历史、现状及存在问题

国有企业改革历经三十几年，取得重大成果的同时也走了许多弯路。国有企业改革大致经历了三个阶段。

第一阶段是从 20 世纪 80 年代开始至 90 年代中后期，这个阶段的改革由政府主导，主要的目的在于激发企业活力，加大对国营企业厂长经理的刺激力度，同时也开始拉大职工间工资奖金的差距，国有企业虽然有了一定的积极性，同时也产生了一些负面问题，主要是内部人控制现象较为严重，一些企业实际上为厂长或经理所掌控。

第二阶段是从 20 世纪 90 年代中后期开始至 2005 年，政府或政府职能部门主导了这个阶段的改革，其中一个主要目的就是"甩包袱"，主要方法和形式就是：减员增效下岗再就业、"关停并转卖"。在经历了国有资产多头监管所导致的"内部人控制"、监管失控、国有资产和权益流失、职工权益被侵蚀的严重局面后，党中央、国务院及时总结了国有企业改革的经验教训，2003 年设立了专门监管国有资产的出资人机构——国资委，并出台了一系列规范国有企业改革的政策措施，国有企业改革才走向了促使国有企业做大做强的正确道路。

第三阶段是从 2005 年以后的改革，如果说前两个阶段都是地方政府或政府职能部门主导的改革，那么，这个阶段则是国资监管机构主导的改革，主要方法是"改制重组"，主要手段是国有企业"整体上市"。国有企业开始与政府主管

部门脱钩，结束了政府职能部门多头管理的局面，国务院国资委按照中央的要求也努力实现"政企分开""政资分开"，割断企业与政府职能部门的直接联系，本着市场配置资源的市场规则，逐步实现国有经济的"有进有退""有所为、有所不为"，大大提高了国有经济的活力、控制力和影响力。

2013 年 11 月 12 日，党的十八届三中全会开启了新一轮全面改革，提出了国有经济布局调整的新战略："必须毫不动摇巩固和发展公有制经济，坚持公有制主体地位，发挥国有经济主导作用，不断增强国有经济活力、控制力、影响力。必须毫不动摇鼓励、支持、引导非公有制经济发展，激发非公有制经济活力和创造力。"

在过去的 30 多年里，国有企业与各种所有制企业共同推动了中国经济崛起。在关系国家战略安全和经济命脉的领域，国有企业是建设任务的主要承担者。与此同时，以国有企业为"领头羊"的中国企业集体崛起，打破了长期由欧美日跨国公司垄断世界经济的格局。使我们在激烈的国际竞争中立于不败之地。然而，随着国有企业改革的不断深化，暴露出许多新的问题：一是国有企业改革目标不明确，从近几年的国有企业改革可以看出，国有企业经营的目标本应是国民福利最大化，然而实际改革过程中却追求的是利润最大化，盲目追求国有资产的保值增值，使原本该竞争的行业出现人为的行政垄断，原本公益性的行业企业为了追求利润盲目恶性竞争。二是没有对不同功能和性质的国有企业进行细致分类。

2.2.3　中国国有企业分类标准比较

国有企业就是属于全社会、由政府代为控制的企业，这种特殊的功能，就决定其经营目标不能只是简单的利润最大化，在追求利润的同时更应该注重国有企业在国民经济中发挥的其他作用，换句话说，国有企业的经营目标应该是国民福利最大化。因此，从国有企业的经营目标上，将国有企业分为竞争类（非公益类）国有企业和非竞争类（公益类）国有企业。其中，非竞争类的国有企业是非营利性质的企业，包括科学研究和技术服务业（研究和试验发展、专业技术服务业、科技推广和应用服务业），水利、环境和公共设施管理业（水利管理业、生态保护和环境治理业、公共设施管理业），教育、卫生和社会工作。

对于竞争类（非公益类）国有企业，由于不同国有企业在国民经济中发挥的作用不同，因此政府的管理目标也不同，管理方式也不同，从目前主流学者的观点来看，对于国有企业的功能定位主要有三方面：集中在市场失灵的公共领域、基础产业、高新技术产业，这些部门都是高投入低回报，有些甚至伴随高风险，私人企业很难也不愿意介入；通过国有经济介入国民经济结构的调整，产业结构的升级；提升本国企业的国际竞争力，应对国际上的挑战。因此应该从国有企业在国民经济中的功能将其分类并分类管理。

一个成熟的市场，由于产品特性、参与者等不同会呈现不同的市场竞争结构，大体可以分为完全竞争、垄断竞争、寡头垄断和完全垄断等几种类型，不同的市场竞争结构也直接决定了政府、企业和消费者的相互关系。而反映这种市场竞争结构最重要的就是产品定价形成机制，即由市场供求定价、政府参与定价或是垄断定价。国有企业在面向社会和市场提供产品与服务时，是否拥有自主的定价权是判别其竞争性程度的重要因素。因此，不同市场竞争结构下企业应该对应不同管理模式。

对于不同的国有企业，政府的控制能力也不同，而控制力的强弱集中体现在所有者持股比例上，大体可以划分为国有独资、绝对控股、相对控股、参股等类型。不同持股比例，对于企业的管控程度不同，资本比重和资本结构直接决定着国有企业的治理模式、管理方式、绩效考核以及剩余索取权和控制权的配置等很多方面的问题。

对于国有企业的不同分类标准，可以考虑从国有企业的性质、市场竞争机构、经营目标和社会功能等不同维度出发，采用决策树的方法将各个分类指标融合在一个分类体系中，对国有企业进行彻底、明确的分类，同时，便于下一步国有企业的分类改革和相关政策的出台。

2.2.4 以资本为纽带，国有企业实施分类管理的推进路径

以资本结构（股权结构）为分类标准的国有企业管理，核心是各级多元化投资管理公司根据国有企业的股权比例，承担不同的管控范围和深度，例如国有企业不同的股权比例，制定不同的业务特点、进行不同的战略管理，并从业务接入、人事管理、绩效管理等方面进行分类管理。

国有资本运营公司对下属国有企业的管理方式，按集权与分权程度的不同划分成"运营控制型""战略控制型""财务控制型"三种管理模式。国有全资的企业，属于运营控制型国有企业，业务特点是具有单一的业务系统，国有资本运营公司应该对其进行战略的具体制定和实施，控制具体经营决策和经营活动，管理其具有的品牌，负责培训、评级、薪酬管理等，在资源服务方面，还要对其提供几乎所有服务。国有控股的企业，属于战略控制型国有企业，其业务特点是具有多个相互关联的业务，国有资本运营公司应该制定战略远景和方向以指导该类型国企运作，审核其战略并分配资源，还要管理公司高级管理人员，制定和协调重要的人事政策，同时管理企业中长期财务指标的实现，监控经营计划的关键举措实施及最终结果，监控关键的财务指标，最后还要注重协同效应或经济效益。对于国家参股企业，属于财务控制性企业，其业务特点是具有多个相关或非相关

的独立业务，国有资本运营公司应该以收购、投资/撤资决策为主对其进行管理，并注重资本市场反应，对其业务在无特殊情况时基本不接入，但要强调财务绩效的实现，仅管理高层管理人员和控制关键财务指标，在资源服务共享方面注意资金的调配。

2.3 公益类产业转型升级及改革方向、目标

2.3.1 公益类概述

在 2014 年 12 月 16 日举行的"国企改革、探索与前瞻"论坛上，国资委对于央企的划分最终确定为商业类和公益类，按照最终央企分类意见的定义，公益类央企的定义是以社会效益为导向，以保障民生、提供公共产品和服务为主要目标的企业，产品或服务价格必要时可以由政府制定，发生政策性亏损时政府给予补贴。这类企业应该被赋予强制性社会目标，而非经济性目标，即不以营利为目的，其核心就是"公共服务"，以社会和谐和稳定为唯一目标，主要包括诸如军工、金融、石油石化、铁路和电信等行业。

公益类国有企业的监管主体除了出资人机构以外，还有涉及产品立项和资金来源的政府管理部门，如发改委、财政部门等。由于处在国家特殊需要，而非公资本无意或无力进入的公益领域，正是国有资本发挥作用和体现价值的重要空间。因此，公益类国有企业监管的目标就是社会效益最大化，对于这类企业，不能片面追求收入、利润，否则，企业会凭借行业地位的特殊性，很容易地转嫁成本，导致社会高成本。

2.3.2 公益类产业转型升级及改革方向、目标

随着我国经济转型和产业升级的不断深入，对于国有企业改革改制，已经成为我国未来重要的战略发展方向。由于行业特点与重要性的不同，不同领域与行业的改革方向与目标、途径都不尽相同。下面对于公益类国有企业中的军工、金融、铁路、电信等特殊行业进行分别研究阐述，这些行业属于国民经济中的关键行业，有着自然垄断或关乎国家安全与战略的行业特性，其改革目标、方式不能按照普通的国有企业惯有的路径进行，而需要分行业分别讨论、设计。对于特殊行业的产业转型升级及改革，包括发展混合所有制、优化行业机构以及建立市场化经营与激励机制三个方面。

　　近10年来，我国主管部门对于民资进入军工产业的态度，从"允许"到"鼓励"再到"推动、引导"，军民融合不再是一句口号，越来越把国防和军队现代化建设与经济社会发展相结合，也只有这样才能为国防和军队现代化提供丰厚资源和可持续发展的后劲。军民融合的内涵，不只是发展混合所有制，鼓励民资进入军工行业，发展军民两用技术，共同进步发展。

　　因为军工企业还承担着相当的社会职能。这些社会机构降低了军工企业的资源集中度，因此进行社会资源的整合就显得尤为必要。针对这一点，要充分发挥政府的作用，充分考虑军工企业及其职工的承受能力，制定专项政策，实现军工企业社会职能的转变，强化分工，让更多优质资源可以整合到军工企业的主要职能中。从国外军工企业的历史经验中我们发现，强强联合的资产重组，可以有效解决产能过剩、产品竞争力不足等问题，同时增强市场竞争，增强产业活力。

　　随着未来改革的不断推进，军工企业管理层持股可以进一步放开，鼓励高技术、管理层核心人员持股，将收益与绩效挂钩，可以进一步破除垄断行业竞争动力不足的弊病，激活军工行业活力，从而更好地适应新时代的市场经济。军工研究所改制是整个军工改革的深水区，难度大、涉及面广，影响着我国军工行业未来的发展。因此，一方面，要摒弃改制前不计成本的弊病，引入现代企业管理制度，在政府的财政支持下实现生产模式的根本转变，逐步实现盈利，才能实现未来的稳定发展；另一方面，要解决好研究所人员转制的问题，由国家出台支持政策，完成转制前后人员的交接，防止高技术人员流失或因生活水平下降而带来负面影响。

　　我国金融产业改革主要体现在以下几个方面：首先是利率市场化；其次是汇率改革，即人民币国际化；最后还有金融行业国有企业改革，国企的资本化运行将对资本市场产生深远影响。

　　从金融角度来说，中国的金融改革主要还是以市场化改革，但是与此同时，政府并不会退出金融领域，要处理好政府和市场的关系，原则是要"使市场在资源配置中起决定性作用和更好地发挥政府作用"。需要指出的是，未来一个时期利率汇率市场化改革的推进方式，同样要注重改革的系统性和协调性，既要着眼于金融机构和金融市场自身层面，比如加快培育市场定价基准和提升金融机构定价能力等，更要着眼于完善外部环境，比如监管上的公平准入促进市场充分竞争，同时要着力加快政府职能转变，着力解决政府过多干预资源配置和政企信用不分等问题，形成资金要素市场化和其他改革的良性互动。

　　金融改革需要同时引入许多家新的金融机构，而不是引入少数几家银行，金融改革引进少数几家银行只会人为地制造垄断，它们不仅不能化解金融风险，甚至会积累新的金融风险。相比之下，引入许多家银行能够加强银行竞争性，鼓励风险规避机制创新，并谨慎经营。而且，从风险分散角度看，即使金融改革出现失误，也是由许多家银行承担失败风险，而不是由少数几家银行承担风险。

从商业银行公司化的角度看，当今世界几乎不存在完全的私有银行，在中国完全私有化的可能性更低。对此，一个可行的补充性选择是允许大量的民营资本设立银行，或者参股国有商业银行。建立由民营资本控股的商业银行体系，从体制上消除由政府隐性担保所造成的不确定性和道德风险。

在铁路运营方面，为了切实有效地改善铁路行业中的资源配置等问题，市场化定价是最重要的实现途径之一。对于垄断行业的铁路国企改革主要可以采取以下方式：降低准入壁垒，对民资开放，允许进入；放松价格管制，通过市场化定价，让市场成为资源配置的决定因素。降低准入门槛将提升交运企业的活力。改革开放近 40 年，我国铁路行业的国有垄断程度还是非常高，民营资本投资非常少。降低门槛，吸收更多的民营资本投资，将释放更多资源，给铁路行业注入更多活力。对铁路国企改革，首要条件是国资持股比例较大，其次需要有一些改革空间。前者是改革的前提，后者决定改革的效果。继续加大对外开放力度的同时，必须保证国资持股的比例。市场化定价和改革将提升公司绩效。政企分开改革是我国铁路体系开启改善僵化机制的重要一步。后续更深度的改革将继续推进，包括市场竞争关系设计、运价机制、投融资体制和公益性运输补贴机制等。铁路运价将分步理顺价格水平，并建立铁路货运价格随公路货运价格变化的动态调整机制。也即政府定价改为政府指导价，提高运价弹性。

电信产业的改革，需要开放市场，改善竞争环境。强化竞争，打破垄断，开放基本的网络运营市场是决定有效竞争的根本因素。引入竞争不仅要确定电信市场上的竞争格局，要有多个竞争者的参与，而更重要的是竞争的内容。所以电信业本质的竞争是应该在基础网络上的竞争以及移动通信与固定电话的差异质量竞争等。所以对垄断电信企业的简单拆分只是形式，而真正建立起网络上的竞争才是根本。电信市场开放应该包括四方面的内容：

第一，取消电信业的进入限制，即取消原来垄断企业对网络和电信业务的独营权力，允许成立新电信公司和建立新网络从事电信业务。

第二，鼓励没有自己网络的新公司经营电信，只要符合电信管理机构的标准，就可以租用其他公司的线路加入营运，有网络的公司对没有自己网络的运营公司不得歧视。

第三，允许其他行业加入电信业基本业务电话经营，如允许有线电视网和计算机网络经营长途和本地电话业务。要有效地解决电信业的垄断问题，必须解决垄断性高的固定电话业务，要明确其垄断基础是固定电话的基础网络。也就是说，如果打破网络设施的垄断，那么固定电话业务的垄断也就不存在了。除了使网络独立于运营商的手段以外，主要还要引入新的竞争者，如有线电视网和计算机网。只要政策允许，这些网络很快就可以加入电信经营。如果这样的话，固定电话的垄断局面将被打破，整个电信市场也将进入完全竞争的状态。

第四，引入竞争机制与完善产权制度并存。政企分开，开放市场的同时要进行产权改革。只有对传统国有电信企业进行股份制改革，引入国内和国外资本改变股份结构，才有可能使国有企业逐步建立现代企业制度，并真正成为市场的主体。民营化既解决了电信业所需要的巨额投资问题，又解决了国有企业低效率问题，为电信产业注入了新的活力。

上述包括诸如军工、金融、铁路和电信等行业的公益类企业，首先其核心就是更好提供"公共服务"，其次才是经济性目标，双方面相互照应，共同推进社会和谐进步。

第 3 章

完善国资监管体制

3.1 现行国有资产监管体制的经验与存在的问题

3.1.1 国有资产监管体制改革的历程与演进

国有资产监管体制是关于国有资产监督和管理的机构设置、权限职责划分以及调控管理方式等多方面的基本制度体系。我国的国有资产监管体制，是随着社会主义经济制度的确立而建立的，建立与社会市场经济体制相适应的国有资产监管体制具有十分重要的意义。新中国成立后，我国的国有资产监管体制改革大体可分为两个历史时期：一是计划经济体制下高度集中的国有资产监管体制；二是改革开放后，在探索建立社会主义市场经济过程中，对国有资产监管体制的调整、改革。

3.1.1.1 计划经济体制下国有资产监管体制

在传统的计划经济体制下，国有企业被称为"全民所有制企业"或"国营企业"。这些资产是国家代表全国人民拥有所有权，并直接组织其生产经营活动，即所有权与经营权合二为一，并认为国有经济是公有制的高级形态，与高度集中的计划经济管理体制相适应，国有资产管理实行高度集中的分级归口监管体制。国有资产是各级财政连年投资的结果，与企业利润全额上缴财政相适应，固定资产由国家财政无偿投资，流动资金主要由财政无偿划拨，临时性资金需要由银行贷款来解决。国有资产由各级政府的业务主管部门归口管理，大中型企业主要集中在中央和省、自治区、直辖市一级，特别是中央政府，实行集中统一管理。在国有经济内部，由于企业不是独立的经济实体，在国民经济调整，对国有企业进行关、停、并、转时，国有资产在中央与地方，以及部门、行业和企业之间，实行无偿划拨制度。在这一时期，国家曾多次调整国有企业管理体制以及国有资产管理体制，但大都是通过大批国有企业上收和下放地方的方式来进行，并没有从根本上改变上述基本格局。①

上述国有资产监管体制，在当时恢复国民经济、建立社会主义经济制度等方面，曾发挥了积极作用。但由于政府对国有企业采取国营形式，企业在产供销等方面都没有自主决策权，并不是独立的法人主体。随着国有经济规模的扩大，此种监管体制弊端日益暴露，政企不分、产权不清、多头管理、条块分割等问题严重制约了国有经济的发展，国有资产经济效益低下，浪费损失严重。

3.1.1.2 改革开放后国有资产监管体制

改革开放以后，我国国有资产监管体制从最初的放权让利，扩大企业自主权，让所有权经营权适度分离，实行各种形式的责任制，再到建立现代企业制度，对国有经济布局进行战略性调整，在不断探索中发生了深刻的变化。主要分为以下几个阶段。

第一阶段，以放权让利为特征，进行初步探索（1978～1984年）。

国有企业一直以来经营自主权缺失，企业缺乏活力，在这种情况下，放权让利、扩大企业自主权成为改革的突破口。党的十一届三中全会以后，打破高度集权的国有国营体制，赋予企业一定的自主权，以放权让利为重点，许多企业都进行了扩大经营自主权的改革。赋予企业管理层以经营管理的自主权，允许企业在完成国家计划的前提下，按照市场需求制订补充计划。国家对企业主要考核产品产量、质量等四项指标，其余情况企业自定；实行利润留成制度；实行固定资产有偿占有制度和流动资金全额信贷制度，在定员定额内，企业有权决定自己的机构设置。② 1983年与1984年，国务院分两步实施了"利改税"：第一步规定盈利的国有大中型企业按实现利润的55%的税率缴纳所得税，税后利润按比例上缴国家，其余留存企业；第二步对原来的税种、税率进行了调整，使营企业从"税利并存"过渡到完全的"以税代利"，税后利润完全归企业所有。随着放权让利的不断推进，一定程度上扩大了企业的经营自主权，增强了企业的活力，极大地调动了国有企业的积极性。

第二阶段，两权分离，转换企业经营机制（1985～1992年）。

随着对经济体制改革探索的逐步深入，党中央逐渐认识到只着眼于企业放权让利改革是不够的，应当从根本上解决政企不分和企业经营机制转换问题。党的十二届三中以后，确认了企业的所有权与经营权是可以分离的，政府和企业的职责也是可以分离的。随后国务院出台了一系列扩大企业自主权、增强企业活力的

---

① 刘玉平. 国有资产管理（第二版）[M]. 北京：中国人民大学出版社，2012.

② 周自强，黄新春，薛献华. 国有资产管理 [M]. 天津：南开大学出版社，2005：251.

改革措施，依据所有权与经营权分离的原则，逐步推进政企分开，使企业成为独立经营、自负盈亏的商品生产者和经营者，在保证国家所有权的前提下将企业的经营权下放到企业，开始探索多种形式的经营责任制。各地纷纷开始了承包制、租赁制、股份制试点改革。1988 年国务院决定成立国家国有资产管理局，作为国务院直属机构，归口财政部管理，各省级、市（地）级也相继成立了国有资产管理局。标志着我国国有资产监管体制改革在政府层面上将社会经济管理职能与国有资产管理职能分开方面迈出了重要的一步，在设立专司国有资产管理职能的机构方面开始了实质性的探索。

第三阶段，建立现代企业制度，实施国有经济战略性调整（1993～2002 年）。

1993 年党的十四届三中全会确定了经济体制改革的目标是建立社会主义市场经济体制，大会通过的《中共中央关于建立社会主义市场经济体制若干问题的决定》明确指出要进一步转换国有企业经营机制，建立适应市场经济要求，产权清晰、权责明确、政企分开、管理科学的现代企业制度。1994 年出台了《中华人民共和国公司法》这部重要的商法典。国务院和各地先后选择 2500 多家国有企业进行建立现代企业制度试点，推行公司制、股份制改革，为建立现代企业制度进行了有益探索，出现了邯郸钢铁总厂等一批在市场竞争中经济效益连年提高的先进典型。1999 年召开的党的十五届四中全会明确提出，要按照"国家所有、分级管理、授权经营、分工监督"的原则，逐步建立国有资产管理、监督、营运体系和机制，建立与健全严格的责任制度，国务院代表国家统一行使国有资产所有权，中央和地方政府分级管理国有资产。搞好大的，放活小的，把优化国有资产分布结构、企业结构同优化投资结构有机结合起来，择优扶强、优胜劣汰，从战略上调整国有经济布局，发挥国有经济的主导作用。

第四阶段，组建国有资产监督管理委员会，建立新型国有资产监管体制（2003 年至今）。

党的十六大提出建立中央政府和地方政府分别代表国家履行出资人职责，享有所有者权益，权利、义务和责任相统一，管资产和管人、管事相结合的国有资产管理体制。2003 年国务院国有资产监督管理委员会成立，国有资产监管体制改革掀开了新篇章。国务院国资委代表国家履行出资人职责，监管范围是中央所属的国有资产。积极推进股份制，发展混合所有制经济，按照现代企业制度的要求，国有大中型企业继续实行规范的公司制改革，规范的董事会建设，完善法人治理结构。

3.1.2　国有资产监管体制改革取得的成功经验

3.1.2.1　建立国有资产授权经营体制

2003 年 3 月，国务院国有资产监督管理委员会成立，作为国有资产的所有者代表机构，专门承担国有资产的监管职责。随后各省级、市（地）级国有资产监管机构也纷纷组建，负责地方国有资产的监督管理工作。我国逐步建立起现行的"国资委—中介性经营机构—国有企业"三层次的国有资产管理体制。国有资产监督管理委员会由国务院授权代表国家履行出资人职责；国有资产中介性经营机构即国有资产经营公司或投资公司，受国资委委托，负责国有资产的产权运营和投资运作，细化母公司作为出资人与所出资企业的产权关系；国有企业以利润最大化为目标，自主经营，实现国有资产的保值增值。

3.1.2.2　建立国有资产中介性经营机构

国有资产经营公司或投资公司承担国有资产保值增值的责任，对控股企业行使所有者权益，向企业派出董事长、任命总经理，参与企业重大决策，依法取得国有资产收益。国有资产中介性经营机构的建立主要有以下几个途径：一是将国有资产授权与企业集团母公司经营，使企业集团母公司成为国有控股公司，通过产权纽带，使企业集团中的成员企业成为母公司的全资子公司或控股公司，已形成国有资产的集团经营方式。二是把政府的行业主管部门改制成为行业资产经营管理公司或有控股公司。三是建立专职从事国有股权经营管理的国有资产经营公司。四是建立国有资产投资公司或投资控股公司，实行国有资产"增量"管理企业化。

3.1.2.3　"三个分离"解决国有资产出资人缺位问题

我国现行国有资产监管体制，通过三层次授权经营，成功实现"三个分离"，有利于解决国有资产出资人缺位问题。一是国有资产出资人职能和政府公共管理者职能的分离，即政府行使国家所有权的部门与行使公共权力的部门分开，各自有明确的定位和行政目标，这就从组织上实现了"政资分开"。二是所有权与经营权的分离，国资委明确无误的定位是"履行出资人职责"，绝不是"管理国有企业"，从而有利于从管企业向管资本转变，而经营权则由国有资产经营公司组织管理，市场化运作。三是国有资产的资本营运与生产经营相分离，即国有资产营运主体负责国有资产资本运营，其出资的企业运用包括国有资产在内的全部企业资产从事生产经营。

3.1.2.4　"国家所有，分级代表"推进地方国资监管

在我国，国有资产归全民所有，国家代表人民统一行使对国有资产的所有权。在国务院的统一领导下，国有资产实行分级代表、分级管理，各地方国资委分别对本级国有资产实施监督管理。上级国资委对下级国资委工作进行指导监督，但"指导监督"不同于"领导"，上级国资委不能代替或者干预下级国资委依法履行出资人职责，要坚持尊重下级国资委出资人权利的原则。这是国资监管的内在规律决定的，其目的是防止国资监管的死角，确保国有资产的保值增值责

任层层落实①。2011 年"大国资"理念的提出更是"国家所有"与"分级代表"的有机统一，经营性国有资产实施集中统一监管，上下级国资委之间要加强沟通和联动，将在加强国资委系统建设上形成合力，在推进企业国有资产优化配置上打造大平台，在发展壮大国有经济的事业上实现大发展。

3.1.3　现行国有资产监管体制存在的问题

我国现行的国有资产监管体制在国有资产管理、运营、监督、保值增值等方面取得了积极的成效。然而，国有资产监管面临的体制性障碍尚未从根本上消除，出资人"缺位"和"越位"的现象仍然存在，由此导致的国有资产运营效率低下、产权转让不尽规范、资产流失严重等问题还未得到根本解决。现存问题主要表现在以下几个方面。

3.1.3.1　国有资产监管法律法规不完善

目前，国有资产监管的相关法律文件很不完善。2003 年颁布的《企业国有资产监督管理暂行条例》具有明显的过渡性特点，且对于部分行业并不适用。历时六年，期待已久的《国有资产法》没有出台，而是于 2009 年颁布了《企业国有资产法》。该法律的出台虽在一定程度上规范和完善了国有资产监管体制，但也不免令人失望。法律规定国资委代表政府对国家出资企业履行出资人职责，但同时还规定，根据需要，还可以授权其他部门、机构代表政府对国家出资企业履行出资人职责。如此不清晰的规定，难免在实际工作中出现混乱，可自由随意发挥的空间太大。随后国家又颁布了《地方国有资产监管工作指导监督办法》《中央企业境外国有产权管理暂行办法》《中央企业境外国有资产监督管理暂行办法》，但有关国有资产监管体制深层次的问题都未解决，而且企业国有资产并不是国有资产的全部，我国仍没有一部完善的国有资产监管法律来指导实践。由此可见，在完善国资监管的法律法规上，我国还有很长的路要走，还需要更为全面明确的法规和新国有资产监管体制改革的实践提供法制保障。

3.1.3.2　国资委定位不明，国有资产产权不清

国有产权委托代理的有效性是政企分开、所有权与经营权分离的基础，是国家所有权到位又不越位的关键。在这方面仍存在诸多问题。

一是国资委职能定位存在冲突。国资委依法履行出资人职责，理论上应与其他出资人一样，持有企业股权，享有资本收益，决定重大事项，从事资本运营，法律地位上属于民商主体，而不是机关。但在实际工作中，有的地方仍把国资委

---

① 王绛. 别曲解国资监管改革的手段与方向 [J]. 现代国企研究, 2014 (5).

视为行政机关，甚至要求国资委确认行政审批和行政执法主体资格，企业遇到问题也理所当然地认为国资委是上级行政主管部门，地方国资委的精力目前主要也是用在出资人职责以外的工作上。因此，如何正确履行国资委的职能，真正做到出资人不缺位、不越位、不错位，还需要研究和理顺。

二是政资分开、政企分开落实不力。由于国资委职能定位模糊导致的国有资产产权不清，目前，还有相当数量的国有企业仍由政府部门直接管理，需要加快政企分开的步伐。国资委关于产权转让、企业改制、基础管理等方面的监管规则，是否适用于国资委系统以外的领域；国有资产仍占较大比重的县级政府和不设国资委的地市级政府，如何贯彻"政资分开"原则，这些问题也都需要进一步研究。

三是"统一所有"与"分级代表"关系有待明确。"分级代表"应在"统一所有"的框架内进行。但"统一所有"涉及的事权应集中由国务院国资委统一行使，企业国有资产在三级政府间如何调整重组，上下级国资委间的产权纠纷如何解决，国资委能不能接受行政复议和行政诉讼案件，对上下级国资委共同履行出资人职责的企业如何管理等，这些问题目前都还没有明确。①

3.1.3.3 国有资产监管不力，资产合法权益受损，流失现象严重

一方面，在各种经济成分并存、国有资产监管不力的情况下，易诱发侵犯国有资产合法权益的行为。如股份制企业中国有股与其他股同股不同权，在派股、送股等方面享受不同等待遇，国有股不上市而承受股市风险；国有企业承包经营中包盈不包亏；国有企业职工工资增长速度超过劳动生产率的增长速度，形成工资侵蚀利润的现象等。这些行为都使国有资产合法权益受损。另一方面，由于国有资产出资人代表"缺位"问题的存在，在所有者、经营者和职工之间未形成有效的制约机制，在国有企业经营管理的过程中，普遍存在国有资产流失的问题，如在企业改制的过程中，低估国有资产价值、低价变卖国有资产，甚至私分国有资产；在企业经营财务管理中，对国有资本金核算弄虚作假，削弱了国有经济的市场竞争力。现有的国有资产存量是劳动者创造的财富积累，国有资产的流失就意味着对他们劳动成果的剥夺。这些都是国有资产监管体制改革的重要领域。②

3.1.3.4 国有资产监管责任体系和监管制度建设亟待加强

一是如何完善业绩考核体系和规范薪酬管理制度。通过业绩考核与薪酬管理，引导企业加强战略管理，避免短期行为发生。二是如何构建适合国有企业发展实际的中长期激励约束制度。从目前的考核实践看，可操作的、有效的中

---

① 廖红伟. 我国国有资产监管问题与对策研究 [J]. 经济纵横，2009（1）.
② 刘玉平. 国有资产管理（第二版）[M]. 北京：中国人民大学出版社，2012.

长期激励约束办法正在尝试开发和运作。随着股权分置改革的推进，需要积极研究把股票市值纳入对国有控股企业经营业绩考核体系的可行性，并适时推广。三是如何科学评价董事会的业绩。在董事会建立之后，国资委不再直接对经营层进行业绩考核，而是由董事会负责，国资委对董事会进行指导考核工作。在这种新的体制架构下如何评价董事会和如何指导董事会对经营层进行考核是一项全新的工作，需要进一步研究探索。四是如何构建从国资委到国有资产运营机构，再到国有企业逐层次的监管机制，探索更为有效的监管方式。①

3.2　管资本与管资产的区别与联系

3.2.1　管资本与管资产的区别

3.2.1.1　内涵不同

国有资产是属于国家所有的一切财产和财产权利的总称。它有广义和狭义之分。广义的国有资产，即国有财产，指属于国家所有的各种财产、物资、债权和其他权益。狭义的国有资产，则指法律上确定为国家所有的并能为国家提供未来效益的各种经济资源的总和。企业国有资产，就是指国家对企业各种形式的出资所形成的权益。

国有资本是改革开放以后才引起社会关注的一个概念。在国营企业和全民所有制企业的体制下，只有国有资产的存在，基本不存在国有资本的概念，国有资产直接体现为企业资产。但随着国家国有企业改革的推进，特别是企业改制为股份制后，国有资产以出资入股的方式投入企业，体现为一定份额的国有股权，这种形态的财产才形成企业国有资本。

3.2.1.2　管理对象不同

国有资产的管理，侧重于实物管理——对具体的企业组织进行直接管理，如选择经营方式、选择经营者、划分隶属关系等，以保证国有资产的有效使用。国有资本的管理，侧重于价值形态——促进企业国有资本不断增值，而不再是管理具体的企业组织，也不从事、不干扰企业具体的生产经营活动。换言之，国有资本管理从事的是资本运营，侧重于管股权；国有资产管理则从事的是业务经营，侧重于管企业。

---

①　廖红伟. 我国国有资产监管问题与对策研究 [J]. 经济纵横, 2009 (1).

3.2.1.3 管理行为与方式不同

国有资产的管理，则更多依赖的是行政手段而非经济手段，通过法规法令、暂行条例、试行办法，规范国有资产使用单位的生产经营活动，其行政管理色彩较浓。国有资本的管理，更多依赖的是经济手段，通过资产重组、企业购并、债务重组、产权转让、参股控股等方法，调节各生产要素，使其配置不断优化，从而保持国有资本不断增值。

3.2.2 管资本与管资产的联系

3.2.2.1 管资产是管资本的基础

我国国有资产管理体制改革之初，政企不分、政资不分现象十分严重，国有资产不但在资产权属上归属于各个政府部门，而且对国有企业的人、财、物的管理权，也分割在各个职能部门手上，"五龙治水"的管理方式使国有资产管理效率低下。国资委成立之后，紧抓住"管人管事管资产"的工作核心，使国有企业与原来的主管部门脱钩，有效地实行清产核资、划转重组、考核监管，使国有企业逐渐向现代企业的公司形态过渡。在现代企业制度建立的基础上，才能更好地管资本。

3.2.2.2 管资本是管资产的发展

国有企业不断建立完善现代企业制度的今天，单纯管资产的管理理念与管理方法已经不太适应经济发展需求，必须谋求新的改革。组建国有资本运营公司与国有资本投资公司，具体负责国有资本投向与股权流动，作为出资人代表的国资委要当好积极的股东，对于企业不能够管得过细、管得过于具体，从而给予企业更大的施展空间。这对于完善我国的国有资产管理监管体制，实现国有资产的保值增值具有重要意义。

3.2.3 国有资产监管由"管资产"到"管资本"的变迁

党的十八届三中全会《中共中央关于全面深化改革若干重大问题的决定》（以下简称《决定》）在"坚持和完善基本经济制度"一章中明确提出：要"完善国有资产管理体制，以管资本为主加强国有资产监管，改革国有资本授权经营体制，组建若干国有资本运营公司，支持有条件的国有企业改组为国有资本投资公司"。这就明确了我国国有资产监管将由"管资产"向"管资本"变迁。"管资本为主"并不意味着对"管资产"的否定与摒弃，国资委出资人职责仍将包括"管人、管事、管资产"三个方面，但都需要围绕"管资本为主"来重新界定。"管资本"职责，重点集中到公司法、国资法明确的股东基本权责上来，以及《决定》所明确的方向，包括：出资权利和责任；分红权利；资产变更监督或决定权；股份转让决定权；合并、分立、破产决议；资产和财务信息知情及监督；积极开展国有资本运营和投资。① 国有资本运营公司、国有资本投资公司是"管资本"的重要实现形式，在目前的国资管理体系下，已经涌现了一些国有资本运营公司、国有资本投资公司，今后将有更多的国资运营、投资平台出现。

3.3 国有资本监管的意义、目标和实现方法与手段

3.3.1 国有资本监管的意义与目标

国有资本是国有资产的关键组成部分。国有资产划分为非经营性的和经营性的两个基本部分。非经营性国有资产：一是指存在于非物质生产领域，如党政军机关、国有学校、国有医院等各类事业单位的物质财富；二是以矿藏、水流、森林、山岭、草原、荒地、滩涂等自然资源形态存在。经营性国有资产是指在国家监管下投入物质生产领域生产、流通、分配环节的物质财富，其本质含义是国家代表人民行使所有权并投入经济营运的生产资料。在市场经济条件下，国有生产资料以资本形式存在，所以被称为国有资本。它们以生产物质财富和增加社会价值财富为目的，具有生产性和经营性。国有资本是国有经济中最活跃的部分，加强国有资本监管具有重大意义。

有利于建立国有资本管理体系，划分各级政府国有资本管理权限，理顺国有产权关系，加强国有资本管理。有利于明确国有资产所有者、经营者、生产者之间的权、责、利关系，提高国有资本经营效率，实现国有资本的保值增值。有利于优化国有经济布局，发挥国有经济的主导地位，保证国民经济的性质和正确发展方向，为国家宏观经济管理服务。

3.3.2 国有资本监管的实现方法与手段

3.3.2.1 建立国有资本经营预算

国有资本经营预算是国资委依据政府授权，以国有资本出资人身份在预算年度内取得国有资产收益、安排国有资产收益支出的一种国有资本出资人的专门预

---

① 张政军. "管资本为主"：国资委如何当好股东？［J］. 中国经济周刊, 2014（3）：18–19.

算。建立国有资本经营预算对于增强政府的宏观调控能力、完善国有企业的收入分配制度、推进国有经济布局和结构的战略性调整、促进国有资本的合理配置具有十分重要的意义。编制资本经营预算既是完善国有资本绩效考核的必要基础，也是强化对国有企业监督的有效方式。国有资本经营预算不同于公共预算，要坚持以下原则：一是统筹兼顾，适度集中。统筹国有企业自身积累、自身发展和国有经济结构调整及国民经济宏观控制的需要，适度集中国有资本，合理确定收支规模。二是相互独立，相互衔接。既保证国有资本经营预算的完整性和相互独立性，又保持与公共预算的相互衔接。三是分级编制，逐步实施。国有资本经营预算实行分级管理、分级编制，根据条件逐步实施。

3.3.2.2 实现国有经济布局和结构的战略性调整

加强国有资本监管，要在全国范围内实现国有经济布局和结构的战略性调整。在市场经济条件下，国有资本要坚持"有进有退，有所为有所不为"的原则，根据国民经济发展的需要确定进退的领域。[①] 在竞争领域遵循"公平竞争、优胜劣汰"的原则，通过重组甚至兼并等多种资本组合方式优化资源配置，逐步形成区域内有核心竞争力的大型企业集团，提高国有资本的活力和运营效率，充分发挥国有资本的引导、放大和带动作用。国有资本投资运营要服务于国家战略目标，更多投向关系国家安全、国民经济命脉的重要行业和关键领域，重点提供公共服务、发展重要前瞻性战略性产业、保护生态环境、支持科技进步、保障国家安全。

3.3.2.3 国有资本分类监管

国有资本的监管不能忽视行业性质的差别，对于性质不同的国有资本的监管，应该以"分类监管"为总原则，制定不同的战略目标，这是对国有资产有效监管的前提。国有企业可以分为三类：公益类国有企业，监管考核的总要求是政策性亏损由财政全额补贴，着重考核服务质量和成本控制；商业类国有企业，监管考核的总要求是以市场化规则优化监管标准，着重考核经济增加值等主要经济技术指标；保障类国有企业，承担国民经济发展保障和国家安全责任的企业，监管考核的总要求是，完成服务国家战略目标任务情况，着重引入专项考核指标和企业竞争力。[②] 又如，汇金模式是一个金融资产的管理模式，是通过国家外汇储备对国有重点金融机构注资形成的，汇金公司的70多万亿元资产全部是金融资产，而国资委系统监管的资产主要是实业资产。实业资产与金融资产具有明显不同的内在特质，其监管模式必须有重大区别。[③]

---

① 王绛. 进一步优化国有经济布局调整 [J]. 现代国企研究，2014 (9).
② 楚序平. 国企退出竞争性领域是误读 [N]. 东方早报，2014 – 06 – 09.
③ 彭建国. 改革试点肩负重任 [N]. 经济日报，2014 – 07 – 16：009.

3.4　深化"政企分开、政资分开、资企分开"与国有企业改革

3.4.1　政企分开、政资分开、资企分开的必要性

政企分开是指国有资产所有者职能与社会经济管理者职能相分离。它的实质是要使企业成为市场的运行主体,自主经营、自负盈亏;而使政府成为市场的调控主体。政资分开,是指政府的公共管理职能与国有资产出资人职能分开,由专门的国有资产管理机构对国家授权监管的国有资本履行出资人职责。资企分开是指企业的投资人通过委托授权给管理者一定的权限管理与经营企业,即所有权与经营权的分离。

政资分开、政企分开、资企分开是深化国有企业改革的必然要求。政府作为国家的行政机构,具有社会经济管理职能,通过财政政策、货币政策及必要的行政手段调节社会总供给和总需求的平衡,实现社会资源的合理有效配置,国民经济稳定增长。这决定了政府的多元化目标与企业利润最大化目标之间存在矛盾冲突。政府承担着许多社会责任,不可能把追求利润作为唯一的或主要的目标,然而国有企业要想做大做强,必须以利润最大化为目标,积极参与市场竞争,成为市场主体。因此,必须做到政企分开、政资分开、资企分开,政府不能对企业微观经济运行进行直接干预,不能直接参与企业的人、财、物的管理。

完善社会主义市场经济体制,实现公有制与市场经济的有效结合,就要使国有企业形成适应市场经济要求的管理体制和经营机制。政资分开、政企分开、资企分开有利于建立健全国有资产监管体制,使国有企业真正成为市场主体和法人实体;有利于形成规范的公司法人治理结构,加快现代企业制度建设,进而形成有效的激励和约束机制。①

3.4.2　"政企分开、政资分开、资企分开"现状及存在的问题

政企分开的概念在改革开放之初就已经被提出来了,经过了近 40 年的改革,已达到了一定成效。国资委的成立,使我国形成了"国资委—中介性经营机构—国有企业"三层次的国有资产管理体制。国资委作为国务院特设机构,

① 陈波. 为什么要实行"政资分开"? [N]. 解放军报,2004 – 01 – 15.

是国有资产出资人代表，为实现国有资产的保值增值，以市场化机制履行职责。但就目前实践而看，国资委的成立弱化了行政干预，并未真正实现"政企分开、政资分开、资企分开"，"政企不分、政资不分、资企分开"依旧是制约我国国有企业改革的难题。政府仍然插手企业具体经营活动，应由企业自主决策的事项仍受到政府干预；仍有相当数量的国有企业仍由政府部门直接管理，导致政出多门，监管规则不一致，资源配置分散，经营效率低下。总而言之，国有资产所有者职能和政府社会经济管理职能还未完全分离，仍存在较大的交叉重叠，国有企业在经营过程中还未完全摆脱政府干预，没有完全的经营自主权，这对于国有企业的良好发展以及国有资产的保值增值是十分不利的。因此必须深化"政企分开、政资分开、资企分开"，进一步加快国有企业改革。

3.4.3 深化"政企分开、政资分开、资企分开"加快国企改革的实现途径

3.4.3.1 完善国有资产授权经营体制

我国已经建立起的"国资委——中介性经营机构——国有企业"三层次的国有资产管理体制，但在实践过程中还需不断完善。党的十八届三中全会提出要"完善国有资产管理体制，以管资本为主加强国有资产监管，改革国有资本授权经营体制，组建若干国有资本运营公司，支持有条件的国有企业改组为国有资本投资公司"。要明确国资监管机构、国资运营机构、国有企业三者间职责边界，才能切实解决体制中的深层矛盾，实现国有经济的放开搞活。国资委作为终极出资人代表，制定国有资本整体战略布局规划并对企业的重大事项决定拥有决定权，不干预企业具体经营事项。国有资本运营公司、投资公司作为直接出资人代表，负责国有资产的投资经营和存量资产的流动与重组，以股东身份从事国有资本的经营管理和运作，仍不从事具体的产品经营。只有这样，才能从体制上解决"政企不分、政资不分、资企不分"的弊端，该管的管好，不该管的坚决不管，监管不缺位、不错位、不越位；才能真正实现国有企业自主决策、自负盈亏、以利润最大化为目标开展运营，提高国有经济的活力与竞争力。

3.4.3.2 组建国有资本运营公司与国有资本投资公司

国有资本运营、投资公司作为国资运营机构与国资委之间是一种委托—代理关系。国资委是国有资本的所有者代表，是终极出资人代表，是国有资本的经营授权者。国资运营机构代表国资委以国有资本出资者的身份直接行使授权范围内国有资本投资、运营活动，实现国有资产的保值增值。国资运营机构是政府与企业之间的隔离带，可以有效隔离政府对企业的直接干预，充分发挥企业的市场主体地位。国有资本运营公司既可以新设也可以改组，现阶段，国有

资本运营、投资公司应以集团公司改组为主。一些大型的中央企业集团可以承担这一重任，通过开展资本运作，进行企业重组、兼并与收购等，提高国有资本流动性。

3.4.3.3 进一步推进政府职能部门与企业脱钩

目前仍有相当数量的国有企业由政府职能部门直接管理。目前归属国务院国资委监管的央企有 113 家，这些央企大多属于关系到国家经济命脉、国家安全的大型企业，属于国有经营性资产。但经营性国有资产并不止这 113 家，中央多个部委的众多国有企业、行政事业单位企业化经营的国有资产，以及中央所属的金融类资产，均不在国务院国资委监管之内。例如，银行等国家金融机构由央行、银监会来行使管理职责，其资产直接归财政部管理；中央级电视台和报刊，其监管实际归主办单位，其资产和保值增值情况只是在财政部登记备案；中央文化企业的国有资产监管则由财政部文资办负责。撤销铁道部，组建国家铁路局，由交通运输部管理，承担铁道部的其他行政职责，组建中国铁路总公司，承担铁道部的企业职责是铁路政企分开的大手笔，但中国铁路总公司仍由铁路局直接管理，不受国资委的监管，并未真正实现政企分开。金融、文化由于行业的特殊性，是改革的难点，但只有真正实现集中统一监管，才能在更大平台上发挥国有资产的功能与作用，增强国有经济实力。必须积极推进"大国资"体制改革，对经营性国有资产包括金融、文化等所有领域经营性国有资产实行集中统一监管。只有这样才能真正实现政府职能部门与企业脱钩，实现"政资分开、政企分开、资企分开"。

3.4.3.4 完善现代企业制度

现代企业制度以完善的企业法人制度为基础，产权清晰、权责明确、政企分开、管理科学。随着国有企业改革的深入推进，国有企业基本都完成了公司制股份制改革，现代企业制度建设取得显著成效。现阶段进一步深化"政企分开、政资分开、资企分开"，加快国企改革，完善现代企业制度要从以下几方面入手：一是以董事会建设为切入点，推进法人治理结构。首先，优化董事会成员结构，增加外部董事、独立董事的比重，使决策更加民主化、科学化，避免内部人控制问题。其次，逐步完善对董事会的评价机制，引导董事会和董事认真履行职责、积极发挥作用，及时更换不能胜任的董事，不断提高董事会整体素质，保证董事会的高效运作。在此基础上稳步推进董事会行使高级管理人员选聘、业绩考核和薪酬管理工作，用来进一步完善法人治理结构增强董事会的独立性、权威性和有效性。[①] 二是探索建立职业经理人制度，更好地发挥经理人作用。继续加大国有企业高管人员市场化选聘和管理力度，在国有企业集团层面逐步建立职业经理人

---

① 胡文骏. 国企如何实现政资分开——基于淡马锡的经验 [J]. 科技致富向导，2010 (7).

制度，并对企业领导人员实行分层分类管理。三是完善长效激励约束机制。合理确定并严格规范国有企业管理人员薪酬水平、职务待遇、职务消费和业务消费。建立健全根据企业经营管理的绩效、风险和责任来确定薪酬的制度，不断完善企业薪酬激励约束机制。对市场化聘任的企业管理人员，研究建立市场化薪酬协商机制，以适应建立职业经理人制度的需要。要加快研究制定有关国有企业领导人职务待遇、职务消费和业务消费方面的管理办法。①

3.5 管资本为主与国资监管体制改革

党的十八届三中全会《中共中央关于全面深化改革若干重大问题的决定》在"坚持和完善基本经济制度"一章中明确提出：要"完善国有资产管理体制，以管资本为主加强国有资产监管，改革国有资本授权经营体制，组建若干国有资本运营公司，支持有条件的国有企业改组为国有资本投资公司"。十八届三中全会提出的"以管资本为主"的国资监管体制，突出了国有资本，即"股本"的含义。这意味着两方面的意义：第一，要通过国有股权的监管，实现国有资产的监管。通过国有股权的放大作用，实现国有资本的活力、影响力和带动力。第二，划分开国有股本与其他股本的法律权益，在股权多元化公司内通过完善的公司治理结构和由此形成的决策机制，实现与其他形式资本的权益互不侵占、相互协作，利益共享、风险共担。这就明确了我国今后对国有资产监管的主要方式，将逐步从管"国有企业"为主向管"国有资本"为主转变。这是我国推进国有资产监管体制改革的重大举措。

3.5.1 管资本为主对国资委的定位更加合理明确

"管资本为主"，就是要把国资委的功能、目标和主要职责聚焦到"管资本"。在国有企业以及国有资本投资、运营公司的治理体系中，国资委作为"纯粹的出资人"，其功能、目标和职责都应围绕"一个积极开展资本运营和投资的国有股东"来界定。② 一方面，国资委成为一个纯粹的出资人。凡属于社会公共管理、行业监管等其他职责，都应该从国资委分离出去。另一方面，国资委行使出资人职责本身，需要按照法律规范和符合公司治理基本原则的股东定位来开展。

---

① 黄淑和. 国有企业改革在深化 [J]. 求是, 2014 (3).
② 张政军. "管资本为主"：国资委如何当好股东？ [J]. 中国经济周刊, 2014 (3): 18 – 19.

3.5.2　以管资本为主加强国有资产监管具有重要意义

3.5.2.1　有利于优化国有经济布局，增强国有经济控制力

优化国有经济布局，必须对国有资产的分布进行调整，不仅要调整投资结构，实现增量资产结构的优化，而且还要大力调整存量结构，实现存量资产的优化。过去强调的是管好企业，而企业是一种十分复杂的实物形态，涉及大量的人、事、资产，流动性差，不利于国有资产的流动优化。现在强调管资本为主，国有资本是一种价值形态，流动性好，交易性强，有利于国有资产及时的优化调整。①

3.5.2.2　有利于推进国有企业战略重组，做大做强国有企业

国有资产的资本化经营，可以使国有企业之间摆脱捆绑关系，彼此独立经营发展，从而在国有企业中建立现代企业制度。通过此次改革改善国资管理，将让主管部门更多地由管资产转向管资本，管好投资方向，减少对企业活动的干预，真正实现政企分开、政资分开。以行政手段对企业进行合并或并购，企业只会貌合神离，且规模越大、级别越高，重组就会只做加法，不做减法，不能真正形成核心竞争力。以管资本为主加强国有资产监管，使企业在重组中积极发挥市场在资源配置中的决定性作用，不仅可以消除重组中的各种困难和阻力，而且大大提高了重组的效率和效益。

3.5.2.3　有利于发挥国有资本的引导作用，提高国有资本经营效率，实现国有资产的保值增值

通过成立国有资本运营公司和国有资本投资公司，将资金注入发展前景好、经营绩效高的行业或企业；将资金从供过于求、经营绩效不高的行业或企业抽出，引导社会资本和优质资源向重点产业和优势企业聚集。这样的资本运作不仅有利于国有资产保值增值，还可以通过国家投资扶持或抑制一些行业，间接体现国家意志。这增强了国有资本的控制力和影响力，有利于从整体上发挥国有资本的战略性作用。

3.5.3　以管资本为主推进国有资产监管体制改革途径

3.5.3.1　紧紧围绕"现代法人治理结构"的特点来开展"管资本"

通过股东会决议、公司章程制定、任免董事会和监事会成员、资本增减等渠道行使所有权；通过公司治理体系的构建来提高所有权监管的效率。国资委作为

---

① 曾金冬. 以管资本为主加强国有资产监管的重大意义 [J]. 理论导报, 2013 (12)：4-30.

股东，应发挥积极的资本调整、进退功能，比如对于战略上不具有重要性的企业，应逐渐退出国有资本，投向需要国有资本发挥作用的领域，具体手段可通过国有资本运营公司和国有资本投资公司来实现。

3.5.3.2 组建国有资本运营公司与国有资本投资公司

国有资本运营、投资公司是国资委"管资本"的重要实现形式。章程管理、战略管理、预算管理这三大管理将会是国有资本投资公司试点的新内容。[①] 国有资本运营公司的定位应该是"进退和调整"；国有资本投资公司的定位应该是"投资为主，发挥控制力和影响力"。属于公共服务或自然垄断领域的企业，资本运营特征不强，可由国资委直接行使所有权监管。凡属特定功能、战略重要和完全商业竞争等类别的企业，都可以被纳入国有资本投资、运营公司的范畴。根据功能和目标不同，国有资本运营、投资公司的业务包括持股和资本运营，对于持股，其目标就是采用更加市场化的公司治理框架、更加专业化的监管来提高国有资本的长期价值；对于资本运营，其目标是通过国有资本的积极进退来更好地实现国有资本的优化配置。

3.5.3.3 大力发展混合所有制，从"管资产"向"管资本"过渡

混合所有制最大的优势在于，不同所有制资本主体和不同法人投资主体交叉持股，形成相互监督与制衡的公司治理机制。[②] 混合所有制经济是我国基本经济制度的重要实现形式，通过积极发展混合所有制经济，推进国有企业之间、不同所有制类型企业间具有优势互补和战略协同效应的横向联合重组，增强国有企业的活力，放大国有资本的控制力和影响力。[③] 需要注意的一点是，在产业领域，国有资本应该是积极的大股东，而不是消极的财务投资者，要通过制度创新，尽快形成大股东控股、二股东监督、中小股东"搭便车"的治理格局，保护各方面投资者的利益。[④]

3.5.4 改革国有资本授权经营体制，改组、改建国有资本投资、运营公司与国有资产监管体制的完善

国有资本投资、运营公司是国家授权经营国有资本的公司制企业。国有资本投资公司的经营模式是以投资融资和项目建设为主，通过投资实业拥有股权，通过资产经营和管理实现国有资本保值增值，履行出资人监管职责。作为在国资委

---

① 国资委研究中心副主任彭建国：推改革试点缘分歧较大 [N]. 21 世纪经济报道，2014 – 07 – 16：018.
② 梁军. "管资本"与"管人管事管资产" [J]. 国企，2014（7）：64 – 65.
③ 王绛. 进一步优化国有经济布局调整 [J]. 现代国企研究，2014（9）.
④ 华晔迪. 混合所有制改革如何推进 [N]. 中国信息报，2014 – 10 – 29.

与国企之间架设的新层级，国有资本投资公司可以有效地将政企分隔开，减少政府部门对企业的过多干涉。

国有资本运营公司通过划拨现有国有企业股权组建的国有资本运营公司，即以资本营运为主、不投资实业的公司形式，营运的对象是持有的国有资本（股本），包括国有企业的产权和公司制企业中国有股权，运作主要在资本市场，既可以在资本市场融资（发股票），又可以通过股权产权买卖来改善国有资本的分布结构和质量。国有资本运营公司着力于发挥市场机制的作用，推动国有资产实现形式由实物形态的"企业"，转变为价值形态的资本，包括证券化的资本。促进国有资本在资本市场上的流动，使国有经济布局和功能可以灵活调整，利用市场的力量让资本流动到最能发挥作用的地方，使国有资本发挥更有效的作用。

要完善国有资本授权经营体制，使国有资产监管体制中的"国资委——被监管企业"两个主体变为"国资委——国有资本投资、运营公司——国有企业"三个主体。有效组建国有资本投资运营公司就必须：坚持创造长远价值的投资理念，为后代打造投资组合，追求高回报，但不能搞投机，更要兼顾长期价值；建立权责分明的治理架构，坚持健全的公司治理架构，才能使国有资本投资、运营公司成为适应市场竞争的主体，要实现所有权与经营权分离，在公司治理与日常运行上遵循市场规则而不是行政规则；实施灵活的投资策略，定期审核投资组合，保持充分灵活性，在有机会时对这些投资进行调整，合理控制风险，以获得有效的资本收益；形成积极的价值观，唯才是用、追求卓越、互相尊重、讲求诚信、团队协作、互信互助，强调国家利益至上，追求卓越行为；保持对社会公益事业的持续支持，国有资本投资、运营公司要树立良好的社会形象，大范围、多样化、持续性的公益事业投入，是建设受到社会认可的国有资本投资运营公司的有效举措；吸引专业化的精英管理团队，保障中坚力量的精力充沛，才华横溢，实现国际化、专业化和高端化的目标。①

3.6 经营性国有资本概念、范畴、统一监管的目标与实现途径

国有资产是指法律上由国家代表全民拥有所有权的各类财产，国有资本则是国有资产的价值表现。按与社会活动的关系，国有资产可以分为经营性国有资产、非经营性国有资产和资源性国有资产。本章重点分析经营性国有资本。

---

① 胡钰. 建好国有资本投运公司的着力点 [N]. 第一财经日报，2014 - 01 - 29：A13.

3.6.1 经营性国有资本的概念与范畴

经营性国有资本是指国家作为投资者，投入到社会再生产领域，从事生产经营活动的各类资本。具体表现为国有独资企业、合资合作企业、股份制企业中国有股份所代表的各类资本，如固定资产、流动资产、递延资产等。①

3.6.2 "管资本"为主的国资监管体制需要推动经营性国有资产统一监管

经营性国有资产统一监管是指对包括金融、文化等所有领域经营性国有资产实行集中统一监管。推进经营性国有资产集中统一监管，是完善国有资产监管体制的内在要求。

前期实践中，我国采用了将金融和产业分类监管的思路，由财政部监管金融类国家出资企业，由国资委监管产业类国家出资企业。而事实上，无论从国内外的产融结合趋势看，还是从经营性国有资本追求盈利的内在属性上，金融与产业都无法严格分开，如国家电网公司出资建设银行、中国人寿公司出资南方电网，都是企业在市场中的自发投资行为，有利于资源优化配置。在这一背景下，如果严格割裂金融与产业的关系，分类监管，会使国有资本的监管既缺乏统筹考虑，又政出多门，不利于全国国有资本的整体保值增值。②

因此，国有经营性资产毫无疑问应该纳入国资委集中统一监管。第一，国资委集中统一监管可以让监管工作更加专业化、规范化，有利于促进国有资产的保值增值；第二，统一监管也顺应了当前的政府机构改革趋势，有利于预防政府机构腐败；第三，国资委统一监管可以让国有资产进行整合和重组，有利于打造一批特色优势企业③。

3.6.3 对经营性国有资本进行统一监管的目标与实现途径

3.6.3.1 对经营性国有资本进行统一监管的目标

（1）实现资本的保值、增值。在信用货币条件下保证资产的价值不受损失，尽可能达到价值的增值，以维护所有者的合法权益。

（2）在实物形态上保证资本的安全性和完整性。防止出现意外被盗、丢

---

① 刘玉平. 国有资产管理（第二版）[M]. 北京：中国人民大学出版社，2012：006.
② 刘纪鹏. 国有资产监管体系面临问题及其战略构架 [J]. 改革，2010 (9).
③ "大国资"时代到来 [J]. 中国经济周刊，2013 (15).

失、损失等，丧失其使用价值。

（3）资本收益最大化，或者效用的最大化。对在生产经营领域的资产，要求为所有者提供更多的利润收入。①

3.6.3.2　经营性国有资本统一监管的实现途径（监管方式）

主要采取事前监督、事中监督和事后监督"三位一体"的监管方式。

（1）事前监督是指在国有企业改制中对国有资本运营之前所实施的监督。即指国有资本金的监督部门有权审查和批准国有资本金基础管理部门制定的国有资本金绩效评价指标；有权要求国有企业提供国有资本运营计划、国有资本的预计使用或支配情况，从中检查国有企业是否按照出资人的要求进行国有资本的运营和管理，并及时纠正。

（2）事中监督是指日常监督，即指对国有资本运营的过程进行经常性的监督，国有资本金监督部门有权检查资本运营机构对国有资本金是否按照计划或预算使用和国有资本运营过程中有无违法、违纪等行为。

（3）事后监督是指对国有资本运营成果所进行的监督。国有资本金监督机构需要检查政府有关部门、资本运营机构国有资本法律法规实施情况，资本的保值增值效果是否达到预期目标等。根据检查情况，执法机构及其人员提出处理问题的建议和办法。对于违反法律法规的行为，情节轻微的，国有资本金监督机构有权给予行政处罚。②

3.7　政府职能部门与企业脱钩的必要性、脱钩步骤和不再直接经营管理企业的制度安排

政企分开的改革，早在党的十四大报告中就有阐述："实行政企分开，落实企业自主权，使企业真正成为自主经营、自负盈亏、自我发展、自我约束的法人实体和市场竞争的主体，并承担国有资产保值增值的责任。"如今，取消国企的行政级别，让国企回归企业本色，让国企领导人回归商业领袖身份，仍然成为国企改革备受关注的焦点。

3.7.1　政府职能部门与企业脱钩必要性

现代企业在两权分离、委托代理情况下，存在两个主体：一个是企业的真

---

① 刘玉平. 国有资产管理（第二版）［M］. 中国人民大学出版社，2012：5.
② 刘玉平. 国有资产管理（第二版）［M］. 中国人民大学出版社，2012：249.

正主体，即企业资产所有者；另一个是企业的代表主体，即企业的经营管理者。两个主体均有自己的独立利益，两者的目标不完全一致。同时，这两个主体的权力与利益是相分离的。所有者（真正主体），是利益或亏损承担者（负责盈亏），但没有具体实际运作权；经营者（代表主体），有具体实际运作权，但不承担利益或亏损。在市场经济中的行为目标与动机：追求谁的利益最大化？理想模式是所有者利益最大化；但在实际操作中，经营者利益最大化。这就是现代企业实际运行中存在的矛盾。①

对于国有企业来说，政府即是真正主体。政府具有双重身份与双重职能，即社会经济管理者和国有资产所有权代表的身份，以及社会经济管理和国有资产管理者职能。这就会导致政府职能越位、缺位问题突出，对微观经济事务干预过多过细，一些该管的又没有管住管好；职责交叉、权责脱节、争权诿责现象的存在，行政效能不高；机构设置不合理，一些领域机构重叠、人浮于事；对行政权力的制约监督机制不完善等问题。②

因此，我们要按照全面深化改革总体要求，坚持政企分开、政资分开、所有权与经营权分离，大力推进市场化改革。

3.7.2 政府职能部门与企业脱钩的步骤

3.7.2.1 阶段性安排

第一阶段，调查摸底，分析国企去行政化的症结到底在哪里，以便更好地采取对策；第二阶段，分步实施。对国企去行政化要建立过渡阶段，即建立一到两年的过渡期，让企业进行整改、让经营者作出选择，而不要"一刀切"；第三阶段，整治规范。过渡阶段，所有的国企都必须进行整改规范，都要按规定该退的退，该转的转，该留的留。对国企一把手，短期内全部取消行政级别可能有点难。但可采取因人而异的办法：有人不适合干企业，但善于宏观决策，就让他退回政府行政岗位，进行身份置换，在政府领导岗位上继续做贡献。有的临近退休，等办完退休手续后再用市场化选聘方式"返聘"，返聘人员在企业内的行政级别自动消失。③

3.7.2.2 分层次、分类别的脱钩步骤

（1）中央党政机关与所办经济实体和管理的直属企业脱钩，要在《中共中央办公厅、国务院办公厅关于转发国家经贸委〈关于党政机关与所办经济实体

---

① 彭建国.中国企业改革三十年回首［N］.中国企业报，2008-10-17：004.
② 深入推进政企分开　政事分开　政社分开——中央编办负责人就国务院机构改革和职能转变答记者问［N］.辽宁日报，2013-03-11.
③ 蔡玉梅.去行政化：国企改革新期待［J］.产权导刊，2014（2）.

脱钩的规定〉的通知》要求实现"四脱钩"（即在职能、财务、人员、名称四个方面与党政机关实现脱钩）的基础上，进一步做到：

第一，各部门直属的各类企业，一律与主管部门解除行政隶属关系，各部门不再作为主管部门直接管理这些企业。

第二，原由各部门管理的企业，与主管部门脱钩后，属于大型企业和企业集团的，以及经国务院批准的涉及国计民生的主要行业的重点企业，其领导干部职务由中央管理：金融类企业，一律交由中共中央金融工作委员会（以下简称"中央金融工委"）管理；非金融类企业，一律交由中央大型企业工作委员会（以下简称"中央企业工委"）、人事部管理。其他企业的领导干部职务一律按属地原则，交由地方管理。党的关系根据企业的不同特点和情况分别划转：金融类企业一律划归中央金融工委管理；中央管理的企业，党的关系原在地方的不作变动，原在中央和国家机关的暂由中央、国家机关党工委管理；移交地方的企业，党的关系划归同级党组织管理。

第三，原由各部门管理的企业，在财务上与原主管部门彻底脱钩后，属中央管理的企业，其资产管理及有关的财务关系由财政部负责；属地方管理的企业，其资产管理及有关的财务关系由地方财政部门负责。所有企业都要按照属地原则参加社会保险统筹。

第四，各部门移交中央和地方管理的企业，必须是能够正常经营运行的企业，移交企业的资产实行无偿划转，有关债权债务一并移交；如属资不抵债、亏损累累的企业，必须由原主管部门负责停产整顿，或者关闭安置，妥善处理。

（2）脱钩工作分金融类企业和非金融类企业两条线进行。金融类企业的脱钩工作，由中央金融工委、中国人民银行、中国证券监督管理委员会、中国保险监督管理委员会成立工作小组负责；非金融类企业的脱钩工作，由中央企业工委、国家经贸委、人事部成立工作小组负责（以下简称"两个工作小组"）。两个工作小组的主要职责是：具体负责中央党政机关与所办经济实体和管理的直属企业脱钩的组织、指导、审查、监督工作，会同有关部门研究制订总体处理意见和具体实施方案，完成党中央、国务院交办的其他有关事项。各部门也要责成专人，负责本部门所办经济实体和管理的直属企业的脱钩工作。

（3）各省、自治区、直辖市党委和人民政府对中央党政机关移交地方的企业，一定要按照政企分开的原则，切实做好有关工作，不能把接收的企业层层下放。

（4）1998年底前，各部门要按照党中央、国务院的统一部署，在调查、清理、登记造册的基础上，提出分类处理意见；两个工作小组会同财政部、劳动保障部、国家工商局以及中共中央直属机关事务管理局、国务院机关事务管理局等有关部门，根据对各部门分类处理意见的审查情况，研究提出总体处理意见和具体实施方案，报党中央、国务院批准后，各部门与所办经济实体和管理的直属企业即行脱钩。然后在两个工作小组的指导、监督下，按照批准的总体处理意见和具体实施方案，由各部门对所办经济实体和管理的直属企业分别进行处理。

3.8 与政府脱钩后的经营性国有企业与国资委监管企业的资源整合

3.8.1 与政府脱钩后的经营性国有企业定位及范畴

与政府脱钩后的经营性国有企业是指在职能、财务、人员、名称四个方面与政府彻底脱钩，自主经营、独立核算、自负盈亏的国有企业，政府对各类企业只实行行业管理及必要的监督、服务等事项，不干预其经营管理活动。

3.8.2 国资委监管企业的属性

国资委监管企业是指国有企业中由国资委履行出资人职责，对企业国有资产的保值增值进行监督；同时由国资委通过法定程序对企业负责人进行任免、考核并根据其经营业绩进行奖惩；并由国资委代表国家向企业派出监事会，负责监事会的日常管理工作。

3.8.3 资源整合的依据

就国有企业战略重组的目标而言，可以分为微观、中观和宏观三个层面[1]。从微观层面来看，国有企业重组的目标应当是通过改善公司的股权结构，完善公司的治理结构，增强企业的发展潜力和活力，"做大""做强"国有企业。国有企业通过资本集中和集聚实现规模扩张，但规模大并不等于强，大而不强的企业并不少见；同时，当企业规模超过一定边界时，会产生规模报酬递减、内部交易成本过高、企业监督低效等弊病。因此，在国有企业规模扩张的基础上，需要协调"大"与"强"的关系，"做大"的目的必须是为了"做强"，"做强"的必

---

[1] 刘小玄. 企业边界的重新确定：分立式的产权重组 [J]. 经济研究，2001 (4).

要手段体现为"做大"，"做强"与"做大"具有内生性联系，应在依托企业壮大的基础上，不断提升企业的经营效率。从中观层面来看，国有企业战略重组应当实现国民经济布局与产业结构的合理调整。以国有企业为主体的国有经济是国民经济的支柱，国有企业重组应当向有利于产业布局合理与结构优化的方向进行，国有企业重组和产业布局要实现动态中的平衡与协调，而不是仅仅依据垄断与竞争领域的传统界定而决定"进入"或"退出"。从宏观层面来看，国有企业重组的目标应当是：实现社会主义市场经济条件下资源与能力的有效配置，实现要素的合理流动和经济的结构性增长，不断提高国有经济的控制力、影响力和带动力；国有企业能够根据市场经济的要求，科学合理地做出自身的选择和应对，并随着社会主义市场经济的发展而发展。国有企业战略重组三层次目标的实现，从微观到宏观的推进即是社会主义市场经济改革逐步深入的过程。①

3.8.4　资源整合的方式与途径

国有企业重组特指中国国有企业通过兼并、收购、联合、改制、破产等途径，实现国有产权的流动、要素的再组合和资源的重新配置，改善国有资产的配置结构和国有企业的组织结构，一般通过三种方式进行：第一种是企业并购。企业家能力和禀赋的差异产生了对产权交易的需求，企业并购通常意味着企业所拥有的要素被更高效率地使用。第二种是资产置换或股权置换。这种方式意味着要素的使用或使用方式发生了变化，因而也等于要素发生了流动。资产或股权置换后，与该部分置换资产或股权相关的、所有作为不可分割单位使用的整体要素都会受到影响。第三种是企业破产或解散。当利益关系摩擦导致要素流动产生过高的社会成本时，企业通常会采取破产或解散的做法，但也会产生相应的负面社会成本，且无从实现要素流动的结构性效率。因此，在重组过程中，企业和社会等参与各方一般都会尽量采用第一种和第二种形式。

出于对规模经济与协调效应的追求以及国际竞争的需要，通过并购等方式组建大型企业集团，是当前实现国有资产或国有股权流动的根本途径。在当前资本市场制度框架下，组建企业集团主要有以下三种途径：一是协议转让。这是最为常见和普遍发生的国有股权和国有资产转让流通的形式。二是公开拍卖。国有股特别是法人股转让常常采用一种市场手段，即公开拍卖方式进行。与协议转让相比，公开拍卖有利于国有资产价值确定的客观、公正与公平，从而杜绝国有资产转让中的"暗箱操作"，也有利于实现资源要素的有效配置。三是引进新股。引

---

① 廖红伟. 论国有企业战略重组与产权结构优化 [J]. 学习与探索, 2013 (2).

进新股的目的是通过发行上市、定向募股等增资扩股方式实现"稀释型股权多元化",就具体形式而言,既可以是以外部法人(包括民营企业和外资企业)、自然人等为入股对象的"外部型股权多元化",也可以是以主要包括经理人员在内的内部职工为出资主体的"内部型股权"多元化。①

3.9　地方国资定位及监管

3.9.1　地方国有资产定位

地方国有资产在国有经济发展中发挥着举足轻重的作用,根据中央与地方在国资监管中地位和作用的不同,我国的国有资产监管体制是"统一所有,分级代表",即在坚持国家所有的前提下,充分发挥中央和地方两个积极性,中央政府和地方政府分别代表国家履行出资人职责。在此体制下,地方国有资产的定位是地方政府代为监管的国有资产。

国有资本一般是指由国家出资、占有,作为生产要素用于生产经营,并在经营中获得收益和增值以及相应权益的资产。地方国有资本即由地方掌握或所有的能够增值的经营性国有资产。从功能定位看,地方国有资本运营的功能是和地方政府承担的职能互相联系的。地方国有资本应在满足公共服务、引领地方经济发展、维持社会稳定、支持中央宏观调控等方面发挥作用,而这些作用的发挥也构成了地方国有资本存在的基础和理由。②

3.9.2　地方国资监管取得的成效

2003 年国家国有资产监督管理委员会成立,作为国有资产的所有者代表机构,专门承担国有资产的监管职责之后。随后各省、市(地)级国有资产监管机构也纷纷组建,负责地方国有资产的监督管理工作,逐步建立起"国资委——中介性经营机构——国有企业"三层次的国有资产管理体制。2011 年《地方国有资产监管工作指导监督办法》出台,为更好指导地方国资监管提供了法律保障。截至目前,地方国资监管已取得了一定成绩。

第一,国有企业改革进一步深化。各地进一步推进公司制股份制改革,推进

---

① 廖红伟. 论国有企业战略重组与产权结构优化 [J]. 学习与探索,2013 (2).
② 丁传斌. 地方国有资本运营法制探索 [D]. 华东政法大学,2013.

股权多元化，加快整体上市步伐，建设规范董事会，取得了积极进展。第二，国有经济布局结构进一步优化。各地结合地方经济发展规划，大力引导国有资本向基础设施、优势资源、战略性新兴产业和现代服务业集中，培育了一批对地方经济发展具有较强带动作用的大企业大集团。第三，转型升级取得积极成效。各地普遍加大了推进传统产业改造升级和战略性新兴产业发展的力度。第四，国资监管体制进一步完善。各地进一步加大了国资监管组织和法规体系建设。部分省级行政区的全部地市已单独设立了国资委，且均为政府直属特设机构。部分省级国资监管范围已涵盖了金融类国有资产，有的甚至实现了经营性国有资产的全覆盖。第五，国资监管针对性有效性进一步增强。各地在总结国资监管实践的基础上，结合监管企业特点，进一步探索规律，创新机制，整合监管资源，积极探索有效的具有针对性的监管方式。第六，构建国资监管大格局取得新的进展。大部分地方都制定了指导监督实施办法，指导监督工作的规范化、系统化水平进一步提高，国资监管大格局进一步完善。①

3.9.3 地方国资监管存在的问题

地方国资监管在取得不俗成绩的同时，也存在众多问题，突出表现在以下几方面。

3.9.3.1 国资委职能发挥不力，政府干预强

作为政府直属特设机构，地方国资委与中央国资委一样，都代表国家履行出资人职责，与政府的公共管理职责相分离。但是实际工作中，地方国资委的出资人职责并没有落到实处，不少地市国资委由直属特设机构改为了政府部门或者与其他部门合署办公，机构不独立、行政化趋势比较明显。2011 年一项统计显示，全国 356 个地市中，有 331 个设立国资委，占 93%，但作为独立机构的只有 227 个，占设立国资委的 68.6%；保留直属特设机构性质的只有 107 个，占设立国资委的 32.3%。② 截至 2013 年中期，地市国资委与其他部门合署办公的还占 20.3%，作为政府组成部门或工作部门的达到 61.2%，履行企业领导人员管理职责的不到 60%，还有 35% 的地方未实行收益管理。③ 各地方国资委与相关政府部门职责划分不清，导致地方国资委承担了许多本不应该承担的事务，而出资人职

---

① 王勇在全国国有资产监督管理工作会议上的讲话 [EB/OL]. http://www. gov. cn/gzdt/2013 - 01/29/content_2321997. htm, 2013 - 01 - 29.

② 黄淑和在全国国资委系统指导监督工作座谈会上的讲话 [EB/OL]. http://www. sasac. gov. cn/n1180/n14200459/n14550482/n14550501/14550882. html, 2011 - 06 - 28.

③ 黄淑和在全国国资监管政策法规暨指导监督工作座谈会上的讲话 [EB/OL]. http://www. sasac. gov. cn/n1180/n1566/n11183/n11199/15560096. html, 2013 - 10 - 20.

责内工作反而无法落实，越位、错位、缺位现象明显。地方政府希望利用国有企业为地区 GDP 增长做贡献，为业绩考核服务，对国有企业强加干预，不尊重市场规律的重组、并购将无法实现企业经济的良性发展。

3.9.3.2　中央与地方关系有待深化

在"统一所有、分级代表"的国资监管体制框架下，国有资产统一由国家所有，中央和地方分别履行出资人职责。但现行体制框架下，中央与地方产权边界仍不清晰。我国政府层级多，中央与地方财权事权不匹配，各级政府间本身就存在权责不清的状况。加之我国国有资产存量大，被层层划拨到各级国资委管理后，产权关系十分复杂。一旦涉及国有企业在各级、各地国资委间调整重组以及上下级国资委同时对一企业投资等情况时，中央与地方的管理权限就更为模糊，各自的权益与职责也很难明确。中央与地方产权不清也带来了权责利的不对称。地方对所管辖的国有资产享有占有、使用、收益、处分的权力，且比中央政府掌握更充足的信息，更有能力实现国有资产的保值增值，然而事实恰恰相反。由于地方政府不是国有资产的所有者，使得其对国有资产保值增值缺乏积极性，国有资产被低估拍卖、非法转移的现象时有发生，国有资产流失现象严重。与此同时地方政府不是国有资产的所有者也意味着地方政府在拥有权利的同时不需要承担责任，也就不可避免地产生"道德风险"。地方政府在对本地区经济进行宏观调控的同时，面临着地方经济发展、人民生活水平提高的压力，加之政府业绩考核"唯 GDP 论"，使得地方政府片面追求本地区经济利益最大化，一味注重国有经济发展的速度和规模，盲目投资、做项目，而忽视由此造成的重复建设、产业结构趋同化以及由此引起的生产过剩、开工不足的风险。长远来看，损害的是中央政府的利益。

3.9.3.3　地方国有经济布局不尽合理

根据 2012 年国有企业决算数据，全国国有及国有控股企业 14.7 万户（不含金融国有企业），其中：国资委监管 113 家中央企业集团（法人企业 3.5 万户），其他中央部门监管的法人企业 1.3 万户；地方国有企业 9.9 万户。在 9.9 万户地方国有企业中，省、地市、县级的企业户数分别为 4 万户、2.2 万户、3.7 万户。地方国有企业多属于中小型企业（95%），除了供水供暖、公共交通等公共服务企业外，基本上是宾馆、饭店、旅行社、修理修配、建筑施工等完全竞争性企业。[①] 在市场经济条件下，按照国有资本的"有进有退，有所为有所不为"的基本方针，以及公共产品理论的基本要求，应当收缩地方国有资本战线。通过重组甚至兼并等多种资本组合方式优化资源配置，逐步形成区域内有核心竞争力的大

---

① 东方早报. 国有资本公司明年启动试点 [EB/OL]. http：//www. dfdaily. com/html/113/2014/6/6/1157938. shtml, 2014 - 06 - 06.

型企业集团，发挥地方国有经济控制力，带动、引导并控制地区经济的健康发展。事实上，地方国有经济布局不尽合理，一些地方仍在盲目上项目、铺摊子，造成重复建设；一些地方没有及时清理整合劣势企业和低效资产，导致整体效益下降。

3.9.3.4　地方国资集中监管有待完善

相对于中央国有资产，地方国有资产总量不大。根据 2009 年《关于进一步加强地方国有资产监管工作的若干意见》，中央要求地方国资委可根据本级人民政府授权，逐步将地方金融企业国有资产、事业单位投资形成的经营性国有资产、非经营性转经营性国有资产纳入监管范围。目前来看，尽管地方经营性国有资产全覆盖监管日渐增多，但有的地方经营性国有资产监管还较为分散。各地国资监管范围不一致，截至 2011 年 8 月，全国有 14 个省级国资委监管覆盖面达到 80% 以上，北京、天津、上海、重庆四个直辖市实现了经营性国有资产的全覆盖监管，全国有 28 个省级国资委和 70 个地市级国资委监管范围还涵盖了金融类国有资产，但仍有 4 个省级国资委监管覆盖面低于 50%。即使部分地方国资委将经营性国有资产全覆盖监管，其中仍面临着诸多的问题。以金融性国有资产为例，各地形成了不同的监管方式。国资委与地方政府对国有经营性资产的认识和目的并不一致，某些情况下，甚至出现矛盾。地方政府希望国有企业能够为地方经济做出贡献，促进地方 GDP、财政收入等考核目标的实现，因而更注重国有经济发展的速度和规模；而国资委则希望防范风险，实现国有企业的保值增值。地方政府对地方国企的干预呈现了加剧的趋势。

3.9.3.5　地方国有企业监管失控

国有企业可分为三个层次：纯国有企业（包括国有独资企业、国有独资公司、国有联营企业）、国有控股企业（包括国有绝对控股企业、国有相对控股企业）、国有参股企业。国有相对控股与国有参股企业中多存在于地方，受地方国资委监管，由于其国有股权比例低于 50%，易出现内部人控制局面，导致国有资产流失，国资监管失控。突出表现为：过分的在职消费；信息披露不规范，而且不及时，报喜不报忧，随时进行会计程序的技术处理；短期行为；过度投资和耗用资产；工资、奖金等收入增长过快，侵占利润；转移国有资产；置小股东利益和声誉于不顾；大量拖欠债务，甚至严重亏损等。典型案例如"海螺迷局"，在内部人的精密操纵下，安徽国资系统逐渐丧失了对海螺集团的控制权，海螺集团的董事会中，没有一个是国资委委派的董事，其董事会成员为清一色的公司高管。为规避监管风险，卖掉海螺集团的股权，是安徽国资委不多的选择之一。

3.9.4 完善地方国资监管的途径

3.9.4.1 推动地方综合性立法，健全完善国资监管法规体系

应当不断深化立法工作，努力完善国资监管法规体系。一是积极推进国资监管综合性立法。要充分利用各种机会和渠道，继续建议修改完善《企业国有资产法》有关条款，为促进改革、完善体制努力寻求法律突破。加快起草《企业国有资产法》的配套行政法规，建立健全企业国有资产基础管理、国有资本经营预算、重要子企业重大事项管理等基本制度。各地方国资委要根据本地区国资国企改革发展实践需要，积极推动出台地方综合性法规或政府规章，努力推动完善国资监管体制。二是深化和完善重点业务领域立法。要深入总结近年来国资监管的经验做法，及时修订完善投资规划、业绩考核、产权管理、薪酬分配等领域的规范性文件。进一步规范监管方式和手段，探索分类监管，健全完善责任追究制度，提升国资监管效能。着力加强推行公有制多种实现形式、健全现代企业制度、规范董事会建设等方面的立法。要使各项制度设计更加有利于企业加强自主创新，实现转型升级和科学发展。三是进一步规范立法工作程序，提高制度执行力。要科学制定立法工作计划，严格立项审核，完善立法起草、审核、协调和审议程序，切实提高立法的质量和水平。注意把法规清理作为完善法规体系的重要内容，坚持立改废并举，及时废止或修改不符合改革方向、不适应监管要求或与上位法不一致的文件规定，形成科学统一的法规体系。加强对立法执行情况的监督检查，探索建立法律实施后评价制度，确保国资监管各项制度得到有效实施。①

3.9.4.2 正确把握国资委的机构性质和职能定位，加强县级国资监管机构建设

国资委作为政府直属特设机构，专门履行出资人职责、专司国有资产监管，不同于行政部门行使社会公共管理职能，要正确把握国资委的机构性质和职能定位。坚持社会主义基本经济制度和市场经济改革方向，坚持政企分开、政资分开、所有权和经营权相分离，坚持"统一所有、分级代表"，坚持以管资本为主加强国有资产管理，坚持省级和地市两级国资委作为政府直属特设机构的性质定位不动摇。要依法保持国资监管机构的专门性和独立性，不能因监管资产类型的多样化而改变各级国资委直属特设机构的性质。此外，加强县级国资监管机构建设，逐步消除地方国资监管中的薄弱环节，加强对县级国有资产的管理，改善县级国资管理混乱局面。要处理好出资人行使所有权与企业行使经营权的关系，搞

---

① 黄淑和在全国国资监管政策法规暨指导监督工作座谈会上的讲话［EB/OL］. http：//www. sasac. gov. cn/n1180/n1566/n11183/n11199/15560096. html，2013－10－20.

准出资人机构的监管定位，并切实做到不缺位、不错位、不越位。

3.9.4.3　优化地方国有经济布局，推动地方国有企业进一步深化改革

各地区要紧密结合自身发展规划，立足当地自然条件、区位特点、资源状况和产业基础，优化地方国有经济布局。要积极调整产业结构、加快转型升级、推进自主创新、优化内部资源配置、实施企业战略重组、推进国际化经营，从而转变经济发展方式，打造出一批具有竞争力和影响力的地方优势特色企业。要牢牢把握政企分开、政资分开的改革方向，立足现行国有资产监管体制，进一步完善以资本为纽带的国有资产出资人制度，夯实国有企业作为合格市场主体的体制基础。要认真研究推行公有制多种实现形式的政策措施，根据放宽市场准入、发展混合所有制经济的改革要求，推动企业在改制上市、兼并重组、项目投资等方面，积极引入民间资本和战略投资者，全面推进国有企业公司制股份制改革。要根据企业产权结构和组织形式的变化，加快现代企业制度建设，进一步完善法人治理结构，推进规范的董事会建设，建立健全决策失误责任追究制度，加快形成适应市场竞争要求的企业管理体制和经营机制。要研究界定监管企业的功能定位，深入探索分类监管的途径和方式，提高国有资产监管的针对性和有效性，进一步激发国有企业活力。[①]

3.10　中央企业参与地方建设的途径、问题与实现共赢的机制

央企与地方的合作，双方历来都有很高的积极性，但要想正确处理好两者之间的微妙关系，并非易事。实现两者之间的正和博弈，使双方利益都有所增加，或至少一方利益增加，而不让任何一方利益受损，更是一个长期以来并未得到很好解决的难题。

3.10.1　中央企业参与地方建设的意义[②]

中央企业和地方政府都希望利用合作这一平台，推动各自战略目标的实现。我们分别从中央企业和地方政府两个角度进行分析。

第一，从央企角度看，央企主动与地方政府开展战略合作主要出于两个动机：一是央企重组；二是提高核心竞争力。央企重组是目前国有经济布局和结构

---

① 黄淑和在全国国资监管政策法规暨指导监督工作座谈会上的讲话 ［EB/OL］. http：//www. sasac. gov. cn/n1180/n1566/n11183/n11199/15560096. html，2013 – 10 – 20.

② 戴锦. 中央企业与地方政府战略合作问题研究 ［J］. 国有经济评论，2012 （1）.

战略性调整的重点。按照国务院国资委的要求。央企重组主要有两个标准：一是数量标准。央企未来要减少到一家，其中一家将发展成为具有较强国际竞争力的大企业集团，对不属于重要行业和关键领域的央企将通过央企与地方国有企业之间的重组，下放地方管理。二是实力标准央企必须做到行业前三名，不达标的要强制重组。巨大的重组压力促使许多央企主动与地方政府战略合作，希望在地方政府支持下，通过兼并重组地方企业，在央企重组中争取主动。

央企都是大型企业集团，其核心竞争力主要不是体现在某个具体的技术或经营环节，而主要体现在对主营业务产业链的掌控上。通过与地方政府战略合作，央企可以扩张规模，整合产业链，实现"上游控制资源、中游扩大产能、下游控制市场"，从而在国际市场上提升其核心竞争力。例如，原本以矿产品贸易为主的中国五矿通过出资控股江西钨业集团，控制了全国近的钨矿资源，再通过股权转让控股二十三冶建设集团，从而形成矿山开发→矿产品加工→矿产品贸易的完整的矿业产业链。五矿因此增强了在国际矿业市场的"话语权"，提高了核心竞争力，一举进入"世界500强"[①]。

第二，从地方政府角度看，地方政府与中央企业合作：一是可以借力央企应对经济危机，发展地方经济。二是通过借力央企推动地方国企改革。

2007年国际金融危机爆发以来，中央政府推出4万亿元财政投资刺激经济。中央"4万亿元"投资，除了中央财政资金外，央企也是一个重要管道。央企在获取政策资源，在土地、项目报批手续等方面具有天然优势。地方政府与央企战略合作，不仅能够获得更多的财政刺激政策"蛋糕"，吸引更多国家投资项目，还可以利用央企力量加快地方产业结构调整，获得中央政府的政策扶持。

受中国重化工业化发展背景的影响，在国内不少省市的地方经济发展战略中都倾向把资本密集、规模经济性强的产业（如汽车、重大装备制造业、原材料工业等）确定为支柱产业。但仅靠地方财力发展这些产业往往力量不足，与央企战略合作，借力财大气粗的央企发展这些产业，则会产生事半功倍之效。

与央企战略合作，常常会对地方经济产生外溢效应。如京东方在合肥投资200多亿打造平板显示产业基地。该项目使国外竞争对手倍感压力，开始考虑将以前根本不愿意引进大陆的8代线或8.5代线等先进生产线引入合肥。京东方这个巨型央企在合肥的投资还引来包括法国液空等13家世界500强企业作为配套企业[②]。这个案例很好地说明央企进军地方，如果所投资项目具有良好的产业拉动效应，也可以达到以央地战略合作[③]来带动外资和民营资本进入的积极效果，

① 夏晓柏. 五矿造系：控股湖南有色八"金刚"整装上路 [N]. 21世纪经济报道，2009 - 12 - 28.
② 孙小林. 地方政府傍央企将引发国资新布局 [N]. 21世纪经济报道，2009 - 12 - 07.
③ 央地战略合作是指中央企业与地方政府在重大项目投资、合作开发以及地方国有企业重组等方面所进行的经济合作。

推动地方经济全面发展。

推动地方国企改革是地方政府与央企战略合作又一重要意义。地方国有企业既包括地方国有中小企业，也包括地方国有大型企业。目前，通过民营化和股份化的"退出战略"，地方国有中小型企业改革已基本完成。但地方国有大型企业如何改革仍然面临诸多困难。对于地方国有大型企业，如果也简单采取由民营企业或外资并购的"退出战略"，则容易引起"国有资产流失"的敏感争论，在人员安置、员工心态、企业文化融合等方面也存在诸多障碍，操作不当，甚至会导致激烈的社会冲突，如 2009 年 7 月"通化钢铁被河北建龙收购事件"，因此地方政府在具体操作时一般比较谨慎。当然，地方大中型国有企业也可以继续保持国有性质自我发展，但是与其他类型企业相比，地方大型国企在日益激烈的市场竞争中存在诸多竞争劣势——与民企和外企相比，地方大型国企天然的"低效率"弊病；与央企相比，地方大型国企在经济规模、关键资源掌控、资金支持和人力资源等方面又远远落后；此外从功能定位上看，地方国有企业在经济发展中究竟扮演何种角色也一直很模糊。

上述劣势决定了地方大型国企对接央企，与央企进行战略合作或资产重组，是一条较为现实可行的改革途径，主要体现在：一是无政治风险，都是国企，不会产生"国有资产流失"问题；二是经济上"共赢"，地方大型国企会因此解决自身在经济规模、技术创新、管理效率、市场开发、人力资源和资金以及政策支持等方面竞争力薄弱的难题，央企则可借此控制一些重要资源，提升产能，扩大市场占有率；三是操作相对简单，央企与地方大型国企的资产交易属于国有经济体制内的资源再配置，双方信任度高，交易成本相对较低，甚至可以采取行政划拨的方式；四是重组成功率高，许多地方大型国企原来就是部属企业，与央企在产业结构、管理模式、企业文化、人脉关系等方面极易融合，重组往往较易成功。

3.10.2 中央企业参与地方建设的途径[①]

从实际运作角度看，中央企业参与地方建设的模式大致可归纳为战略投资、战略重组和战略协作三种方式。其中，战略投资是指央企在地方进行重大新建项目投资或旧项目改造。战略协作是指央企与地方政府或地方国企在技术研发、市场开拓、人才培养等若干重要的企业经营环节进行长期协作。战略重组是指央企在地方政府支持下，重组地方国有企业。

第一，战略投资。央地战略投资是一种增量型的战略合作方式，由于不涉及

---

① 戴锦. 中央企业与地方政府战略合作问题研究 [J]. 国有经济评论, 2012 (1).

过多的产权关系、人事安排、人员安置等复杂问题，这一战略合作模式在央地战略合作中最易操作，也最受欢迎，也是央地战略合作中比例最高的一种合作方式。例如，在2009年8月大连与央企签约的11项战略合作协议中，主要属于战略投资的项目就占了9个。

第二，战略重组。央地战略重组基本属于一种存量调整型的战略合作方式，是央企重组与地方大型国企重组的一种结合。由于涉及产权交易、人事安排、人员安置、税收分配等一系列复杂问题，央地战略重组也常常成为央地战略合作中利益纠纷最多、时间最长的一种战略合作方式。仅从产权转移角度看。央地战略重组主要有以下几种类型。

（1）无偿划转，或称行政划转，指企业国有产权在国有经济内部体系中的无偿转移，是一种特殊的国有产权流转方式。形象的比喻就是将国有资产从一个兜转向另一个兜，主要目的是在国有经济内部合理配置资源、实施国有经济布局和结构调整。无偿转让形式具有非市场、无对价特点。与有偿转让方式相比，可以减轻企业的税务负担，因此在国有资产重组中被广泛使用。无偿划转主要分为两类：一类是从一个股东转给另一个股东，此种划转须经国资委批准并过户；另一类无偿划拨则是由于公司股东的管理机构发生变化，其所持有的公司股份也同时进行无偿划转。2007年，宝钢集团通过国有股权无偿划拨控股新疆八一钢铁集团。宝钢集团借此机会实现了低成本扩张，可以利用新疆和中亚地区丰富的煤铁资源，进入新疆和中亚市场，加快公司国际化步伐。而八一钢铁则与宝钢集团在员工培训、物流、技术和研发等领域展开合作，并利用宝钢丰富的板材生产管理经验，实现由建材转向板材的产品结构调整。

（2）资产收购，一般是央企出资收购地方国企的全部产权或部分产权。2006年，中铝集团出资5亿元收购抚顺铝厂全资拥有的抚顺铝业有限公司100%的股权，从而使连续3年巨亏、资不抵债的抚顺铝厂整个生产装备得到了升级和改造。中铝则加大投资力度将抚顺铝厂建成东北最大的铝系列生产基地。[①]

（3）增资扩股，是指企业向社会募集股份、发行股票、新股东投资人股或原股东增加投资扩大股权，从而增加企业的资本金。增资扩股后，企业股权结构会发生变化，从而达到资产重组的效果。如2009年12月中国五矿集团与湖南有色控股集团进行战略重组。五矿有色控股以55.59亿元向湖南有色控股增资扩股，获得其49%的股份。[②]

值得注意的是，在央企与地方国企的战略重组中，几乎都是央企主导型，即由央企收购重组地方国企，尚未出现地方国企收购重组央企的案例。其原因在

---

① 吕晓蕊，刘长杰. 重归央企东北国企穿旧鞋走新路［J］. 东北文窗，2007（7）.
② 夏晓柏. 五矿造系：控股湖南有色八"金刚"整装上路［N］. 21世纪经济报道，2009-12-28.

于：一是国家政策鼓励央企做大做强；二是央企财大气粗，而省属企业利润较好的不多，使得省属企业在对接央企中普遍处于弱势状态，形成省属企业被兼并、控股的"一边倒"格局。

第三，战略协作，是指央企与地方国有企业在技术研发、市场拓展等经营环节进行的战略合作，以实现取长补短，优势互补。如 2009 年 10 月，中国兵器装备集团所属太原南方重型汽车有限公司与山西晋煤集团签署战略合作协议，联合建立"煤层气重型汽车研发中心"，开展以煤层气为燃料的重型汽车研发、生产和销售等相关业务，共同发展燃气重车。[①] 2009 年 9 月，瓦轴集团和中国通用技术集团在德国科隆建立合资公司，主营业务为轴承产品的销售、技术和物流服务务，同时负责组织技术和设备引进、轴承行业高级人才招聘等工作。[②]

在实际的战略合作中，上述三种方式可以交叉使用，如央企先与地方国企进行合作开发，在此基础上再进一步进行资本层面的兼并重组。

3.10.3　中央企业参与地方建设面临的问题与障碍[③]

中央企业参与地方建设在加快地方国企改革、央企重组、应对金融危机、振兴地方经济等方面产生了一系列"共赢"效应，绩效显著。但与此同时，作为国有经济战略性调整的一个新的重要模式，中央企业参与地方建设也集中反映出国有经济战略性调整过程中出现的一系列利益与制度博弈的问题。

（1）国有经济内部分工问题。尽管在 2007 年国务院发布的《关于推进国有资本调整和国有企业重组的指导意见》中对国有经济布局已有明确表述，即国有资本应集中在以下"重要行业和关键领域"：涉及国家安全的行业，重大基础设施和重要矿产资源，提供重要公共物品和服务的行业，以及支柱产业和高新技术产业中的重要骨干企业。但这只是对国有经济总体布局的一个表述，并没有解决国有经济的内部分工问题，特别是中央企业和地方国有企业的产业分工问题。而随着地方国企改制和中央企业参与地方建设的加深，地方国有企业的处境越来越尴尬，不断受到来自"民营化"和"央企化"的双重重组压力。地方国有企业原来可以在地方支柱产业中发挥主导作用，但是随着中央企业参与地方建设的加深，央企也迅速介入并掌控许多地方的支柱产业。地方国有企业未来的发展方向成为国有经济战略性调整的新课题。

（2）央企重组与发展的方向问题。央企未来的发展方向应该是"向关系国

---

① 兵器装备集团太原南方重汽与晋煤集团签署合作协议 [EB/OL]. http：//www.sxcoal.com/enterprise/628575/articlenew.html, 2009 – 10 – 15.
② 巴达韦. 中国通用充分发挥特长力助瓦轴进入世界前三 [N]. 大连日报, 2009 – 09 – 26.
③ 戴锦. 中央企业与地方政府战略合作问题研究 [J]. 国有经济评论, 2012 (1).

家安全和民生经济命脉的重要行业和关键领域集中"，特别是要在"军工、电网电力、石油石化、电信、煤炭、航空运输、航运"七大行业保持绝对控制力，提升核心竞争力，强化主业，进一步健全公司治理结构。但在实际中央企业与地方建设中，一些央企偏离了上述目标，过多介入了并非"关系国家安全和民生经济命脉的重要行业和关键领域"，不但对地方企业有明显的"挤出效应"，也不利于央企提升核心竞争力、强化主业。

（3）财税分配问题。财税分配问题是中央企业与地方建设中凸显的一个重要问题，表面上看只是财税体制问题，实则反映了财税体制与国家资产监管体制之间的不协调。现有财税体制要求企业所得税按企业行政隶属关系缴纳，使得地方政府将所属企业作为自身的主要经济来源。如果地方企业被中央企业兼并，地方企业所得税将变成国有企业所得税成为中央级收入，而且股份制企业不管中央占多少股份，所得税都由国税局征收，这将直接影响地方财政的收入，从而影响地方政府国企改革的积极性。

（4）地方政府经济职能调整问题。长期以来，在政府主导型的经济发展模式下，地方政府承担了过多的经济职能，特别是在控制一大批地方企业的情况下，地方政府习惯于通过行政干预方式介入地方企业决策，可以预计，随着央地战略重组的进行，越来越多的地方国有企业将被央企"收编"。地方政府利用地方国有企业实施其某种产业政策的能力将削弱。这将促使地方政府干预经济的方式从直接介入企业决策，转向更多依靠产业政策或管制政策，地方政府的经济调控对象将从"产业经济"转向"民生经济"，即各种非竞争性、非营利性的民生型经济项目，基础设施项目、社会保障项目、公益性项目将逐渐成为地方政府经济工作的重点。

3.10.4 中央企业与地方建设的共赢机制及制度保障

2003 年国资委成立伊始，就开始有中央企业与地方政府的战略合作，但大规模的出现则是在国际金融危机爆发后的 2008～2009 年。据不完全统计，2008～2009 年全国有 10 多个省区市与央企进行了大规模对接活动；2008 年下半年到 2009 年 12 月底，地方政府与央企战略合作的交易金额超过 7 万亿元。

央地战略合作既包括央企直接与地方政府进行的战略合作，也包括央企与地方企业之间的战略合作主要是战略重组，但由于地方企业的实际控制人是地方政府，央企与地方企业战略合作的实际决策权仍然在地方政府，所以央企与地方企业战略合作仍然可以视为央企与地方政府的战略合作。

3.10.5　央企参与地方建设，履行社会责任：以援疆、援藏为例

中央企业是国民经济的主力军，央企履行社会责任，援疆援藏，义不容辞。"十二五"时期，中央企业将继续大力支持新疆、西藏的经济、文化、教育、科技事业的发展。"十二五"时期中央企业预算援疆援藏投资总额 10758 亿元，比"十一五"时期增加了一倍多。

3.10.5.1　援疆举措

一直以来，新疆工作在党和国家工作大局中具有特殊重要的战略地位。特别是党的十八大召开后，以习近平同志为核心的党中央高度重视新疆工作，多次就做好新疆发展稳定各项工作做出指示。然而，受历史原因和自然环境影响，新疆发展面临许多特殊困难。近年来，国家层面的援疆一直在行动。特别是 2005 年，中共中央办公厅下发文件，要求对新疆南疆四地州和兵团在南疆的三个师，实行干部支援和经济对口支援相结合，分别由北京等 7 省市和中国长江三峡工程开发总公司等 15 户国有重要骨干企业承担对口支援任务。国务院国资委和 15 户央企迅速行动，做了大量卓有成效的工作。截至 2014 年第一季度末，53 家中央企业在疆计划投资项目 685 个，计划投资总额 1.85 万亿元，已完成投资 5903.86 亿元。其中，已完工项目 148 个，占项目总数的 21.61%，累计完成投资 1033.33 亿元，占已完成投资总额的 17.5%。①

在"十二五"期间，新疆维吾尔自治区国资委将引导、支持中央企业创新合作发展模式，吸引新疆地方企业参股在疆中央企业，实现央地企业深度融合。这种合作不局限于产权合作，也包括加大央地双方在项目、技术、产品、人才等领域的合作。今后，新疆维吾尔自治区国资委将以地方优势资源为纽带，本着"优势互补、互惠互利、共同开发"的原则，引导中央企业吸纳自治区地方企业进入油、气等战略资源的勘探开发。同时，将优势地方企业逐步纳入石油化工下游产业链，或独立投资建设，或与中央企业在疆公司合资建设。为了增强新疆"造血"功能，发展经济、改善民生，新疆维吾尔自治区国资委将考虑协调 19 援疆省市国有企业在当地注册公司时，采取垫资入股、分红偿还股权的方式，拿出一部分股权用于支持新疆国有经济的发展。

自 2011 年中央明确提出要加快产业兴疆步伐以来，中央企业和 19 援疆省市国有企业产业援疆投资项目广泛分布于石油石化、煤炭、煤电、煤化工、风能、光伏、汽车、机械装备、矿产资源开发、农业、林果业、农副产品深加工、商贸流通和工业园区建设等领域。为贯彻落实产业援疆战略部署，中国石油集团优选

---

① 刘青山，赵闪闪，陶如军. 央企援疆：我们一直在行动 [J]. 国企，2014 (8).

开发基础条件较好的红山油田与新疆维吾尔自治区人民政府、新疆生产建设兵团开展合作勘探开发，一年多来，红山油田已带动了地方石油工程建设、油田装备制造、油田生产服务等产业的发展。产业援疆项目投资大、带动能力强，项目建设极大地推动了上下游关联和配套产业的发展，推动新疆维吾尔自治区优势特色产业发展。以中石油西三线为例，不仅保障了新疆伊犁州煤制天然气产业的发展，而且有效增加区域内民用及工业天然气供应量，有利于推动石油石化下游产业链的延伸。同时，西三线建设在新疆直接投资超过 170 亿元，将有效带动运输、工程机械、建材等相关产业发展。①

3.10.5.2 援藏举措

现共有 17 家国有重要骨干企业参与对口援藏工作，包括中国石油、中国石化、中国海油、国家电网、神华集团、中国电信、中国联通、中国移动、中国一汽、东风汽车、宝钢集团、武钢集团、中国铝业、中远集团、中国中化、中粮集团等。2012 年 3 月，国资委和西藏自治区政府召开"中央企业援藏工作座谈会"，决定中央企业通过对口支援、资金支持、产业扶持、民生保障、专项帮扶、人才支援等多种方式开展援藏工作。在西藏，中央企业一方面大力开展投资建设；另一方面积极履行社会职责，持续开展抗震救灾、人才培训、技术支援、无偿捐赠等各类援助帮扶活动，促进了西藏经济发展、社会进步和民族团结。

（1）发挥"领头羊"作用。自 1951 年西藏和平解放以来，邮电、石油、金融、电力等中央企业先后在西藏设立分、子公司或驻藏机构，积极参与西藏电力、水利、通信、能源、矿产、旅游等行业的投资开发，大量承建基础设施建设项目。

（2）培训培养当地人才。每年安排大批西藏基层干部、医护人员、教师教员、技术人才，采取开办培训班、组织到内地学习考察等方式，开展丰富多彩的教育培训活动，帮助西藏各方面人才更新知识、增长才干，提升能力素质。

（3）提高当地教育水平。通过建设希望小学、捐资助学等方式，帮助当地提高教育基础设施水平，帮助当地学生接受教育、完成学业。

（4）支援技术人才。中央企业充分发挥自身优势，利用企业的人才、技术、管理等条件，为西藏多个领域提供了大量支持。

（5）改善当地交通条件。中央企业在西藏承建了大量重大交通建设项目，极大改善了西藏的交通条件。中国中铁、中国铁建等中央企业，为青藏铁路的修建立下了不朽功勋。中央企业参与建设的西藏各条各级公路，成为西藏与外界沟通交流、促进繁荣富裕的"天路"。

（6）帮助解决当地就业。在西藏开展投资建设的中央企业大力吸收当地少数

---

① 徐晶晶. 新疆国资酝酿大动作，推动疆企参股援疆央企［N］. 上海证券报，2013 – 11 – 06.

民族群众，使用当地劳务人员，一些中央企业积极响应西藏自治区政府号召，启动招聘西藏籍高校毕业生专项活动，开展就业援藏活动。

（7）参与当地基层政权建设。中央企业通过援建援助方式，帮助当地改善基层政权设施建设，提高行政办公能力，在藏中央企业还积极参与了西藏自治区政府部署安排的强基惠民活动，选派工作组进驻西藏乡村，开展扶贫帮困活动，帮助"两委"班子夯实基层政权基础。

3.11 淡马锡模式与我国国有资本监管

新加坡淡马锡控股成立于1974年，截至2008年底，公司拥有560亿美元资产，直接参股企业23家，其中14家独资子公司，7家上市公司，业务涉及金融、地产、电信、传媒、交通等各大领域，间接控制的企业约有2000家，拥有的上市资产市值占到新加坡股市总市值的1/3。最近7年，淡马锡大踏步走出国门，从一家本土公司发展成为一个具有全球影响力的跨国集团。30多年来，淡马锡的年均净资产收益率超过18%，归属国家股东的年均分红率超过6.7%。

3.11.1 淡马锡模式的内涵与内容[①]

3.11.1.1 淡马锡模式的内涵

淡马锡控股公司全称为淡马锡控股（私人）有限公司，简称淡马锡或淡马锡控股（TEMASEK Holding），它成立于1974年，是由新加坡财政部独资拥有的一家大型国有控股有限公司，按照新加坡公司法、以民间法人身份登记注册。其创建宗旨是负责持有并管理新加坡政府在国内外各大企业的投资，目的是保护新加坡长远利益。这一模式的根本特点在于，它是一个国有产权企业化管理的平台，在这个平台上可以更加灵活有效地处置国有资产。作为政府性公司，它以控股方式直接管理10家国有企业，管辖着20多家政联公司，间接控制的企业约有2000家，是当今世界上最著名的国有控股公司之一。

3.11.1.2 国有资产管理体制与出资人制度

在管理体制方面，淡马锡始终代表政府管理国有资产，依靠产权纽带管理国有企业，采取市场化方式运作国有资本。淡马锡在市场上以独立法人面目出现，拥有充分的自主权，完全按市场方式经营，而政府在不直接参与的情况下有效实现其所有权。政府通过向淡马锡委派董事控制人事权，通过审阅淡马锡财务报

---

① 白万纲. 淡马锡国有资产管理模式研究［J］. 现代企业教育，2008（1）.

告、讨论公司经营绩效和投资计划等，把握企业发展方向，并通过直接投资、管理投资以及割让投资等方式，确保国有资产保值增值。淡马锡同样不直接介入相关企业的经营和决策，而是通过加强董事会建设来实现对相关企业的有效监督和管理，淡联企业同样享有充分的经营自主权，完全按照商业原则运作。在出资人制度方面，淡马锡公司隶属于新加坡财政部，由政府出资，同时也在世界各地投放私募基金。

3.11.1.3　母子公司权限划分国有资产经营模式

淡马锡实行"积极股东"的管理手法，即"通过影响下属公司的战略方向来行使股东权利，但不具体插手其日常商业运作"。淡马锡和其他的投资者行使权力的主要方式是通过及时完整的财务报告。因此，淡马锡与下属公司的关系同它们与其他机构投资者的关系一样，都是商业利益关系。

作为股东，淡马锡严格按照市场规则，监督属下企业，不参与被投资公司的投资、商业和运营决策。这些决策由他们各自管理团队来制定，并由各自董事会监管。如果需要股东的批准，他们会向所有的投资者征求意见。至于下属企业集团的投资政策，淡马锡完全交由各自的董事会与专业团队负责，基本上不介入。

同时，淡马锡相信董事会和高级管理人员，旗下公司董事会的构成，基本上是政府公务员与民间企业家各一半或者4：6的比例，4~5位为公务员代表政府出资人的利益，更多考虑国家宏观的公正因素，而另外5~6位的民间企业人士，则保证了企业在市场竞争中的运营效率。因此，淡马锡把对旗下企业的工作重点放在建立企业的价值观、企业的重点业务、培养人才、制定战略发展目标，并争取持久盈利增长等宏观工作上。

另外，淡马锡并不直接任命所投资公司的管理者，而是由下属公司积极工作，向国际寻求合适的经理人。鼓励所属企业到境外聘请专业董事与职业经理人是淡马锡的重要政策。

3.11.1.4　企业法人治理结构与风险防范

法人治理结构方面，淡马锡依照新加坡公司法和其他相关法律法规来操作。公司法规定公司在董事会的领导下经营其业务。董事会下设常务委员会、审核委员会及领导力发展和薪酬委员会三个专门委员会，其中独立董事占绝大多数，以保证董事会的独立性。董事会与经营层分设，高级经理层由董事会聘任，对董事会负责，董事会对其进行考核和监督，股东委派的董事履行监督作用，淡马锡的10名董事中，有4名是由财政部提名、总统批准的，不在企业拿薪酬；6名独立董事来自企业，独立董事一般负责董事会中专门委员会的工作，这样使董事会职权明确，相互制衡，有效做到公正和独立。

因此，淡马锡本身的公司治理制度在很大程度上保证了监督权和管理权的分离。

3.11.2　淡马锡模式的成功之处与经验借鉴[①]

淡马锡公司有良好的治理结构，也有很好的"管资本"模式和盈利模式，这对我国的国资国企监管借鉴意义非常突出。在国家层面上，要进一步实现"以管资本为主的国资监管"，淡马锡模式十分值得学习。

（1）国有资产公司化运作，投资主体和决策主体的分离，政府不干涉企业运作。这确保了企业拥有独立决策权，从而有利于企业及时应对市场变化做出调整。

（2）高超的国有资本发展战略，国有资产公司化运作。在淡马锡，国家只是作为股东通过实施控股、参股等方式，从事投资和经营活动，除了关系到国家安全和发展战略的企业实行独资垄断经营外，国家对大多数控股企业不采取过度保护政策，而是根据市场法则公平竞争，若企业资不抵债，就会被关闭。

（3）追求公司效益最大化，目标明确。淡马锡公司作为一个完全的国有企业，却始终坚持公司的地位，以追求效益最大化为目标，积极为股东创造价值。目前我国国企承担了太多的就业、养老等社会问题，这背离了企业利润最大化的原则。我们必须明确公司的定位，真正将公司作为一个追求效益最大化的组织。

（4）健全的风险防范和内部控制机制。淡马锡在内部建立了规范的审计制度和强有力的监督机制。首先，通过建立专门的审计委员会，不定期地对公司及下属公司进行审计，通过对项目进行事前、事中及事后的指导、监督和审计，把公司的主要风险处于有效的监控之中；其次，政府通过派遣董事和 CEO 加强对淡马锡关联企业的监督。母公司从总体上对子公司实施管控，但不干涉子公司的实际运作。淡马锡公司对下属公司的控制主要通过财务方面进行管控，而不实际参与子公司的运作。采取"少而精"的管理方式，更加有利于管理。

（5）有一支高素质的人才队伍和一套行之有效的人力资源开发制度。淡马锡公司注重人才培养，拥有高素质的人才队伍，能人居其位的思想始终贯彻其中。在国企改革中，难点之一是用人制度改革，唯才是用的人才管理机制需要建立，人才是企业成功的最重要的因素。当然面对目前国内严峻的就业形势，国企要真正走出这一步，需要时间和勇气。

（6）雄厚的资本实力和灵活的融资手段。淡马锡雄厚的资本实力，可以确保其各项战略的实施，灵活的融资手段，也帮助其获得了巨大的资金来源。

（7）完善的制度环境和市场环境。淡马锡的成功，离不开新加坡国内健全的公司政治经济环境，离不开完善的法制制度。

---

① 白万纲. 淡马锡国有资产管理模式研究［J］. 现代企业教育，2008（1）.

3.11.3 淡马锡模式对我国国有资本监管的不适用性分析

3.11.3.1 国有经济的功能

淡马锡的经营理念是在适当考虑政府产业政策的前提下，以市场为导向，以盈利为经营目的和绩效指标。任何投资项目都要经过事先评估，通常以能否盈利作为基本标准。政府一般不干涉企业的正常经营。对于政府部门提出的特别经营要求，公司也将其纳入市场化评估程序，如果必须执行而又造成亏损，则政府应予以相应的经济补偿。而依照惯例，如果淡马锡董事会认为政府指令不合理，有权予以驳回。淡马锡尽管由新加坡财政部全资控股，但淡马锡本身的定位是一个总部位于新加坡的亚洲投资公司，其终极目标是"作为成功企业的积极投资者与股东，致力于股东长期价值的不断增长"。然而在我国，国有投资公司一方面要为股东（政府）尽可能多地争取回报；另一方面，也要在商业利益和国家利益中做出选择。其使命就是"保值增值"和"履行国有资产出资人代表的职责"。①

3.11.3.2 管控的执行力

之所以现在执行力的概念如此流行，是因为很多公司缺乏一个执行力的制度保障体系。这种力量不是领导的个人权威，而是涉及预算目标的制定、整个绩效管理的问题，还有包括对全年度的评价和记录。

淡马锡公司高效精干的运作团队确保了母公司对旗下子公司的有效管理。他们拥有完善的公司制度保障，而这是国企改革中一个不容忽视的问题。国有企业机构臃肿、体制庞大，能否组建一支高效的团队，将战略有效实施，是摆在国企面前的一个难题。

3.11.3.3 企业定位

国企在改革过程中始终脱离不了"慈善机构"的帽子，许多国企承担了就业等太多的社会责任。中国和新加坡有着不同的国情，国企承担着解决劳动力就业等众多的负担，能否真正摆脱这种束缚，真正使企业成为一个追求利益最大化的集体，也就是企业的定位问题，是需要解决的。

3.11.3.4 制度保障

淡马锡与政府、旗下企业之间有十分清晰的权力边界，所有权与经营权完全分开，拥有充分的经营自主权、健全的治理结构。完善的管理制度，是投资决策的科学化和风险防范的制度保证。国有资本的进与退可以完全依照利润最大化原则决定。产权的流动不直接涉及人员去留或职工"身份转变"，因而不涉及社会稳定等复杂问题。新加坡成熟健康的生产要素市场（特别是经理人市场、劳动力

---

① 尚鸣. 中国的淡马锡实践［J］. 中国投资，2006（3）.

市场和股市）也提供了良好的发展环境。而在国内，这方面的制度是亟待完善的。

淡马锡公司结构治理能够取得成功，与新加坡政府的支持与服务、社会环境、个人素质、社会诚信等方面是分不开的。我国比新加坡国土面积大得多，现跨越式发展任务很艰巨，国有企业的任务比淡马锡重得多，敌对势力还很强大，我国要实现社会主义的发展目标任重而道远。这些都决定了我国不可能完全照搬新加坡经验。各地区和企业也同样，应该根据自身的情况和发展任务，吸收和借鉴一切先进国家的先进经验，创造性地探索国资国企改革之路，目的仍是壮大和发展国有经济。所以针对淡马锡模式，必须根据我国具体的国情，进行相应调整，才有可能带动国资国企改革的顺利推进。

3.12　国资监管机构与国有企业经营职责边界、国资监管机构、国资运营机构、国有企业三者间职责边界

3.12.1　国资监管机构、国资运营机构、国有企业的产权边界与均衡

国资监管机构履行出资人职责，对国有资产具有所有权，对出资企业进行监督；国资运营机构以所有者代表身份对国有资产进行产权管理，享有国有资产的收益权；国有企业是国有资产的直接使用者，对国有资产享有支配权和使用权。

3.12.2　国资监管机构职责

2003 年第十届全国人大一次会议第二次全体会议，根据党中央的战略部署批准国务院设立国有资产监督管理委员会（简称"国资委"）。国资委专门承担监管国有资产的职责："根据授权，依照《中华人民共和国公司法》等法律和行政法规履行出资人职责，指导推进国有企业改革和重组；代表国家向部分大型企业派出监事会；通过法定程序对企业负责人进行任免、考核并根据其经营业绩进行奖惩；通过统计、稽核对所管国有资产的保值增值情况进行监管；拟订国有资产管理的法律、行政法规和制定规章制度，依法对地方国有资产管理进行指导和监督；承办国务院交办的其他事项"。关于设立国资委的说明中还强调指出："将国家经贸委的指导国有企业改革和管理的职能，中央企业工委的职能，以及财政部有关国有资产管理的部分职能等整合起来，设立国资委""国资委还要重视并帮助企业解决改革重组中遇到的困难和问题"。①

---

① 张喜亮，陈慧，张释嘉. 废除国资监管机构不可想象［J］. 现代国企研究，2014（9）.

3.12.3　国资投资、运营机构职责

国资投资机构实际上就是国有资产营运机构，国有资产经营公司，或称为国有资产经营管理中心更为妥帖，其性质应该是半事半企，即为事业单位，但是企业化管理。所谓事业单位，是因为它不以盈利为主要目的，其主要目的是完成国资委交办事项，更多的是执行社会功能。所谓企业化管理，是因为它的运作面向市场，也要讲究经济效果。国有资产经营公司的基本地位是国资委的助手，是国资委到达市场的桥梁，也是国资委联系企业的纽带。

国有资产经营公司一般不直接从事具体的生产经营和科研活动，重点是国有资产经营与管理。主要有五大功能定位：

第一，培育主业的投资中心。国有资产经营公司增量调整投资的基本方向是培育主业，培育大型企业航母，推动尽快实现中央提出的培育出 30~50 家具有国际竞争力的特大型企业集团的构想。

第二，辅业资产的转化中心。中央企业目前仍然存在相当数量的辅业资产，影响主业在激烈的国内外市场竞争中快速发展，需要进一步剥离。现存的这些辅业多数并非不良资产，通过利用国有资产经营公司这个平台，辅业资产易于顺畅流动和重组，便于相对集中操作和转化，使辅业资产尽可能转化为主业资产，转化为现实的优良资产。

第三，不良资产的加工中心。目前，不良资产已成为国企深化改革与结构调整的重要障碍。应充分发挥资产经营公司的作用与优势，将国资委系统监管的在国企改革与国资战略调整中呈现出来的不良资产先委托其管理和处理加工。

第四，退出企业的缓冲中心。当前，国有经济布局和结构调整所遇到的最大问题之一就是企业退出通道不畅。利用国有资产经营公司这个平台，作为过渡区、缓冲区，一方面可使成长性好的优良资产轻装前进；另一方面也可以减少退出企业不断制造的新亏损，也有利于退出问题的最终解决。

第五，中小企业、参股企业和特殊企业的管理中心。国有经济布局结构调整规划全部出来后，中央企业将划分为 21 个业务板块。资产规模仅有亿元以下、员工数量较少的中小型央企，应交由国有资产经营公司来管理。对于那些股权比重较小的参股企业，由国有资产经营公司来进行专业化的股权管理也可能更为合适。此外，对于一些特殊行业如从原科研院所转化而来的科技型企业、担负国防现代化装备建设重任的军工企业，以及行政事业单位的经营性国有资产，组建新的专门的国有资产经营公司进行分类管理，可能会收到更好的效果。①

---

① 彭建国. 国有资产经营公司总体设计［J］. 瞭望新闻周刊，2006（31）.

3.13　新形势下国资监督方式、业绩考核制度创新

3.13.1　新形势下国资监管方式创新①

贯彻党的十八届三中全会决定关于"完善国有资产管理体制，以管资本为主加强国有资产监管"的要求，既提出了国资监管的手段创新，又明确了国资监管体制改革的方向。

3.13.1.1　以管资本为主，辅之管人与事

在市场配置资源起决定性作用的新形势下，完善国资监管体制首先要解决的就是既往弱资本强资产的问题，以增强国有资本的活力、控制力和影响力。"管资本"就是要突出以资本为对象，以资本为纽带，以资本功能为中心，对投资的企业承担股东的责任。资本投资形成企业法人财产，资本与资产的内在关系决定国资监管机构在以管资本为主，享有股东权益的同时，也不可能完全不承担相应的管人与事的责任。国资监管应当依照公司法、国资法等法律的规定，对规范的董事会授予出资人在重大决策、高级管理人员任免、经营业绩考核、薪酬管理、激励约束等方面的权力。所谓"管人"主要是管董事的遴选和董事会的建设。加强国有资产管理，国资委必须创新履行职责的方式和制度，引导企业投入国家急需的战略性新兴产业，引导企业转型升级、抢占经济发展的制高点，引导企业向价值链高端发展；同时，还必须防止弱化出资人代表的职能，防止重要行业、重要企业、重要环节国有资本控制力的下降，防止削弱国有经济的带动力和影响力。所谓"管事"，其重点在于国有资本的规划等。在保证国有资本活力的同时监管不能缺位，在集团层通过授权，加强资本管控和运营功能，中间层主要加强资产经营功能，生产层加强执行生产经营功能。

3.13.1.2　以资本运作为主调整国有经济布局

以管资本为主加强国有资产监管需要建立具有不同功能的国有资本投资运营主体，重塑有效的企业运营架构，提高资源配置效率，促进国有经济乃至我国国民经济发展转型升级。国资委要从国民经济和社会发展的需要出发，统一制定重点行业、关键领域的战略构想和资源整合方案，推动国有资本向关系国家安全和国民经济命脉的重要行业和关键领域集中，优化企业内部资源配置。从我国经济对世界经济发展的贡献和我国经济自身可持续健康发展的实际出发，贯彻党的十

---

① 王绛. 别曲解国资监管改革的手段与方向 [J]. 现代国企研究，2014 (5).

八届三中全会决定精神，完善国有资产管理体制，以管资本为主加强国有资产监管，需要通过资本运作的手段，培育一批拥有自主知识产权和知名品牌、技术先进、结构合理、机制灵活、具有较强国际竞争力的大公司大企业集团；组建若干国有资本运营公司，支持有条件的国有企业改组为国有资本投资公司；国有资本投资运营要服务于国家战略目标，更多投向关系国家安全、国民经济命脉的重要行业和关键领域，重点提供公共服务，发展重要前瞻性战略性产业，保护生态环境，支持科技进步，保障国家安全。

3.13.1.3 以资产资本化为重点发展混合所有制经济

在市场机制尚不成熟、市场运行不规范的条件下，需要国有企业主动成为市场的影响者和规范者。国有企业必须成为市场的建设者、主导者，服从于政府经济调控目标，为国家和人民利益服务。[①] 发展混合所有制，深化国有企业改革的具体目标有四个：一是大部分国有企业逐步发展成为混合所有制企业；二是根据我国发展实际，混合所有制企业逐步降低国有股权比重；三是支持非公有资本参与国有企业改革重组；四是国有资本也可以参与到非公有制经济中。[②] 党的十八届三中全会要求："推进产权多元化，使尽可能多的国有经济和其他所有制经济发展成为混合所有制经济。"推动国有企业整体上市，也是实现产权多元化和国有资产资本化的一种途径。但是，也必须注意到：股权过于分散就有可能产生在二级市场上被恶意收购的问题；股权过于集中"一股独大"问题依旧，则国企治理结构不能得到改观，又无力驱动资本效率。引入战略合作伙伴，国有企业变为股份公司，这是实现产权多元化的另一个路径。引进战略合作伙伴必须注意对象的选择，合作方只是注重短期经济利益，则可能在股权溢价后就退出，导致公司股权频繁变动，国有资本则可能沦为其他资本赚钱的工具。还必须研究合作方的数量比例问题：合作方较少决策快速，民主制衡或许会弱；合作方过多则加大了决策的难度，有可能错失市场良机。在 20 世纪 90 年代国企改革就探索过职工持股和管理层收购办法，由此国有资产流失也遭到社会的诟病。在"以管资本为主"完善国资监管体制需要汲取既往的教训，规范的职工持股和管理层收购行为，可以作为国有资本退出通道的选项进行试点。

3.13.1.4 重视功能监管确保国有资本安全

"以管资本为主"的国资监管体制必须重视国有资本功能监管。流动和逐利是资本固有的特性。资本市场的不确定性，加之资本市场的不成熟和监管的失效，国有资产在形态转换的过程中流失的可能性增大，所以，在国有资本市场流通、股权多元化经营、退出清算等环节上要加强监督以确保国有资本的安全性和

---

① 王绛. 进一步优化国有经济布局调整 [J]. 现代国企研究，2014（9）.
② 彭建国. 积极发展混合所有制经济 [N]. 人民日报，2014 - 09 - 15：007.

盈利水平。国有资本固然也要逐利，但是，更表现为公益功能、保障功能、战略行业国家竞争力培养功能等。国有资本如果与其他资本一样单纯追求即期利润，必然会削弱相关的主业，削弱长期竞争力的培养，进一步激化资本与劳动的矛盾，加剧我国目前较普遍的企业同质化和国内外低端市场的竞争，影响我国超越式战略的实施。如不加强国有资本多层次上的强功能性监管，则不可避免地产生上述问题。要在宏观层次上加强国有资本的安全、全行业的战略规划及实施的效果监管；企业集团层面上则可以通过授权加强资本管控和运作监管；集团中间层面上加强资产经营功能监管；基础层面上加强工作效率和服务质量监管。实行资本功能的全方位监管，才能在确保实现国有资本功能的基础上，提高资本使用效率，实现国有资产保值增值。

3.13.2　新形势下业绩考核制度创新[①]

3.13.2.1　不断完善评价考核体系

首先，财务指标与非财务指标都是企业整体业绩不可缺少的组成部分。业绩评价除了要通过财务指标来关注企业内部管理水平及生产率以外，还应充分关注客户层面、员工层面和技术创新层面等指标，如客户满意程度、企业产品市场占有率、员工满意程度、技术创新与产品创新等非财务因素。这样可以有效地弥补过分关注财务指标导致企业短期行为的缺陷。其次，随着市场经济的发展，无论股东还是债权人越来越关注企业价值和现金流的情况，而目前评价体系对企业价值的评价，对现金流的评价涉及的较少，或者侧重程度不够。因此，在设计评价考核体系时，应包括对企业价值、企业现金流状况的评价。最后，随着知识经济的到来，许多企业的核心利润源已经发生了实质性的变化，从以实物型资产为主，演变为以金融型或财务型资产和无形资产为主。这些无形资产实质上就是企业内部知识的积累以及智力资本的体现，智力资本等无形资产具有不可替代的作用，因此应该更加重视对知识及智力资本的评价。

3.13.2.2　选择合理的评价对标

国有企业绩效考核中如何选择合理的评价对标，可以从三个方面考虑。第一，在国有企业自身内部选择对标，也就是从企业集团内部选择同种类型的企业进行比较，比如同是国有企业所属的房产企业，比较项目单位费用控制和利润产出，从而找出同类型不同企业绩效的差距及其根源。第二，在同一区域内同行业的企业中选择对标。对于国有企业来说，最明显的对标是同一区域内最直接的竞争对手，特别是民营企业、合资企业以及外资企业。第三，是国内或国际同行对

---

① 胡伟. 加强国有企业的业绩考核［J］. 商业经济，2012（1）.

标，即选择国内或国外同行业中的佼佼者作为对标，通过比较学习对方在经营、管理等方面的优势和经验，寻找自身的差距和劣势。

3.13.2.3 提高会计信息的质量

会计信息质量的高低是影响企业业绩考核效果的关键因素，没有准确的会计信息就不可能获得良好的考核效果。为加快国有企业现代企业制度建设，实现国有企业绩效考核目标，国有企业必须严格执行国家的各项财务会计制度，规范企业财务会计核算，努力实现会计信息的真实有效，如实地反映企业经营成果，将会计失真现象带给业绩评价的影响降到最低，从而使得评价指标能真正反映经营者的经营业绩。

3.13.2.4 业绩考核与战略目标有效结合

战略是企业绩效管理的目标和依据，绩效管理是企业战略的具体实施手段。国有企业在对其集团内部的下属企业进行业绩考核评价时，应将下属企业的考核指标与公司的年度预算中长期发展战略目标密切结合起来，把企业既定的战略目标作为绩效评价和管理的起点，有效提升考核目标的导向性、可持续性，建立一个战略性的绩效管理体系。在许多国际企业管理中，被广泛应用的一种企业绩效评价方法是平衡计分法，其有效地实现了财务目标与非财务目标的平衡、长期目标与短期目标的平衡、绩效管理与战略实施的平衡。它从财务、客户、内部运营、学习与成长四个方面来确定企业实现战略目标的关键指标，并对这些关键指标进行评价和考核，从而将企业战略目标的实现与绩效评价有效结合。国有企业在对其集团内部下属企业进行业绩考核评价时，应充分借鉴平衡计分法的理念，根据公司的发展战略目标研究制定集团内部的绩效考核管理体系。

3.13.2.5 充分恰当地利用绩效考核结果

目前部分国有企业对绩效考核的意义和作用认识不到位，怠于纠正考核中发现的问题，不充分利用考核结果；另外有些企业过度依赖考核结果。这些情况都没能合理地利用绩效考核结果。绩效评价结果能够在一定程度上客观反映企业的经营情况和经营者业绩，对企业具有一定的约束和引导作用。因此，科学认识和合理运用评价结果是做好绩效评价工作的关键。各企业应充分恰当地利用绩效考核结果，采用横向对比与纵向对比相结合的方式全面认识企业，既要尊重和学习其他企业的优点，又要正确看待和弥补自己的差距和不足，不能视考核结果于不顾，也不能过度依赖考核结果，避免走极端。加强国有企业绩效考核与评价仍然是未来进行国有资产监督最重要的途径之一，以后应在处理好企业发展的速度、质量和效益的关系；短期效益和长期效益的关系；经济效益和核心竞争力的关系；经济效益和社会效益的关系基础上，进一步优化考核的指标体系、考核的组织体系、考核的方法体系、考核的激励约束体系、考核的信息管理体系，让绩效考核发挥更大的作用，更好地促进国有资产的增值保值。

第 4 章

完善中国特色现代国有企业制度

4.1 我国国有企业现代企业制度建设的历程、成绩与问题

4.1.1 改革开放之后的国有企业体制建设

4.1.1.1 经济体制"分水岭"与现代企业制度（1993～2002 年）

1992 年 10 月召开的党的十四大明确提出建立社会主义市场经济体制，以邓小平同志 1992 年初重要谈话和党的十四大为标志，我国改革开放和现代化建设事业进入了一个新的发展阶段。为了进一步解放发展生产力、适应新时期经济制度的建设，1993 年 11 月党的十四届三中全会通过的《中共中央关于建立社会主义市场经济体制若干问题的决定》指出，建立现代企业制度是发展社会主义生产和市场经济必然要求，是我国国有企业改革的方向和目标，至此迈开了我国国有企业现代企业制度建立的步伐。

1997 年党的十五大召开，十五大报告中指出：建立现代企业制度是国有企业改革的方向，要按照"产权清晰、权责明确、政企分开、管理科学"的要求，对国有大中型企业实行规范的公司化改制，使企业成为适应市场的法人实体和竞争主体。在十五大和十五届一中全会上，对前几年推行现代企业制度、深化国企改革作了总结，进而强调提出要用 3 年左右时间，通过改革、改组、改造和加强管理，使大多数国有大中型亏损企业摆脱困境，力争到 20 世纪末大多数国有大中型骨干企业建立起现代企业制度（即"三年两大目标"）。

整整 10 年励精图治的改革探索，使得建立现代企业制度日益深入人心，成为广大国企改革参与者们的共识和共同选择。据有关资料，到党的十六大召开之

际，我国国有中小企业中有 80% 以上已完成改制。国务院确定的建立现代企业制度百户试点企业和各地选择的 2700 多户试点企业中，绝大部分企业实行了公司制改造。另据国家统计局调查，截至 2001 年底，所调查的 4371 家国有重点企业中已有 3332 家实行了公司制改制，改制面达 76% ;① 其中大多数企业投资主体多元化步伐加快，法人治理结构日趋完善，劳动、人事、分配三项制度改革措施落到实处，科学管理水平有所提高。

4.1.1.2 现代产权制度的新探索与混合所有制（2003 年至今）

在探索建立现代企业制度的过程中，已经开始了产权制度改革。但是这种产权改革仅限于国有企业的微观层面，对外直接表现为建立现代企业制度，并没有从宏观角度，整体明确国有资本所有权问题。2002 年 11 月党的十六大在十五大确立的基本指导思想的基础上，指出要深化国有企业改革，进一步探索公有制特别是国有制的多种有效实现形式；除极少数必须由国家独资经营的企业外，积极推行股份制，发展混合所有制经济；按照现代企业制度的要求，国有大中型企业继续实行规范的公司制改革，完善法人治理结构。可见国家已经开始要求把微观层面的建立现代企业制度、完善法人治理结构，与宏观层面的通过实行股份制实现混合所有制经济相结合。

2003 年 10 月，党的十六届三中全会通过的《关于完善社会主义市场经济体制若干问题的决定》进一步指出：要适应经济市场化不断发展的趋势，进一步增强公有制经济的活力，大力发展国有资本、集体资本和非公有资本等参股的混合所有制经济，实现投资主体多元化，使股份制成为公有制的主要实现形式。可以说，这是自 1984 年股份制改造初次尝试失败以来，再次提出建立股份制。

这次股份制的建立与 1984 年的相比具有独特的优势：首先，新的股份制建立具有较充分的理论依据，新的股份制建立在国家已经确认所有权与经营权可以相分离的理论基础上，而 1984 年股份制试点时期并未破除国有企业所有权单一模式的思想束缚。其次，新的股份制建立具有客观条件，1984 年的股份制试点是在国有企业广泛推行承包经营责任制的同时发展起来的，客观条件并不成熟；而新的股份制建立则是在国有企业基本建立了现代企业制度的基础上，客观条件相对成熟。

这次股份制改革的成功，打开了国有企业尤其是大中型中央企业稳定发展的新局面。2006 年，中央企业总资产 12.2 万亿元，利润总额 7682 亿元；2007 年美国《财富》杂志全球 500 强中，中国有 30 家，其中 16 家是中央企业。② 经过

---

① 国务院国资委研究中心主任王忠明. 国企改革 15 年［N］. 中国经营报，2008 - 08 - 10.
② 国务院国有重点大型企业监事会主席何家成. 继续深化国有企业公司制股份制改革［N］. 中国证券报（北京），2007 - 11 - 26.

了股份制改革的初步成功后，党的十七大报告中提出，要深化国有企业公司制股份制改革，健全现代企业制度；优化国有经济布局与结构，增强国有经济实力、控制力、影响力；加快建立国有资产经营预算制度，完善国有资产管理体制与制度。

　　总结历经10年的股份制改革的成功经验，党的十八届三中全会指出，必须毫不动摇鼓励、支持、引导非公有制经济发展，激发非公有制经济活力和创造力。要完善产权保护制度，积极发展混合所有制经济，推动国有企业完善现代企业制度，支持非公有制经济健康发展。这种混合所有制体现在两个层面：一是宏观层面上，国家或地区所有制结构具有非单一性，国有、集体等公有制经济与个体、私营、外资等非公有制经济共同发展；二是微观层面上，国有企业产权实现多元化。股份制改革的成功为我国建立混合所有制经济提供一条可靠的途径。

4.1.2　2003～2010年国有企业微观经济效益

2003～2010年全国国有企业微观经济效益指标情况详见表4-1。

表4-1

年份	国有企业实现利润	国有企业主营业务收入	国有企业总资产	国有企业净资产
2002	3786.3	85326.0	180505.9	65543.2
2003	4951.2	107339.7	197103.3	71366.5
2004	7525.4	123253.8	223084.2	78540.4
2005	9682.8	142490.0	253721.6	88357.1
2006	12242.0	161969.3	290116.1	100041.9
2007	17625.2	195618.6	354813.6	148369.0
2008	13307.4	223652.2	425472.4	170717.5
2009	15702.9	235957.9	535371.6	203200.2
2010	22110.1	311360.9	686186.6	245379.7

　　资料来源：徐传谌，彭华岗等.中国国有经济发展报告（1949～2002）[M].北京：经济科学出版社，2012：137-138.

4.1.3　当前仍存在的问题

4.1.3.1　内部人控制问题

经济学所讲的内部人控制是指公司的经营管理人员（代理人）在经营活动中

根据自己的偏好而不是股东（委托人）利益取向支配资源的行为，通常用于指公司经营管理层利用信息不对称或契约不健全的机会追求自身利益的行为。

中国国有企业的内部人控制问题，虽然也遵循上述逻辑，但显然比这要严重得多、广泛得多，这是由国企的性质和特点所决定的。简单地讲，国有企业委托代理链的冗长及所有者缺位，经营者剩余控制权和剩余收益权的不匹配，再加上监督约束机制的不健全等，共同形成国有企业的内部人控制。在中国，国有财产产权全民所有形成的委托代理关系链层次较多，关系复杂，链条过长，造成在每一级链条上，国有产权都被弱化和稀释，最终导致国企实质上的所有者缺位，所有权对经理层的约束功能难以奏效。另外，经营者作为人力资本的所有者，在目前的评价机制下，也难以获取投入要素的应有收益或承担应有的经营风险。鉴于经营者对企业的经营决策有着"自然"的控制权，这使得其转而寻求其他非正常途径，如权力寻租，来获取心理上的平衡和利益收益。由此来看，要解决国企的腐败"窝案""串案"问题，必须解决国企的内部人控制问题。

4.1.3.2 董事长的职责与作用定位不清

根据《公司法》的规定，董事长职责主要包括：依法主持公司董事会工作；组织实施公司股东会和董事会决议；完成股东会/董事会批准、确定、决定的各项经营管理任务、计划、目标；董事长向全体股东负责等。

关于董事长的职责与作用，关键是董事长与总经理职责必须分楚。目前一些国有企业的董事长和总经理由一人同时兼任，不利于形成健全的公司法人治理。此次提交审议的草案修改关于国有企业董事长和经理不得一人兼任的相关规定。原《国有资产法》草案第二十五条第二款规定："国有独资公司的董事长和经理不得由同一人担任。履行出资人职责的机构不得建议同一人担任国有控股公司的董事长和经理。"

针对有些地方、部门和企业提出，国有独资公司的规模大小等情况有较大不同，目前地方一些中小型国有独资、国有控股公司的董事长和总经理由同一人担任的情况不少，本草案拟修改相关条文，规定在实际的执行中，应严格依照法定程序，对公司董事长兼任经理从严掌握。具体条文拟修订为："未经履行出资人职责的机构或者股东会、股东大会同意，国有独资、国有控股公司的董事长不得兼任经理。"

4.1.3.3 专业委员会问题

根据《公司法》的规定，董事会一般下属 4 个专业委员会，以下为其主要职能。

（1）审计委员会：提议聘请或更换外部审计机构；监督公司的内部审计制度及其实施；负责内部审计与外部审计之间的沟通；审核公司的财务信息及其披

露；审查公司内控制度，对重大关联交易进行审计；公司董事会授予的其他事宜。

（2）战略投资委员会：对公司长期发展战略规划进行研究并提出建议；须经董事会批准的重大投资融资方案进行研究并提出建议；须经董事会批准的重大资本运作、资产经营项目进行研究并提出建议；对其他影响公司发展的重大事项进行研究并提出建议；对以上事项的实施进行检查；董事会授权的其他事宜。

（3）提名委员会：根据公司经营活动情况、资产规模和股权结构对董事会的规模和构成向董事会提出建议；研究董事、总经理人员的选择标准和程序，并向董事会提出建议；广泛搜寻合格的董事和总经理人员的人选；对董事候选人和总经理人选进行审查并提出建议；对须提请董事会聘任的其他高级管理人员进行审查并提出建议；董事会授权的其他事宜。

（4）薪酬与考核委员会：根据董事及高级管理人员管理岗位的主要范围、职责、重要性以及其他相关企业相关岗位的薪酬水平制定薪酬政策、计划或方案；薪酬政策、计划或方案主要包括但不限于绩效评价标准、程序及主要评价体系，奖励和惩罚的主要方案和制度等；审查公司董事（非独立董事）及高级管理人员的履行职责情况并对其进行年度绩效考评；负责对公司薪酬制度执行情况进行监督；董事会授权的其他事宜。

国有企业董事会专业委员会在符合《公司法》规定的基础上，为贯彻落实党的十七届四中全会精神，更好地研究新形势下国有企业党建工作面临的一些理论和实践问题，加强改进国有企业党的建设，进一步提高国有企业党建工作的科学化水平，全国党建研究会提出并报中央组织部同意，由国务院国资委党委负责组建国有企业党建研究专业委员会。

董事会缺乏独立性且效力参差不齐，是一个核心不足。通过设立董事会专业委员会，来提高董事会的决策效率和运行质量，已经成为普遍的共识。我国国企专业委员会制度起步晚、效率低、专业性不强。必须完善董事会组织结构，逐步设立战略委员会、决策咨询委员会、风险委员会、提名委员会、薪酬委员会、技术委员会、审计委员会等相应的专门委员会，确保董事会实现集体决策、科学决策。逐步提高外部董事的比例，丰富董事会的专业结构，提高董事会决策时的科学性、客观性和独立性；更好地发挥董事会的作用，维护股东和企业利益。[①]

4.1.3.4　董事会功能不健全

我国国有公司企业公司化改制起步较晚，但发展迅速。不少企业严格按照公

---

① 中国诚通控股集团有限公司董事、党委副书记、纪委书记李耀强. 推进国有企业董事会建设. 光明网，2012 – 12 – 26.

司法的要求规范运作，较好实现了转轨建制的目标。但由于进行现代企业制度探索时间尚短，加上党政不分等诸多因素的制约，目前董事会制度还存在一些问题。

（1）国有资产"所有者缺位"：公司化改制后，国有控股公司以及各类国有产权代表，虽然通过各种方式被明确为国有资产的投资主体，产权关系进一步明晰，但仍不是真正的所有者，其合法身份只不过是国有资产的所有者代表，真正合法的所有者依然是全民。国有产权代表的背后没有所有者有效的监督和约束，国有资产的所有者"虚置"。

（2）董事会人员构成不合理：国有独资公司董事会大多由内部经理人员和公司职工构成，董事会内部缺乏相互制衡、自我约束的机制。董事会与经理层或重要子公司经理人员交叉兼职。

（3）存在政府组织任命董事会、经理层成员的行为。

（4）董事会难以有效行使决策权：董事会的有效运行必须以"会"的形式，以法定程序合议，才能发挥其职能和功效。但一些董事会不经常开会，即使开会也主要是走走过场，会议频度低、时间短；董事会会议议程基本上被经营者或兼任最高经营者的董事长所控制；这些会议一般都是对经营者提出的方案予以确认而已。

要继续推进规范董事会建设。依法落实董事会职权，严格董事履行责任。建立健全股东会、董事会、监事会和经理层协调运转、有效制衡的公司法人治理结构。建立国有企业长效激励和约束机制，强化国有企业经营投资责任追究。积极探索现代企业制度下党组织发挥政治核心作用、职工民主管理的有效途径。[①]

4.1.3.5　职业经理人市场不完善

现在我国国有企业领导人中存在着"双重角色"的问题，即负责人即扮演着政府官员的角色，又执行着企业家的职能，这不利于国有企业人员专业管理、政企分离。因此需探索建立职业经理人制度，更好地发挥企业家作用。在总结经验的基础上，我们将继续加大国有企业高管人员市场化选聘和管理力度，在国有企业集团层面逐步建立职业经理人制度，并对企业领导人员实行分层分类管理。

4.1.3.6　企业的用人机制不健全

国企负责人及员工的激励约束机制不健全，需深化国有企业内部三项制度改革。抓紧建立健全企业管理人员能上能下、员工能进能出、收入能增能减的制度，为企业赢得市场竞争提供制度保障。探索推进国有企业重大信息公开，提高

---

① 国务院国有资产监督管理委员会副主任、党委副书记黄淑和. 国有企业改革在深化 [J]. 现代企业研究，2014（2）：4～5.

国有企业运营透明度。合理确定并严格规范国有企业管理人员薪酬水平、职务待遇、职务消费和业务消费。建立健全根据企业经营管理的绩效、风险和责任来确定薪酬的制度，不断完善企业薪酬激励约束机制。对市场化聘任的企业管理人员，研究建立市场化薪酬协商机制，以适应建立职业经理人制度的需要。要加快研究制订有关国有企业领导人职务待遇、职务消费和业务消费方面的管理办法。

4.2　国有企业股东大会、董事会、监事会、经理层的关系，工作机制构造，实现相互制衡的机制

4.2.1　国有企业股东大会、董事会、监事会、经理层的构成与功能定位

4.2.1.1　股东大会——权力机构

股东大会是公司的最高权力机构，它由全体股东组成，对公司重大事项进行决策，有权选任和解除董事，并对公司的经营管理有广泛的决定权。《中华人民共和国公司法》（以下简称《公司法》）第三十八条规定，股东会行使下列职权：（1）决定公司的经营方针和投资计划；（2）选举和更换非由职工代表担任的董事、监事，决定有关董事、监事的报酬事项；（3）审议批准董事会的报告；（4）审议批准监事会或者监事的报告；（5）审议批准公司的年度财务预算方案、决算方案；（6）审议批准公司的利润分配方案和弥补亏损方案；（7）对公司增加或者减少注册资本作出决议；（8）对发行公司债券作出决议；（9）对公司合并、分立、解散、清算或者变更公司形式作出决议；（10）修改公司章程；（11）公司章程规定的其他职权。

除国有独资企业外，国有股份有限公司应当在不违反《公司法》和国有企业公司章程的基础上设立股东大会。对于国有独资公司，我国《公司法》规定，国有独资公司下不设股东会，由国家授权投资的机构或国家的授权部门授权公司董事会行使股东大会的部分职权，决定公司的重大事项，但公司的合并、分立、解散、增减资本和发行债券，必须由国家授权投资的机构或者国家授权的部门决定。

4.2.1.2　董事会——决策机构

董事会是依法由股东大会选举产生的董事组成，代表公司行使经营决策的常设机关，是公司的决策机构。《公司法》第四十七条规定，董事会对股东大会负责，行使下列职权：（1）召集股东会会议，并向股东会报告工作；（2）执行股东会的决议；（3）决定公司的经营计划和投资方案（方案制定权）；（4）制订公

司的年度财务预算方案、决算方案；（5）制订公司的利润分配方案和弥补亏损方案；（6）制订公司增加或者减少注册资本以及发行公司债券的方案；（7）制订公司合并、分立、解散或者变更公司形式的方案；（8）决定公司内部管理机构的设置；（9）决定聘任或者解聘公司经理及其报酬事项，并根据经理的提名决定聘任或者解聘公司副经理、财务负责人及其报酬事项；（10）制定公司的基本管理制度；（11）公司章程规定的其他职权。

董事会设董事长一人，可以设副董事长。《公司法》第六十八条第三款规定，国有独资公司董事长、副董事长由国有资产监督管理机构从董事会成员中指定。

《公司法》中还有关于国有企业职工董事的规定。我国《公司法》第四十五条规定：两个以上的国有企业或者两个以上的其他国有投资主体投资设立的有限责任公司，其董事会成员中应当有公司职工代表；其他有限责任公司董事会成员中可以有公司职工代表。职工董事在我国国有企业董事中占比极小，甚至绝大多数国有企业董事会并无职工董事。为了积极建立、发展、完善国有企业职工董事制度，为推进中央企业完善公司法人治理结构，充分发挥职工董事在董事会中的作用，根据《国资委关于中央企业建立和完善国有独资公司董事会试点工作的通知》精神，国资委制定了《国有独资公司董事会试点企业职工董事管理办法（试行）》，规范了试点央企建立职工董事制度。

4.2.1.3 监事会——监督机构

监事会是由依法产生的监事组成，对董事和经理的经营管理行为及公司财务进行监督的常设机构。它代表全体股东对公司经营管理进行监督，行使监督职能，是公司的监督机构。《公司法》第五十四条规定，监事会、不设监事会的公司的监事行使下列职权：（1）检查公司财务；（2）对董事、高级管理人员执行公司职务的行为进行监督，对违反法律、行政法规、公司章程或者股东会决议的董事、高级管理人员提出罢免的建议；（3）当董事、高级管理人员的行为损害公司的利益时，要求董事、高级管理人员予以纠正；（4）提议召开临时股东会会议，在董事会不履行本法规定的召集和主持股东会会议职责时召集和主持股东会会议；（5）向股东会会议提出提案；（6）依照本法第一百五十二条的规定，对董事、高级管理人员提起诉讼；（7）公司章程规定的其他职权。

为完善国有企业监事会制度，2000年2月1日国务院第26次常务会议通过了《国有企业监事会暂行条例》，明确了监事会职责、开展监督检查的方式、构成及监事会主席职责等一系列问题，为今后国有企业建立完善监事会制度提供了法律法规依据。

4.2.1.4 经理层——经营机构

经营管理机构是指由董事会聘任的，负责公司日常经营管理活动的公司常设业务执行机构，这里指经理层。与董事会、监事会不同的是，经理不是以会议形式决议的机构，而是以自己最终意志为准的执行机关。《公司法》第五十条规定，股份有限公司设经理，由董事会决定聘任或者解聘。经理对董事会负责，行使下列职权：（1）主持公司的生产经营管理工作，组织实施董事会决议；（2）组织实施公司年度经营计划和投资方案；（3）拟订公司内部管理机构设置方案；（4）拟订公司的基本管理制度；（5）制定公司的具体规章；（6）提请聘任或者解聘公司副经理、财务负责人；（7）决定聘任或者解聘除应由董事会决定聘任或者解聘以外的负责管理人员；（8）董事会授予的其他职权。

为保证上市公司与控股股东在人员、资产、财务上严格分开，上市公司的总经理必须专职，总经理在集团等控股股东单位不得担任除董事以外的其他职务。

党的十八届三中全会通过的《中共中央关于全面深化改革若干重大问题的决定》，对全面深化国有资产和国有企业改革进行了总体部署，提出了新思路、新任务、新举措。当前和今后一个时期，深化国有企业改革，重点要抓住的两个关键环节之一是深化国有企业管理体制改革，健全完善现代企业制度。其中包括探索建立职业经理人制度，更好发挥企业家作用的目标。2014 年国资委从直接管理的中央企业中选择几家开展由董事会直接选聘和管理经理层（包括总经理）的试点。[①]

4.2.2　国有企业股东大会、董事会、监事会与经理层的关系

国有企业建立现代企业制度的关键环节是建立法人治理结构。理顺股东会、董事会、监事会、经理层之间的关系和职能定位，是完善法人治理结构的核心。[②]总的来说，公司产权关系及其治理结构体现的是多层的委托—代理关系。

4.2.2.1　股东大会与董事会、监事会的关系

股东大会与董事会是一种信托关系。在这一层面，股东是委托人，董事会是代理人。股东委托董事会管理企业，因此股东不再干涉企业事务；董事会代表股东，行事不得超越股东的授权范围。董事会功能是法人治理结构的核心，因而必须确保董事会的独立性，建立董事会评价体系，强化董事会的战略管理和决策责任。

股东大会与监事会是一种委托授权关系。股东委托监事会监督董事和经理的经营管理行为及公司财务。监事会代表全体股东对公司经营管理进行监督，行使监督职能。

---

① 国务院国有资产监督管理委员会副主任、党委副书记黄淑和. 国有企业改革在深化 [J]. 现代企业研究，2014（2）：4-5.
② 欧阳洁. 国有企业改革的思考与实践 [N]. 学习时报，2005-09-26：008.

4.2.2.2　董事会与经理层的关系

董事会与经理层是一种委托—代理关系。在这一层面，董事会是委托人，经理层是代理人。董事会不具体经营管理企业。而是作为委托人将具体经营管理权委托给经理层。经理层拥有对公司内部事务的管理权和代理权，企业对经理层是一种有偿代理，经理层有义务和责任依法经营好公司，董事会有权依经理层业绩进行监督。

4.2.2.3　监事会与董事会、经理层的关系

董事会和监事会均由股东大会选举产生，在法律地位上是平等的，董事会仅对股东大会负责，监事会无决策权，只有监督权。监事会对董事和经理行使监督权。

4.2.3　完善"四权"权责明确、相互制衡的机制

国有企业公司治理的核心是股东大会、董事会、监事会三权分立，各司其职，形成包括经理层经营权在内的"四权"权责明确、相互制衡的机制，以防止委托代理人（董事会、经理层）出现败德行为、逆向选择以及决策的重大失误等，最终实现国有资产的保值增值。在现有国企管理体制，关键是要增强董事会功能和强化监事会监控职责两个方面。

4.3　不同功能及类型的国有企业完善董事会制度的途径和制度安排

2013 年 11 月，党的十八届三中全会明确指出，要进一步深化国有企业改革，并准确界定不同国有企业的功能。董事会作为公司治理的核心，董事会机制设计直接关系着不同类型国有企业目标的实现。然而，不同类型企业的董事会设置和治理使用完全统一的标准，可能会导致不同类型的国有企业无法实现自身应实现的社会目标或经营目标。

中国国有企业董事会应包括内部执行董事、外部非独立董事和独立董事。内部执行董事指那些既是董事会成员，同时又在公司内担任管理职务的董事；外部非独立董事指不在公司担任除董事以外的其他职务的董事；独立董事是指不在公司担任除董事以外的其他职务，并与其所聘的公司不存在妨碍其进行独立判断的关系的董事。

国务院国资委研究中心副主任彭建国在接受《中国证券报》记者采访时表示，国企总体分为商业类和公益类，但实际上最终还是三类，即商业一类、商业

二类、公益类也即公益类。商业一类是指竞争类的企业，以完全市场化和保值增值为目标；商业二类是指特殊功能类的企业，同时具备市场化和社会化目标；公益类则是完全社会化的目标。①

4.3.1 商业类国有企业

这类国企存在于私人资本大量存在的竞争性领域。在这些领域也要保留一定的国有资本是因为：第一，实现政府调控经济的职能；第二，维护经济稳定；第三，加快产业结构的调整和优化。这类国企以盈利为目的，与一般商业企业一样其生存和发展完全取决于市场竞争。

对于竞争性商业类国企，可以采用相对控股的公司制形式，国资管理部门的监管形式主要依靠对派出内部执行董事的管理，独立董事应对竞争性市场有深入了解，能够反映所有股东利益最大化。

对于处于涉及国家经济安全的行业，支柱产业和高新技术产业的商业类企业，主要处于自然垄断的行业中。包括军工、石油及天然气和高新技术产业等，这类企业既有公益性特征，又追求盈利。对于这类国企，可以采用国有控股的公司制的形式，也可以成为国有上市公司。内部执行董事和外部非独立董事也应由国资委直接委派，独立董事应具有较强的行业、公益和财务背景，使其能够基于行业特征，在很大程度上反映公众利益和控制企业成本。对管理层的考核要以经济目标为主，满足国有资产保值增值的要求，同时也要对其提出社会效益的要求。

4.3.2 公益类国有企业

这类国有企业主要以提供公共产品和公共服务为目的，来满足公众的需求。这类国有企业不以盈利为目的，主要承担公益目标，例如，教育、医疗卫生、公共设施服务业、社会福利保障业、基础技术服务业等。②

对于公益类国企，可以采用国有独资公司的形式。内部执行董事和外部非独立董事应由国资委直接委派，独立董事应具有很强的公益和财务背景，尽最大能力反映公众利益和诉求，有效控制企业成本。其收入和支出都要有严格的预算管理，对管理层考核的核心要求是能否很好地实现公共政策性目标。

---

① 国务院国资委研究中心副主任彭建国. 国企改革取得六大进展、商业一类为混改主战场 [P]. 中国证券报，2015－01－28.

② 高明华等. 国有企业分类改革与分类治理——基于七家国有企业的调研 [J]. 经济社会体制比较，2014（2）：19－34.

4.4 多层董事会在国有企业的规范运作

4.4.1 多层董事会的提出与在其他国家的应用

4.4.1.1 德国的多层董事会

多层董事会的概念源于一些国家将执行董事和其他董事分离开来，德国公司普遍采取的是双层董事会，即一是监督董事会，二是管理董事会，监督董事会负责任命管理董事会，这两个董事会的成员是完全分离的，不会出现交叉任职的现象。监督董事会主要由职工代表、股东代表、银行代表等组成，管理董事会则主要由一些具有相关专业技能（如管理、审计、会计等）的高层人员构成。

4.4.1.2 日本的多层董事会

在日本有三种不同类型的董事会：一是政策董事会，主要关注长期性的战略议题；二是功能董事会，由主要的高级管理人员组成，并承担相应的职能；三是独裁董事会，责任很少，主要具有象征性职能。这一结构的主要特点是决策制定往往非常周全但是比较缓慢。①

4.4.2 多层董事会的优点与缺点

多层董事会的优点：第一，清晰地分离了监督者与被监督的执行董事；第二，两个董事会具备能力来有效地防止管理层的低效或劣迹；第三，两个董事会考虑利益相关者（尤其是雇员）的需要，而不是仅仅考虑股东的需要。

多层董事会的缺点：第一，会产生权威混乱以及随之而来的受托责任的缺乏；第二，在实务中，两个董事会可能没有理论上那么有效；第三，监督董事会的独立性不如预想的强。

4.4.3 国有企业多层董事会的制度建设

在我国，国有企业建设多层董事会制度特指母公司与子公司董事会之间的制度建设。根据《公司法》规定，子公司是独立的法人，若无公司章程特殊规定，董事会决议不需要一定经过母公司的批准。如果是全资子公司，因为是独资企

---

① 仲继银. 日本公司的董事会与监事制度 [J]. 董事会, 2005 (11)：100 – 101.

业，所以不存在股东会，即母公司董事会负责全资子公司的相关决议。如果母公司和子公司的公司章程中有其他规定，优先适用公司章程。因此，若国有企业的母子公司章程中若有相关规定，则在不违反《公司法》的原则上，优先使用公司章程；若子公司为母公司全资子公司，则子公司不设立董事会。

4.5 进一步提高监事会、巡视组等企业外部监督的高效性的途径及制度安排

4.5.1 国有企业外派监事会制度

4.5.1.1 国有企业外派监事会制度的形成与发展

1999 年 12 月，第九届全国人大常委会第十三次会议对《公司法》进行了修改，以法律的形式明确了在国有独资公司建立监事会制度。修改后的《公司法》规定，国有独资公司监事会主要由国务院或国务院授权的机构委派的人员和企业中的职工代表组成，明确了监事会负责检查公司的财务，对公司的董事、高管人员执行公司职务的行为进行监督，对违反法律、行政法规、公司章程或股东会决议的董事和高管人员提出罢免建议等，以及国务院规定的其他职责。2000 年 3 月，国务院《国有企业监事会暂行条例》正式出台，明确了监事会由国务院派出，对国务院负责，向国务院报告的原则。2003 年 3 月，第十届全国人大第一次会议批准《国务院机构改革方案》，特设了国务院国有资产监督管理委员会，国务院授权国资委代表国务院履行出资人职责，并向国有企业派出监事会。至此，对国有企业的监督已经完全过渡到了出资人监督方式上来。2009 年 5 月 1 日，《企业国有资产法》开始实施。《企业国有资产法》规定，国家出资企业包括四类企业：国有独资企业、国有独资公司、国有资本控股公司和国有资本参股公司。国有独资公司、国有资本控股公司和国有资本参股公司依照《中华人民共和国公司法》的规定设立监事会，国有独资企业由履行出资人职责的机构按照国务院的规定委派监事组成监事会。

这实际上将国家出资企业的监事会分成了两类：一类是按照《公司法》设立的监事会；另一类是按照《国有企业监事会暂行条例》派出的监事会。国有独资公司、国有资本控股公司和国有资本参股公司根据《公司法》设立的监事会由董事会任命，独立性、权威性、监督性较差，但是运行成本低；国有独资企业则按照《国有企业监事会暂行条例》，监事会由国资委直接外派，独立性、权威性和监督性很强，但是运营成本高。国有企业公司制改革是必然的趋势，

所以按照《公司法》设立的监事会越来越多，为了平衡监事会的监督权与运行成本，可以试行将两种监事会有机融合的机制：监事会的组成成员按照一定的比例分为由公司董事会设立和国资委直接委派，国有资本在企业中占的比重越大，国资委直接委派的监事会成员所占的比重就越大。此外，监事会每年向国务院国资委或国务院提交 100 多家中央企业的监督检查报告，监督检查形式都是事后监督，报告的情况都是上年的，等到国务院领导看到报告时，报告的情况往往就是前年的了，所以还应该建立一条监事会及时监督、及时反馈的通道。

4.5.1.2 国有企业外派监事会制度的意义

《国有企业监事会暂行条例》第二条规定，国有重点大型企业监事会（以下简称"监事会"）由国务院派出，对国务院负责，代表国家对国有重点大型企业（以下简称"企业"）的国有资产保值增值状况实施监督。"外派监事会"与"内设监事会"比较，其优势表现在以下几个方面：一是独立性，[①] "外派监事会"由国务院国资委代表国务院派出，除职工监事外，其他成员都是国家工作人员，不参与、不干预公司的经营管理，所需经费由政府行政拨款，与公司没有任何的利益关系；二是权威性，[②] "外派监事会"由国务院或国务院国资委代表国务院派出，对国务院负责，向国务院报告，监督者所处的地位和性质，对中央企业具有较大的震慑力；三是专业性，"外派监事会"的成员除职工监事外为专职监事，有的来自国家的原经济管理部门，有的来自国家名牌高校相关专业的学生，大多具备与公司相关的财务、法律、经济等专业背景，一些甚至是相关方面的专家，[③] 在监督检查中，监事会还要聘请会计师事务所的注册会计师一同工作；四是公正性，"外派监事会"具有出资人和政府双重角色，在监督中，不仅站在出资人的立场上维护所有者权益，而且还站在政府的角度，履行监督职责，保护国家、公司和个人等利益相关者的合法权益；五是外派性，[④] 与一般意义上的监事会相比，外派监事会一个显著的特点，监事会的成员除兼职监事外，不在企业内部产生，而是由出资人派驻到企业的，并且实行轮换制，每届三年更换。

国有企业外派监事会制度已经实行近 15 年，这 15 年，是国有企业监事会不断探索、不断实践、不断创新、不断完善的过程，有许多对国有企业的监督经验值得我们去总结。首先，实行国有企业外派监事会制度是坚持中国特色国有企业监督管理的有机组成部分；其次，实行国有企业外派监事会制度有利于增强监督

---

① 陈建波. 公司治理：激励与控制 [D]. 南京农业大学，2004.
② 牛国梁. 企业制度与公司治理 [M]. 北京：清华大学出版社，2008：3.
③ 详见《国有企业监事会暂行条例》第十四条。
④ 详见《国有企业监事会暂行条例》第十六条。

的有效性，建立快速反应机制，不断增强监督的时效性；再次，实行国有企业外派监事会制度强化了出资人监督；最后，实行国有企业外派监事会制度提高了监督队伍的素质。①

4.5.2　国务院国资委的巡视工作

4.5.2.1　开展巡视工作的背景与意义

从 2006 年至今，中央巡视组对 53 家中央管理的企业巡视中，仅完成了 12 家中央企业的巡视工作。按照目前每年巡视 4 户企业的速度推算，仅仅是中央管理的 53 家重点骨干企业，在其班子的任期内，也无法达到巡视一次的要求，况且还没有计算国务院国资委管理的 53 家以外的中央企业。

鉴于这种情况，2009 年 2 月 13 日，中央政治局常委、中央纪委书记贺国强在中央企业调研座谈会上提出：要进一步完善国有企业的巡视制度，逐步扩大巡视的范围和层次，中央企业的巡视以国务院国资委为主有计划地展开，中纪委、中组部有选择地开展。根据贺国强同志的指示精神，国务院国资委党委十分重视对中央企业的巡视工作，2009 年 3 月开始，国务院国资委就开展中央企业巡视工作，同年 5 月 13 日，李荣融同志在《参加中纪委巡视工作座谈会的情况报告》上批示："按照中纪委领导讲话的要求，这是一项长期工作。抓紧组建巡视办，借人只能是临时之举。同时制定巡视办法，要与监事会工作衔接"。

2009 年 6 月 8 日，国务院国资委第 137 次党委会议，通过了《国务院国资委党委对中央企业开展巡视工作方案》和《国务院国资委党委对中央企业开展巡视的暂行办法》，会议决定在 1999 年内选择 2 户中央企业开展巡视试点工作，在试点工作结束后，根据相关情况再确定全面展开。会议强调：做好巡视工作要针对中央企业现状，做到定位明确，内容清晰、不能笼统。要充分利用和发挥委内监督资源，吸收有关厅局已有成果，有关厅局要对提供的情况负责，切实形成监督合力。并在会议上决定，成立由国务院国资委主任李荣融同志任组长的国务院国资委巡视工作领导小组，对中央企业的开展巡视工作。

2009 年 7 月，国务院国资委监事会利用内部机构调整和监事会换届的时机，组建了监事会第 27 办事处，专门从事国务院国资委的巡视工作，同时抽调国务院国资委有关厅局的人员组建了国务院国资委巡视工作办公室。

2009 年 10 月，国务院国资委党委正式发文：一是明确了国务院国资委巡视

---

① 郑新军. 中央企业监事会和巡视工作两种监督制度关系的研究［D］. 武汉理工大学，2010：13 - 14.

领导小组及其组成人员；二是明确了巡视办公室组成人员；三是组建了由原国有重点大型企业监事会主席师金泉、孔令鉴为组长的国务院国资委第一和第二巡视组；四是确定了巡视试点企业——中国黄金集团公司和中国航空器材集团公司，至此，国务院国资委正式启动了对中央企业的巡视工作。

2009年10月21日，国务院国资委两个巡视组同时进驻两空巡视试点企业，2010年3月，第二轮巡视试点工作基本结束。目前国务院国资委在总结第一轮巡视试点工作的基础上，又选择了三家（其中一家为中央管理的53户之一）继续进行巡视工作试点工作，现第二轮的巡视试点工作正在有条不紊、紧锣密鼓地进行。

4.5.2.2　巡视工作的基本内容

根据《国有企业监事暂行条例》规定，巡视工作的主要内容是检查企业领导班子及成员履行职责情况。包括企业贯彻执行党的路线方针政策，特别是贯彻落实科学发展观的情况，执行民主集中制情况、选拔任用干部情况，落实党风廉政建设责任制和自身廉政勤政情况，加强作风建设等情况等。

4.5.3　外派监事会制度与巡视工作的结合与互补

若要实现监事会、巡视组等企业外部监督的高效性，应该把两者结合起来。监事会与巡视组有相同点也有互补之处，重点应强化两种外部监督的互补性。比如，监事会的监督重点在企业的经营绩效上，它所关注的是企业的"量"；而巡视组的监督重点则在企业的权力运营情况，以及企业领导人是否贯彻执行党的路线方针政策，它所关注的是企业的"质"。在巡视组审查企业领导人是否有贪污腐败现象时，就可以借助监事会监督的企业财务。再如，监事会的监督是长期的（3~5年），而巡视组的监督是短期的（6个月），所以为了节约时间和节省成本，在成员构成上就可以有一定的交叉，监事会的重点联系人可编入巡视组工作，一方面有利于巡视组尽快了解被巡视企业的情况；另一方面也可以使监事会对巡视过程及成果有较为全面的了解，提高监事会和巡视工作的效率。

4.5.4　国有企业监督"外引"与"内联"有机结合

外引内联是指经济特区提出并实行的对外引进和对内联合政策的简称，它泛指中国引进外国资本，技术与管理方法及国内各地区间相互联合的一切行为过程。在这里"外引"可以理解为包括国资委外派监事会和巡视组在内的外部监督，尤其要重视引用专业的外部人员。这里"内联"可以理解为国有企业内部监事会的监督，内部监事更熟悉企业的经营管理，且便于随时监督。把"外引"和"内联"有机结合，不仅可以实现监督的高效性、及时性，同时可以有效降低监督成本。

4.6　国有企业领导人概念与范畴

4.6.1　国有资产三层委托代理链条

国有资产委托代理链条可以分为三个层次：政治委托、行政委托和经济委托。在政治委托代理链条中，全体人民是委托人，全国人大是代理人。

在行政委托代理链条中，全国人大成为新的委托人，中央政府和地方政府成为代理人，进而各级政府成为委托人，国有资产经营公司成为代理人。

在经济委托代理链条中，国有资产经营公司是委托人，国有企业领导人是代理人。

由此三层委托代理关系可以得出国有企业领导人实质上是层层委托选择出来的代表人民管理国有资产的代表。然而现在三层委托制度存在明显的局限性，第二层行政授权没有被根本打破，第三层的经济委托代理链条过紧，第一层的政治委托关系改革滞后，由此导致在选择国企领导人的方式上"行政代议制"占最大比重，也使国有企业领导人的"官本位"主义根深蒂固。

4.6.2　国有企业领导人的概念与本质

2003 年 5 月 13 日国务院第八次常务会议讨论通过的《企业国有资产监督管理暂行条例》第十七条规定，国有资产监督管理机构依照有关规定，任免或者建议任免所出资企业的企业负责人：（1）任免国有独资企业的总经理、副总经理、总会计师及其他企业负责人；（2）任免国有独资公司的董事长、副董事长、董事，并向其提出总经理、副总经理、总会计师等的任免建议；（3）依照公司章程，提出向国有控股的公司派出董事、监事人选，推荐国有控股的公司的董事长、副董事长和监事会主席人选，并向其提出总经理、副总经理、总会计师人选的建议；（4）依照公司章程，提出向国有参股的公司派出董事、监事人选。

国有企业领导人主要是受托管理国有资产的相关人员，包括国有企业领导班子成员以及对国有资产负有经营管理责任的其他人员。根据《国有企业领导人员廉洁从业若干规定》，国家重点监督的国企领导人是国有独资企业的领导人。

4.6.3　不同类型国有企业领导人范围划分

按国有企业行政隶属关系划分负责人范围。行政级别在副省级以下的国企负责人的任命和管理由企业直接负责，行政级别在副省级以上的国企负责人的任命和管理由国务院国资委负责。

按国有企业功能划分国有企业领导人范围，即负责人范围分别对应商业一类、商业二类、公益类三类国有企业职责范围。

4.7　不同类型国有企业领导人分类标准及管理制度建设

4.7.1　国有企业领导人分层分类管理的必要性

"建立现代企业制度"和"国有经济战略性重组"是我国国有企业改革的两大重点，在 2003 年国资委成立之后，国有资产管理体制也有了新的变化。在这种新变化之下，国有企业领导人的管理不能再一概而论——行政任命，而是应该根据国有企业类型来制定相适应的国有企业领导人的选择、薪酬以及管理等制度。

4.7.2　国有企业领导人分类管理

国有企业领导人分类管理是指按国有企业的分类来管理国有企业领导人，即分别对商业一类、商业二类、公益类三类国有企业的负责人进行分类管理。管理的标准需根据不同类型国有企业的特点来制定，例如，商业一类国有企业中包含着竞争性国企，需要负责人具有如同普通企业管理者一样的"企业家才能"。

4.7.3　国有企业领导人分层管理

国有企业领导人分层管理是指按照负责人的行政级别由不同的部门任命和管

理。行政级别在副省级以下的国企负责人的任命和管理由企业直接负责，行政级别在副省级以上国企负责人的任命和管理由国务院国资委负责。对这两层国有企业领导人的管理由任命部门负责。

4.7.4　分层分类管理与国有企业领导人的激励约束机制

4.7.4.1　商业一类国有企业领导人制度建设

由于这类国企存在于私人资本大量存在的竞争性领域，与非国有企业一样按照市场的要求、以盈利为目的进行经营。所以国企领导人应该实行"市场化"制度。要在基本上"去行政化"，把自己定位成"企业家"而非"国家干部"，对其管理要充分发挥市场的激励和约束机制，而不是一味的行政监管。

4.7.4.2　商业二类国有企业领导人制度建设

这类国有企业范围较广，可以再细分为两种：

第一，行政垄断性企业，如电网、铁路等。这类企业的社会义务重于盈利，所以国企领导人应该实行"准公务员"制度，具体实行可以参照公益性国企的"公务员"制度，但这类国有企业的领导人要一定程度上"去行政化"，具有一定的"企业家"意识，以防止出现在他们退休之前为了保留权力而从国企转到政府。

第二，银行、保险、石油等事关国家经济安全、具有重大战略意义的行业中的国有上市公司。这类企业的盈利重于社会义务，所以为了适应市场经济，国企领导人应该实行"准市场化"制度。对这类国有企业领导人的管理重点在于大范围市场激励和小范围行政管制，要在很大程度上"去行政化"，具有较强的"企业家"意识。另外由于这类国企主要都是上市公司，所以领导人的薪酬不仅仅是固定基薪，还包含股权、股票期权等风险收入，这些会导致领导人的薪金畸高。因此对这类国企领导人的管理不仅要关注他们是否实现了国有资产的保值增值的任务，还应该监控其收入，使风险收入部分在整个收入中所占比例要较低，固定基薪比例要较高。

4.7.4.3　公益类国有企业领导人制度建设

鉴于这类国有企业不以盈利为目的而主要承担公益目标的特征，国企领导人应该实行"公务员"制度，由企业直接受监管的国资委任命，薪酬制度则参照公务员标准来实行。公益性国有企业的领导人因为不负有使国有资产增值的责任，所以为了防止其出现缺少激励的现象，应该给予其一定的行政级别，按照公务员的制度考核其绩效。

4.8 国资监管机构或上级党组织对国企领导人的管理方式与途径

4.8.1 现行国企领导人管理制度与存在的问题

4.8.1.1 现行国企领导人的双重角色与管理制度

党的十五届四中全会通过的《中共中央关于国有企业改革和发展若干重大问题的决定》，其中一个重要的内容，就是适应建立现代企业制度的要求，深化国有企业人事制度改革，建设高素质的经营管理者队伍。

4.8.1.2 现行制度存在的问题

因为国企领导人实质上是受人民委托来管理国有资产的代表，所以国家对于国企领导人的管理是不可或缺的。

然而现行对国企领导人的管理上存在着一些问题，按现行国企领导人管理制度，国企领导人同时承担"企业家"和"党政官员"的双重角色，既享受相应行政级别的党政干部待遇，又可以拿到市场化的所谓职业经理人的高薪酬待遇，同时还可以规避两种角色的风险，社会负效应十分突出，这说明国企领导人双重角色已不适市场经济的发展需要，迫切需要改革。[①]

具体地说：第一，董事会决策权与经理层的管理权没有完全分开，有些企业还存在着董事长兼任总经理的情况；第二，行政化太强，股东会、董事会职责不能很好地执行。《公司法》规定，股东会选举公司的董事长、副董事长职务，而上级机关却在选举前公布任命了；规定由董事会聘任的总经理、副总经理职务，上级部门却直接委任了；第三，监事会领导职务的人事安排上，层次偏低，与《公司法》明确的监事会与董事会并列的法律地位不相符，导致监督无力；第四，企业领导人员的激励机制还不健全，企业经营者的利益和企业效益挂钩不紧，权利与义务不相匹配，应得利益与风险责任不对等。经营者选拔任用工作中的竞争机制不健全、不完善，企业领导人员部门所有、条块分割的体制没能真正打破，经营管理者的合理流动和配置受到制约；第五，企业领导人员的培训教育力度不大，与建立社会主义市场经济体制和现代企业制度结合不紧，针对性、实效性不强。

---

① 中国社科院工业经济研究所所长黄群慧：推分类改革或是国企发展趋势．天山网，2013.11.06.

4.8.2　对国企领导人实行分层管理

应分清不同国企的角色使命，在国有资本集中于公共政策性和特定功能性企业的基础上，将国有企业领导人员划为两类角色，一类是"党政官员"，包括中央企业集团公司的董事长及董事会主要成员、党组织领导班子成员等，这些人员由上级党组织和国有资产监管部门管理。选用上，采用上级组织部门选拔任命的方式，他们有相应行政级别，选用、晋升可以按照行政方法和渠道，可以到相应党政机关任职，在激励约束方面，应该和党政官员基本类似，激励主要以行政级别晋升为主，但不能享受高年薪和股权激励。

另一类是"企业家"角色，包括企业中大量的经理人员，总经理、副总经理、执行董事、经理团队等。这类人员由董事会进行管理，按市场化办法选用和激励约束，但不能够再享有相应级别的行政待遇，也没有机会交流到相应的党政机关任职，他们是真正的职业经理人。

两类角色的划分，可以通过分层授权、分类管理的制度来实现，分层授权就是上级组织和国资监管部门对"党政官员"角色的国有企业领导人具有选拔任命和管理权力，而对于"企业家"角色的国企领导人的选拔聘用和管理权力则授权给中央企业董事会，所谓分类管理也基本一样。

4.8.3　国企领导人分层管理的意义

首先，有利于国企治理结构的完善、促进董事会作用的有效发挥，对理顺国资监管部门、董事会和经营管理层间的关系具有重要意义；其次，解决了国企党管干部原则和领导人企业家属性的矛盾，对建立真正意义的国企职业经理市场，提高国企效率有重要意义；最后，通过行政激励约束和市场激励约束的协同统一，能调动国企领导人积极性，促进国企发展。[①]

4.9　国有企业职业经理人市场建设有关问题

4.9.1　国有企业职业经理人市场与一般经理人市场相容性问题

狭义的职业经理人市场是指进行职业经理人这种特殊的人力资源交易的场

---

① 中国社科院工业经济研究所党委书记、所长黄群慧. 推分类改革或是国企发展趋势. 天山网, 2013. 11. 06.

所。广义的职业经理人市场是指按照市场规律进行职业经理人这种特殊的人力资源使用权的交易关系总和。一般性的职业经理人市场具有自主性、开放性、公平性、竞争性、求利性、法制性等特征，能够调节职业经理人的供给与需求、激励约束职业经理人的行为、选择恰当的职业经理人、实现企业与经理人的双向利益要求。长期的计划体制造成的国有企业所有者虚位、经营管理角色错乱、绩效标准模糊、责权利制度安排不合理、奖惩不落实等问题，加之盘根错节的东方人际关系，使得有着跨国公司背景的职业经理人进入国企，对其体制、价值观以及企业文化都存在巨大的差异，难以融入国企的传统体制。

4.9.2　国有企业职业经理人的流动问题

《中共中央 国务院关于进一步加强人才工作的决定》指出我国企业利用"市场配置人才资源的基础性作用发挥不够，人才流动的体制性障碍尚未消除，人尽其才的用人机制有待完善"。《国家中长期人才发展规划纲要（2010～2020 年)》明确提出，要建立健全人才流动配置机制，畅通人才流动通道，促进人才资源有效配置，进一步破除人才流动的体制性障碍。当前国有企业人才流动问题主要表现为：

第一，人才流动配置方式不够灵活。

国企规模大，层级多，人才流动配置审批环节冗长，程序复杂，效率普遍不高。人才流动配置形式相对单一，新建单位、重大项目所需人才多以整建制划转、个别调配为主，项目合作、短期借聘等人才柔性流动配置相对较少，核心、骨干人才快速配置保障不够到位。市场化配置机制也不够灵活，招聘周期长，运作效率低的现象客观存在。

第二，人才流动配置基础比较薄弱。

缺乏完备的人才评审专家库，人才选拔缺少科学的职位分析和测评手段，对人才岗位职责、任职要求不够明晰，对人才专业知识结构、技能水平、个性特点等整体把握不够全面，人岗匹配度还不高。对现有人才的职业规划、系统的培训与开发重视不够。

第三，人才流动配置方向不够均衡。

企业人才结构性矛盾比较突出，人力资源总量过剩与人才资源短缺的现象并存，基层一线结构性缺员和人才接替不足问题还不同程度存在，人才队伍业务分布、知识技能结构配置还需进一步调整优化。内部人才流动不够均衡，人才流出频率不断加快，国内外同行业灵活的用人机制和极具诱惑力的薪酬待遇，导致了国企大量人才非正常流出。

4.9.3 国有企业职业经理人队伍能力问题

《中共中央 国务院关于进一步加强人才工作的决定》指出"要坚持德才兼备原则,把品德、知识、能力和业绩作为衡量人才的主要标准,不唯学历、不唯职称、不唯资历、不唯身份,不拘一格选人才"。《国家中长期人才发展规划纲要(2010~2020 年)》强调,到 2020 年,我国人才发展的总体目标是:培养和造就规模宏大、结构优化、布局合理、素质优良的人才队伍,确立国家人才竞争比较优势,进入世界人才强国行列,为在 21 世纪中叶基本实现社会主义现代化奠定人才基础。根据中国职业经理人联合会 2002 年发布的《职业经理人标准》,职业经理人分为职业经理和高级职业经理。职业经理是指具有良好的职业道德、经营管理知识和良好的经营管理能力,从事经营管理工作,可受聘于组织,以经营管理工作为职业的人才;高级职业经理是指具有良好的职业道德、丰富的经营管理知识和较强的经营管理能力,可受聘于组织,在出资人的授权范围内行使对法人财产的经营权,并以契约的形式承担法人财产保值和增值责任,以经营管理工作为职业的人才;一般性职业经理人和高级经理人应该具备职业道德素质、知识能力、职业素养和提升企业经营绩效能力四个要素。国有企业要发展,就要大力引入职业经理人队伍,勇敢探索和实践先进的人力资源管理方法,为国有企业输入新鲜的血液,带来最先进的管理思想和科学的管理方法与手段。如果不能真正地引入职业经理人制度,国有企业将无法真正建立和完善现代企业制度,无法实现真正意义上的两权适度分离,也无法真正适应市场竞争的需要。因此,需要我们努力推进国有企业职业经理人队伍的建设。

4.9.4 国有企业职业经理人评价问题

目前,国有企业既缺乏对职业经理人的职业能力和价值认知与评估体系,又缺少对职业经理人信用的考核体系。就职业能力、价值认知与评估体系而言,中国还缺乏对人力资源价值的公正科学的评估和认知体系,国有企业对测评工具和测评效果缺乏了解,测评工具种类繁多、测评能力参差不齐,测评工具的选择具有盲目性,因此人才测评在职业经理人选拔任用中的作用并没有得到很好的发挥。就职业经理人市场的信用环境而言,中国信用中介服务行业的市场化、社会化程度比较低,虽然也有一些为企业提供有关经理人信用信息服务的市场运作机构,如资信考评机构、信用调查机构等,但大多市场规模很小,行业整体水平不高,市场竞争基本处于无序状态,没有建立起一套完整而科学的经理人信用调查和考评体系,很多涉及经理人的信用数据和信用资料无法得到,市场不能发挥对信用状况的奖惩作用，经理人也缺乏自觉加强自身信用的动力。

4.10 国有企业市场化职业经理人制度建设

4.10.1 国有企业市场化职业经理人契约制度

（1）工时与薪酬制度。企业对职业经理人一般实行不定时工时制。劳动部《关于企业实行不定时工作制和综合计算工时工作制的审批办法》第四条第一项规定企业高级管理人员可以实行不定时工作制。

（2）保密条款。根据《劳动法》第二十二条规定：劳动合同当事人可以在劳动合同中约定保守用人单位商业秘密的有关事项。

（3）竞业禁止协议。企业和职业经理人可以在劳动合同或单独签订的协议中约定职业经理人在任职期间或离职后的一定期间内，不得到生产同类产品或经营同类业务且有竞争关系的其他企业任职，也不得自己生产与原企业有竞争关系的同类产品或经营同类业务。

4.10.2 国有企业外部正式的职业经理人监督约束机制

（1）任职资格限制。《公司法》第五十七条、第五十八条规定了不得担任公司董事、经理的几种情形。无民事行为能力或限制民事行为能力人、部分有犯罪记录的人，或对企业破产或被吊销营业执照负有个人责任的董事、经理及法定代表人，在一定期限内任职资格受到限制。负有较大数额到期债务的人也不得担任董事、经理职务。

（2）权力机构的监督。按公司法规定，股东会有权选举和更换董事，决定其报酬事项；有权审议和批准公司的年度财务预算、决算方案，审议批准董事会的报告。对于增减资、发行债券以及公司合并、分立、变更公司形式及解散和清算等对公司有决定性影响的事项，也由股东会决定。

（3）监事会的监督。依公司法规定，监事会可以检查公司财务，对董事和经理违反法律法规或公司章程的职务行为进行监督，对其损害公司利益的行为可以要求纠正。

（4）对外任职的限制：公司法规定董事、经理不得自营或为他人经营与其所任职公司同类的营业或从事损害本公司利益的活动，已从事此类活动的其收益归于公司所有。

（5）资产处置的限制。按公司法规定，董事、经理不得挪用公司资金或者将公司资金借贷给他人，也不得将公司资产以个人名义进行存储。对以公司资产为本公司股东或其他个人债务提供担保的，亦予禁止。

4.10.3 国有企业内部正式的监督约束机制

（1）公司章程。章程是公司必备的宪法性文件，对公司所有机构及人员有普遍的效力，是制定公司其他管理制度的基础。章程中应强调权力分化和对经营管理权的监督，针对公司的股权结构、所属行业及其他特点设定相应规范，对各方面利益主体的责权进行明确。规模较大和股权分散的企业尤其要注意完善监事会及配套的监督、查询等制度。

（2）财务监督制度。广义的财务监督，包括股东会、董事会和监事会的监督，财务部门内部监督，社会中介（注册会计师、审计师）及企业职工的监督。有效的监督首先要以财务上的规范化操作为前提，并实行定期财务检查。对于股东、董事、监事查询公司财务资料的权限和具体办法，也应有相应的规范。

（3）保密制度。由于所处地位特殊，职业经理人不可避免会接触到企业的核心商业秘密。因此在聘用职业经理人时必须注重对商业秘密的保护。一方面作为职业经理人应有相当的保密意识和职业道德；另一方面则有赖于企业完善的保密制度。完备的保密制度应对秘密的范围或具体内容、保密人员范围、涉密文件和物品的管理、禁止事项及惩戒措施等作出规定。文件加密和信息隔离制度是实践中比较有效的两种保密制度。

4.10.4 国有企业职业经理人侵害企业行为的惩罚机制

（1）对侵占或违法处置企业资产的惩罚机制。《公司法》第六十三条规定：董事、监事、经理执行公司职务时违反法律、行政法规或者公司章程的规定，给公司造成损害的，应当承担赔偿责任。对职业经理人侵占企业资产的，首先可依公司法规定由股东会、董事会和经理决定对其解聘。同时可对其提起侵权之诉，要求其返还财产或赔偿损失。对挪用企业资金或者将公司资金借贷给他人的，应将资金退回，所得收入归公司所有。以公司资产为本公司股东或者其他个人债务提供担保的，责令取消担保，所得收入归公司所有，并可要求其承担损害赔偿责任。董事、监事、经理有以上行为且情节严重的，还应承担相应的刑事责任。

（2）侵犯商业秘密的惩罚机制。侵犯商业秘密的行为按《反不正当竞争法》的规定，包括：以盗窃、利诱、胁迫或者其他不正当手段获取权利人的商业秘密；披露、使用或者允许他人使用以前项手段获取权利人的商业秘密；违反约定或者违反权利人有关保守商业秘密的要求，披露、使用或者允许他人使用其所掌握的商业秘密。职业经理人有上述行为，侵犯企业商业秘密的，企业可以要求其停止侵害和赔偿损失。损失难以计算的，赔偿额可以为侵权人因侵权所获利润。同时相关行政机关可以依法对侵权人处以罚款；情节严重的，还可追究其刑事责任。

（3）违反劳动合同的惩罚机制。劳动者违反规定或劳动合同约定解除劳动合同的，应对用人单位承担损害赔偿责任。赔偿范围按劳动部《违反〈劳动法〉有关劳动合同规定的赔偿办法》规定，包括用人单位招收录用其所支付的费用、用人单位为其支付的培训费用（双方另有约定的除外）、给用人单位造成的直接经济损失等，如双方在聘用合同中另有约定的，也可按约定办理。如其他企业聘用未与原企业正式解除劳动合同的职业经理人，该企业也应对原企业的损失承担连带责任，且其连带赔偿的份额不低于所致损失总额的70%。此处所谓损失，包括对原企业生产、经营和工作造成的直接经济损失和因获取商业秘密给原企业造成的经济损失。

4.10.5　国有企业职业经理人市场化定价机制与市场流动机制

《中共中央 国务院关于进一步加强人才工作的决定》强调要"建立和完善人才市场体系，促进人才合理流动"。以推进企业经营管理者市场化、职业化为重点，坚持市场配置、组织选拔和依法管理相结合，改革和完善国有企业经营管理人才选拔任用方式。对国有资产出资人代表依法实行派任制或选举制。对经理人推行聘任制，实行契约化管理。按照企业发展战略和市场取向，拓宽选人视野，吸引国际国内一流人才到企业任职。大力整合生产要素、利用社会资源和聚集各类人才。

（1）建立和完善人才市场体系。根据完善社会主义市场经济体制的要求，全面推进机制健全、运行规范、服务周到、指导监督有力的人才市场体系建设，进一步发挥市场在人才资源配置中的基础性作用。建立和完善人才市场机制。遵循市场规律，进一步发挥用人单位和人才的市场主体作用，促进企事业单位通过市场自主择人和人才进入市场自主择业。针对人才资源的特殊性，按照人才的市场供求关系，通过实现人才自身价值与满足社会需求相结合，有效解决人才供求矛盾。推进政府部门所属人才服务机构的体制改革，实现管办分离、政事分开。引导国有企事业单位转换用人机制，积极参与市场竞争。努力形成政府部门宏观调控、市场主体公平竞争、行业协会严格自律、中介组织提供服务的运行格局。消除人才市场发展的体制性障碍，使现有各类人才和劳动力市场实现联网贯通，加快建设统一的人才市场。健全专业化、信息化、产业化、国际化的人才市场服务体系。

（2）促进人才合理流动。进一步消除人才流动中的城乡、区域、部门、行业、身份、所有制等限制，疏通三支队伍之间、公有制与非公有制组织之间、不同地区之间的人才流动渠道。发展人事代理业务，改革户籍、人事档案管理制度，放宽户籍准入政策，推广以引进人才为主导的工作居住证制度，探索建立社会化的人才档案公共管理服务系统。鼓励专业技术人才通过兼职、定期服务、技术开发、项目引进、科技咨询等方式进行流动。加强对人才流动的宏观调控，采取有效措施，引导人才向西部地区、基层和艰苦地区等社会最需要的地方流动，鼓励人才安心基层工作。制定人才流动和人才市场管理的法律法规，完善人事争议仲裁制度。加强人才流动中国家秘密和商业秘密的保护，依法维护用人单位和各类人才的合法权益，保证人才流动的开放性和有序性。

4.10.6　国有企业职业经理人考核机制建设

《中共中央 国务院关于进一步加强人才工作的决定》要求"坚持改革创新，努力形成科学的人才评价和使用机制"。企业经营管理人才的评价重在市场和出资人认可。发展企业经营管理人才评价机构，探索社会化的职业经理人资质评价制度。完善反映经营业绩的财务指标和反映综合管理能力等非财务指标相结合的企业经营管理人才评价体系，积极开发适应不同类型企业经营管理人才的考核测评技术。改进国有资产出资人对国有企业经营管理者考核评价工作，围绕任期制和任期目标责任制，突出对经营业绩和综合素质的考核。《国家中长期人才发展规划纲要 2010~2020 年》提出探索建立"社会化职业经理人资质评价制度"。

（1）建立完善职业经理人职业资格认证制度。职业经理人的职业资格认证是对其职业能力和基本素质的证明，是社会认可和企业认可的重要标志。建立健全我国职业经理人职业资格认证制度对于国有企业甄别遴选人才、促进人才流动有着重要意义。

（2）建立完善职业经理人信用机制。国有企业领导人的传统行政任命制弊端之一，就是缺乏对领导人员的信用调查和监督。对此，要建立完善的职业经理人信用机制，通过对职业经理人信用的考察、跟踪监督，来选任信用好、业绩佳的人才。建立完善职业经理人信用机制的步骤主要是：首先，建立职业经理人信用档案。国家机关或国家授权机构在职业经理人获得执业资格时即对其职业信用进行初始评价：包括全面考察其知识、技能与经验，出具信用评估报告，颁发信用评价等级证书。为通过认证的职业经理人建立信用档案，内容包括职业经理人工作经历、职业道德、领导能力、业绩水平等。其次，更新充实职业经理人信用档案。对于建档的职业经理人，由政府授权机构进行跟踪，定期从任职企业取得其绩效评价结果，定期从政府相关主管部门或中介机构取得职业经理人职业行为信息，适当征集同行、专家、客户等社会评价，并将其纳入职业经理人职业信用档案，使职业信用档案能够动态更新。最后，进行信用评价。职业经理人在工作中需要跟工商行政管理、税务、质监、金融监管等政府相关部门，司法机关，银行，会计师事务所、律师事务所等中介机构打交道，这些部门和机构掌握其纳税、信贷、履约等方面的信用信息，能够为职业经理人职业信用评价提供基础信息，并对他们进行信用等级评价，国家相关部门要定期收集以上职业经理人的信用信息，对其信用等级及时调整。

（3）建立职业经理人组织，发挥社会中介组织的自律作用。中国职业经理人协会由全国职业经理人考试测评标准化技术委员会、职业经理研究中心提出申请，邀请中国工业经济联合会、中国商业联合会、中国人才交流协会等单位和中科院院士韩济生共同发起，于2012年6月20日经国家民政部批准，成立了中国职业经理人协会。

4.11 国有企业信息公开制度建设

党的十八届三中全会作出的《中共中央关于全面深化改革若干重大问题的决定》中提出要"建立长效激励约束机制，强化国有企业经营投资责任追究，探索推进国有企业财务预算等重大信息公开"。国有企业财务预算是企业为规划未来一年内资金的筹集和分配而编制的一系列专门反映企业预计财务状况、经营成果及现金收支等价值指标的各种预算的总称，具体包括现金预算、预计利润表和预计资产负债表，它们采用与传统财务报告相同的报表形式，反映了企业在未来一年的现金收支情况、经营成果和财务状况。

《中华人民共和国企业国有资产法》规定，"国务院和地方人民政府应当依法向社会公布国有资产状况和国有资产监督管理工作情况，接受社会公众的监督"。根据《中华人民共和国国有资产监督管理暂行条例》的规定，"国有资产监督管理机构应当向本级政府报告企业国有资产监督管理工作、国有资产保值增值状况和其他重大事项"。党的十七大报告中也有对建立结构合理、配置科学、程序严密、制约有效的权力运行机制的描述和规定，并提出了加强对权力的监督及权为民所用的民主要求，因此增强企业财务信息公开化也是权力运行特点的必然要求。

（1）建立信息公开披露制度。首先，在《中华人民共和国企业国有资产法》中对国资监管部分可以增加国有企业信息公开披露的要求，规定信息公开披露的原则：为保护国有企业利益相关者尤其是公众的合法权益，维护社会的公平性，促进国有企业的健康发展，国务院国有资产监督管理部门及国有企业应当及时、真实、完整地向社会公众披露信息，但涉及国家秘密和商业秘密的信息除外。其次，由国务院制定的《国有企业信息公开披露条例》明确了国有企业信息披露的具体要求。再次，国有企业是国有资产的实际运营主体和信息生产者，在信息披露制度中应主动对外披露企业个体信息，但应充分考虑国有企业的类型。

（2）企业自律诚信与政府监管相衔接的信息披露机制。对国有企业信息披露的政府监管，通过国资委及政府部门对国有企业进行监督：一是在国资委内部设立监事会工作处，向国有企业外派监事，由外派监事与国有企业切实地接触达到监督的目的；二是通过对国有企业定期进行审计，由国资委公开招标事务所对国有企业的财务报告定期进行审计，事务所直接对国资委负责，这样就保证了审计的独立性。

（3）搭建国有企业财务预算信息公开披露平台。《国有企业信息公开披露条例》中明确规定："国务院国有资产管理委员会应当将主动公开的信息，通过国资委网站、统计年鉴、新闻发布会以及报刊、电视等媒体方式公开"。财政部会计司在"会计改革与发展""十二五"规划纲要中提出逐步建立以会计信息化为基础的企业综合报告统一平台，即逐步形成以会计信息化为基础、通用分类标准应用为核心的企业对外报告信息平台，促进监管信息互联互通、信息共享，并向社会公众提供简单经济、易于理解、方便使用的企业报告数据。因此，国资委应与其他政府部门如工商税务部门等相结合，建立国有企业信息平台，将国有企业向各部门报送的信息在信息平台进行汇总。国有企业对内报送的信息统一汇总到国有企业信息平台中。对外信息披露则依托信息平台的汇总信息，建立国有企业会计信息数据库，专门汇总国有企业的会计信息，需求者可以根据自己的需要，方便地获得国有企业某一指标的数据，不仅便于查阅信息，更为科学研究提供了便利，这也极大地提高了国有企业的信息透明性。

第 5 章

积极发展混合所有制

5.1 混合所有制对推动国有企业改制重组的可行性与条件

5.1.1 混合所有制对推动国有企业改制重组的可行性

在国有企业改革的过程中，国有企业单一的所有制形式发生了巨大的变化。除了少数国有独资企业外，大量的国有企业集团在建立现代企业制度的过程中，采取了国有控股、国有参股的形式，形成了一个庞大的企业体系，这个体系自身已经不再是单一的所有制形式，而是一种混合所有制形式。这种混合所有制形式是国有企业改革过程中逐步形成的，是国有企业逐步退出某些领域过程中，通过市场机制自发实现的。可以说，混合所有制并非是一种妥协与矛盾调和的产物，而是生产关系针对社会主义初级阶段生产力特点进行调整的必然产物。

国有企业改革实际上就是一个制度变迁的过程。针对各个时期、各个地区、各个行业生产力发展水平的客观现实，从被动地解决矛盾、解决问题，直到如今有目的、有计划地进行针对性调整，都是为了让生产关系与生产力的发展相适应，最终实现中国改革的目标，达到预期的结果。但社会主义初级阶段生产力发展的极端性与结构性失衡，使得所有制形式很难在某一地区实现大范围趋同，甚至无法找到一个有较大适应性的制度模式。这一点在国有企业基本建立现代企业制度、进行结构性调整的改革措施后先显得更为明显。原本国有企业被诟病的效率低下在管理模式变更后出现了天翻地覆的变化，国有企业的生产效率与经济效益大幅度提升，而民营企业却在大规模扩张的过程中却逐步显示出应对社会化大生产过程中的不足。William 等（2013）认为，建立股份制和现代企业制度的中国国有企业分红远超过私营企业[①]。混合所有制在国有企业改革的过程中自发的出现，其所有制结构既保证了计划经济的目的性，又维持了市场经济的灵活性，现代企业制度的管理与股本结构的可变保证了一定程度的分配公平与对国有资产的监管，这种微观股本结构的灵活性可以让生产关系在最短的时间内进行适应生产力发展的调整，而这种灵活性正是社会主义初级阶段生产力发展特征所亟须的，这种最终被认可的制度安排，是在改革过程中市场选择的结果，是国有企业改革的必然。

5.1.1.1 社会主义市场经济的发展为混合所有制推动国有企业改制重组提供宏观制度支持

改革开放以后，我国经济制度演变经历了漫长的探索过程，从最初的公有制经济完全统治地位，到允许"个体经济"和"私营经济"作为公有制经济的有益补充，再到"以公有制经济为主体，多种经济成分共同发展"的，继而发展到"混合所有制经济"的提出，将股份制作为公有制的重要实现形式，经历了 30 多年的时间。是党的十一届六中全会最先提出"个体经济"的问题，会议指出，"国有经济和集体经济是我国基本的经济形式，一定范围的劳动个体经济是公有经济的必要补充"。党的十二大报告提出"在农村和城市，都要鼓励劳动者个体经济在国家规定的范围内和工商行政管理下适当发展，作为公有制经济的必要的、有益的补充"。党的十三大报告中首次明确了"私营经济是公有制经济必要的和有益的补充"后，私营经济进入一个新的发展时期，可以大张旗鼓地发展，受到法律的保护。党的十四届三中全会通过的《中共中央关于建立社会主义市场经济体制若干问题的决定》提出："建立社会主义市场经济体制，必须坚持以公有制为主体，多种经济成分共同发展的方针，进一步转换国有企业经营机制，建立适应市场经济要求，产权清晰，责权明确，政企分开，管理科学的现代企业制度"，现代企业制度的提出为混合所有制经济发展奠定了基础。党的十五届四中全会，《中共中央关于国有企业改革和发展若干重大问题的决定》中提到"积极探索公有制的多种有效实现形式。国有资本通过股份制可以吸引和组织更多的社会资本，放大国有资本的功能，提高国有经济的控制力、影响力和带动力。国有大中型企业尤其是优势企业，宜于实行股份制的，要通过规范上市、中外合资和企业互相参股等形式，改为股份制企业，发展混合所有制经济，重要的企业由国家控股"，首次明确提出了"发展混合所有制经济"，使股份制成为公有制的主要实现形式，党的十七大[②]、党的十八届三中全会再次重申要积极发展混合所有

————————

① William, B., Chao, C. and Song Z., 2013. Cash Dividend Policy, Corporate Pyramids, and Ownership Structure: Evidence from China [J]. International Review of Economics & Finance, 27: 445 - 464.

② 高举中国特色社会主义伟大旗帜，为夺取全面建设小康社会新胜利而奋斗 [N]. 人民日报, 2007 - 10 - 25: 1 - 4。

制经济，并明确"国有资本、集体资本、非公有资本等交叉持股相互融合的混合所有制经济，是基本经济制度的重要实现形式"。这一系列文件都明确提出混合所有制的发展方向以及其在经济建设中的地位。到了2014年，在十二届全国人大二次会议上的政府工作报告中，提出要"加快发展混合所有制经济"，明显加快了混合所有制的进程。可见，这一系列的经济制度演进为利用混合所有制进行国有企业改革创造了宏观制度条件。

5.1.1.2　国有企业现代企业制度的建立，为利用混合所有制推动其改制重组提供微观制度支持

1993年11月，党的十四届三中全会通过了《中共中央关于建立社会主义市场经济体制若干问题的决定》（以下简称《决定》）。《决定》指出：要建立适应市场经济要求，产权清晰、权责明确、政企分开、管理科学的现代企业制度。

随着一系列文件的颁布，国有企业开始正式步入建立现代企业制度的时期。1994年国务院选择了100家国有大中型企业按照《公司法》及有关法规进行建立现代企业制度试点。1995年9月25～28日，党的十四届五中全会召开，通过《中共中央关于制定国民经济和社会发展"九五"计划和2010年远景目标的建议》，提出建立和完善社会主义市场经济体制是今后15年的战略任务，其主要任务是：坚持以公有制为主体、多种经济成分共同发展的方针，深化国有企业改革，建立现代企业制度……以建立现代企业制度为目标，把国有企业的改革同改组、改造和加强管理结合起来，构造产业结构优化和经济高效运行的微观基础。在1997年党的十五大报告中指出："建立现代企业制度是国有企业改革的方向。"1999年9月《中共中央关于国有企业改革和发展若干重大问题的决定》指出："建立现代企业制度，是发展社会化大生产和市场经济的必然要求，是公有制与市场经济相结合的有效途径，是国有企业改革的方向。"

2000年2月1日国务院通过了《国有企业监事会暂行条例》，3月15日颁布施行，对国有企业监事会的运作过程进行了详细规定，它与2001年证监会颁布的《关于在上市公司建立独立董事制度的指导意见》共同作用，为国有企业建立现代企业制度奠定了制度监管基础。2000年10月26日，国家经贸委发布了关于贯彻落实《国有大中型企业建立现代企业制度和加强管理的基本规范（试行）》的通知，以解决企业建立现代企业制度过程中不规范的问题。2002年11月8～14日，在第十六次全国代表大会《全面建设小康社会，开创中国特色社会主义事业新局面》的报告上指出："按照现代企业制度的要求，国有大中型企业继续实行规范的公司制改革，完善法人治理结构。"各种制度规范下，中国国有企业已经形成了大量的集团公司，构建起了完善的现代企业制度。这种基于股份制基础上的公司治理结构，为日后利用混合所有制对国有企业进行重组，奠定了坚实的微观制度条件。

5.1.1.3 非公有制经济的发展为混合所有制推动国有企业改制重组创造了物质条件

参与一个企业的改制重组是需要雄厚的物质基础的。重组参与者需要实力基本一致。中国的非公有制企业经过几十年的发展，其实力已经远远超过国有企业，足以参与到国有企业的改制重组进程中。

从国家开始明确保护私营经济利益，大力发展私营经济后，"个体经济""私营经济"等非公有制经济，作为公有制经济的补充形式，得到了空前的发展。随着非公有制经济规模不断扩大，组织结构日趋完善，我国以非公有制形式成立的企业已经在社会经济中占据了事实的主导地位，2013 年国民经济和社会发展统计公报显示，"全年规模以上工业企业实现利润 62831 亿元，比上年增长12.2%，其中国有及国有控股企业 15194 亿元，增长 6.4%；集体企业 825 亿元，增长 2.1%，股份制企业 37285 亿元，增长 11.0%，外商及港澳台商投资企业14599 亿元，增长 15.5%；私营企业 20876 亿元，增长 14.8%。"公有制企业仅占不足总量的25%，非公有制企业已慢慢改变了人民的生活。随着市场经济的发展，非公有制经济在中国经济体系中的作用逐渐加重，物质供应更加丰富，产品质量逐步提高，劳动力吸纳规模不断扩充。非公有制的发展对健全市场运行机制，增加市场竞争力，起到不可代替的作用，也为其参与到国有企业运行，利用混合所有制推动国有企业改制重组创造了充足的物质条件。

5.1.2 混合所有制对推动国有企业改制重组的条件

国有企业改革过程中，可以针对客观条件选择混合所有制中不同的股份构成比例。无论国有企业选择控股还是参股，公有制是扩张还是收缩，都围绕着是否促进生产力发展这一大原则进行。但在改革过程中，完全没有必要去刻意追求混合所有制。早期的研究由于其研究方法和研究对象的特点，往往得出国有经济效益相对较低的结论，即在控制了一系列相关变量的情况下，国有企业的经济效益相对弱于私有企业[①]，这一类结论曾经被广泛认可；但进入 21 世纪后，对中国国有企业的研究结果又出现了新的变化，通过相关数据研究表明，中国国有经济的技术效率增长超过了混合所有制企业[②]。现实已经证明，在一个具有良好监控体

---

① Boardman, A. E., Vining A. R. 1989. Ownership and Performance in Competitive Environments: A Comparison of the Performance of Private, Mixed, and State – Owned Enterprises [J]. Journal of Law and Economics, 32 (1): 1 – 30.

② Zhang, Anming., Zhang, Yimin., Zhao, Ronald. 2001. Impact of Ownership and Competition on the Productivity of Chinese Enterprises [J]. Journal of Comparative Economics, 29 (2): 327 – 346.

系的国有企业内部，通过现代企业制度建设，可以最大限度地降低人为因素对国有企业的损害。毕竟在一个完善的职业经理人制度下，企业产权的构成形式与企业的运行效率没有直接联系。

可见，如今已经发展起来的混合所有制形式，是在一个市场体系尚不完善、国有企业未去行政化、存在着大量监管漏洞的情况下，由市场自身进行制度选择所产生的结果。这一结果与现实的客观情况相吻合。但随着国有企业改革的深化，市场的各种配套制度完善，混合所有制所能带来的效果也必然会逐步降低，这也是未来必然的发展趋势。即使近期看，也并非是所有的国有企业都需要向混合所有制形式的方向发展。中国的生产力构成注定了在很大的范围内存在着适应社会化大生产的行业，社会化大生产客观要求社会占有生产资料，这实际上就是一个减少企业间交易成本的过程，也是减少企业运行负外部性的手段。在此类行业中，国有企业具有先天的所有制优势，若刻意地追求"混合所有制"，反而会在某种程度上增加企业运行过程中的交易成本，因此，对于那些已经有了良好的监管体制与成熟的职业经理人体系的国有企业，其生产效率极高，制度设置已经足以满足生产力发展的要求，"混合所有制"这种改变企业内部股权结构的构成绝非其改革的方向，同时，对于存在较高负外部效应的行业，对国有企业的民营化将会减少社会总福利水平，因此这一类行业中的国有企业不应该被民营化①。只有针对客观条件，认清社会主义初级阶段生产力发展的客观要求，进行相应的制度调整，才是国有企业改革所要遵循的原则，混合所有制仅仅是实现改革目的的手段，绝非目标。

利用混合所有制对国有企业进行重组，需要具备以下几个条件。

（1）减少政府对经济及国有企业的干预，让国有企业真正融入市场。

作为看得见的手，政府通常以宏观调控的名义干预经济和企业活动。政府对经济的宏观调控由于政策上的时滞性和错误执行，在实际执行过程中往往变成政府不适当的干预，甚至变成了对企业具体经营行为的干预。我国各级政府对市场干预的程度本身就远远大于发达市场经济国家。在过去的改革中，这种强权的干预曾经取得了良好的效果，但也带来了相当的负面效应。随着社会主义市场经济体系的建立与完善，党的十八届三中全会进一步提出了"市场在资源配置中起决定性作用"的论断。但在实际运作过程中，政府依旧有意无意代替市场、代替企业。在对以往经验总结后，本届政府宣布并已开始实施"简政放权"。自2013年以来，国务院已经取消和下放了200多项行政审批项目，并预计本届政府任期内取消和下放的行政审批项目不少于1/3。政府对于经济的干预正在减少，但依然还存在着大量需要行政审批的环节，过多的没必要的行

---

① Cato, S. 2008. Privatization and the Environment [J]. Economics Bulletin, 12 (9): 1-10.

政环节使得市场机制被扭曲，竞争被寻租取代。必须减少政府对经济运行微观层面的干预，让市场机制充分发挥作用，让大型国企成为真正市场主体与其他所有制成分进行平等谈判、兼并重组，企业可以出于自己意愿，在市场机制的协调下进行混合所有制的改革，避免行政干预造成位了"混合"而"混合"的结果。

（2）实行国有企业管理者的去行政化，避免管理者的经营行为扭曲。

在国有企业中，企业的管理者是上级主管部门指派的代表，代表了主管部门的意志，在董事会内部有实际的决策权。同时，由于国有企业监事会成员来源主要有两部分：一是职代会推选；二是股东提名，职代会推选代表属董事长下属，而股东提名的监事会成员须向提名者即股东负责，实际上都已经失去了监督的能力；外部董事由于信息不对称，也无法对董事长的行为做出有效的制约。对董事会和监事会而言，他代表着资产所有者；对国资委而言，他代表着企业管理者，这种交叉的地位为其隐藏道德风险暴露的可能性提供了极大的便利，国有企业内部民主决策机制、权力制衡、监督机制失效，企业内部无法制约董事长的行为。同样，由于信息不对称的存在，董事长与上级主管部门的交流中处于信息优势，使得主管部门无法发觉其道德风险的发生，也就是说，对于企业管理者而言，监管几乎可以忽略不计。

由于在国有企业管理模式下存在着一种"政治发展空间"的预期，使国有企业管理层的利益激励中多了一项选择——政治利益。委托人与代理人的关系变成上下级的行政关系，董事长与经理的职能重合，经理变成了董事长的工具，传统的那种"设计一个激励和合同，诱使代理人在给定的自然状况下对委托人最有利的行动"已经无法完全实现。对于一个偏好于政治收益的管理者而言，在进行管理决策选择时，其追求的主要目标是权力，即追求国有企业规模的最大化，以实现自己权力在公司内的最大化；同时，他对风险极其厌恶，在决策上规避责任，当上级主管部门与企业利益发生冲突的时候，他刻意保持与上级主管部门的一致性，以获得政治上进一步提升的可能，甚至有可能利用企业的资产，使用非正当手段为自己谋取政治利益；另外，为了获得更多的政治收益，他会追求企业的短期利益而忽视企业的长期利益，甚至为了政治业绩弄虚作假，管理者的行为接近传统计划经济体制下的企业主管，在他拥有足够使自己保持安逸生活的日常收入下，会以损害企业长远发展的决策为自己换取政治利益。

只有国有企业真正实行去行政化，才能让职业经理人制度切实有效地实行，避免国有企业决策的失误，为混合所有制顺利实施提供条件。

5.2 非国有资本参与国有企业改制的目标与途径

5.2.1 非国有资本参与国有企业改制的目标

5.2.1.1 实现国有资本的保值增值，壮大发展国有企业

非国有资本参与国有企业改制，其根本目的是获取经济利益。而国有企业利用非国有资本参与本企业的改制，其目标是实现国有资产的保值增值，发展壮大国有企业，实现国有经济的作用，保证国有经济的控制力。从根本上讲，两者并不存在矛盾。利用混合所有制对国有企业改制重组，其目的是发挥市场经济的作用，激活市场竞争，改变国有企业固有的弊端，实现国有企业的发展壮大。混合所有制的国有企业发展壮大，意味着投入资本的各方均获得丰收的收益，非国有资本获得了良好的投资回报，国有企业又在市场化体系下得到充分的发展，成为双赢的结果。

5.2.1.2 加快推动行政性垄断行业改革

国有企业很多处于垄断性行业，但并非所有的垄断性行业都是违背市场的，只有行政性垄断才会产生违背市场运行的规则。打破行政性垄断，让企业在市场竞争中获得活力，促进社会总福利的提升，这才是国有企业进行混合所有制改革的目标。推进垄断行业改革一直是国有企业改制的一个重要方面，早在 2005 年，国务院就推出部分开放垄断领域的政策，随后又对民间资本开放了基础产业、金融领域、国防科技工业等以往被禁止进入的领域。但并不是所有行业的垄断都需要打破，都要引入民间资本。只有因为行政性干预而被禁止入内的垄断行业，才是改革的重点。盲目地开放所有垄断性行业，甚至用行政命令让国有企业让出市场，本身就是违背市场规则的，也不利于帕累托最优的实现和社会总福利的提升。在某些自然垄断行业，盲目引入竞争实际上是降低企业效率，甚至是社会资源的严重浪费，在经历了充分的市场竞争后，这些行业必然形成新的垄断，但大量的资源和社会福利却在此过程中无谓地消失了。通过混合所有制改革降低民资进入门槛，允许民资进入垄断产业参与公平竞争最重要的一点，就是打破行政垄断行业，让市场发挥作用。

5.2.2 非国有资本参与国有企业改制的途径

对于非国有资本参与国有企业改制，必须遵循"市场化"的途径：即国家对

混合所有制的实施不设置障碍，国有企业自身有进行混合所有制改革的意愿，在改革过程中遵循"市场运作"的原则，既没有行政干预下的障碍，也没有行政干预下的强迫。

（1）国有资本、民营资本、外资资本等不同来源的资本共同投资新建企业，建立混合所有制企业。这种新成立的混合所有制企业不会改变原有参与者的股权结构，但在策划到成立的过程中完全遵循市场化运作的原则，能从制度建立伊始就适应市场运行，综合各种资本经济体的长处，克服不足部分，成为一个优良的运行主体。

（2）国有资本、民营资本、外资资本等独资企业增资扩股，引入其他类型资本形成混合所有制企业。这里的增资扩股，引入其他类型资本并非只是针对国有企业自身，也包括民营和外资独资企业。混合所有制改革重组并非仅仅是非公有制成分引入到国有企业中，更要使国有企业参与到运行良好、有市场发展前景的非公经济中，只要这一过程符合市场化的原则，有利于社会总福利的增加，有利于国有资产的保值增值，就可以放手而为。

（3）国有资本的股份有限公司，通过员工持股改革形成混合所有制企业。职工持股改革本身是混合所有制实现的一个重要方式。通过职工持股计划，可以将原有的国有资本股份制公司股权结构变得更加丰富，激活企业内在的活力，完善监督和分配机制，实现企业经济效益的提升和分配公平，促进社会总福利的提升，更有利于国有资产的保资增值，实现国有企业的功能。

（4）国有企业、民营企业或外资企业的股份制公司，通过股权流转或资产重组，引入其他类型的资本，形成混合所有制企业。同样，股权流转或资产重组过程中形成混合所有制企业，也并不是国有企业片面引入和开放，其中也应该包括民营和外资企业对国有资本的开放。本着市场化运作的原则，让社会资源得到更充分的利用，实现有效的资源流动，激活各种性质经济主体的沉淀成本，形成优势互补、分工协作，用企业内部管理代替市场交易，节省大量的交易成本，让经济运行的效率更高。

（5）国有资本、民营资本、外资资本通过公开发行股票上市，股权分散，被其他类型资本认购，最终形成混合所有制企业，这是形成混合所有制企业最简单的形式。国有企业通过公司上市实现股权分散，可以激活企业内在的监督机制，让国有企业管理更加市场化、正规化、透明化，同时也可以迅速增强国有企业的实力，实现快速扩张，有利于国有资本的保值增值。同样，国有资本在公开发行股票市场认购其他经济成分公司的股份，甚至多种经济成分的公司相互之间形成交叉持股，也有利于资源配置的优化，形成混合所有制企业的过程更简单、更正规，但难度也因为需要满足上市公司的条件而变得更大。

5.3 不适合混合所有制经济的领域

国有企业内进行改制和重组其目的是解放和发展生产力，进行社会主义建设，这种改制与重组不能动摇我国的基本经济制度，不能动摇我国经济建设的社会主义方向。因此，利用混合所有制进行国有企业的改制重组，首要目标是维护我国基本经济制度，实现国有资本的保值增值，加强国有经济的力量和控制力。混合所有制改革不能为了"混合"而"混合"，为了"市场化"而"市场化"，必须严格把握改革的最终目标，必须保证国有企业在改革过程中能够保值增值。混合所有制是通过市场化的运作，利用市场机制实现资源优化配置的制度，这就决定了它必然会有不适合的区域，从理论上看，那些即使改变所有制结构构成也无法实现资源优化配置、无法提升效率的市场失灵的领域，就没有必要进行混合所有制的改革，否则只能是使改革的目标失效，步入歧途，甚至造成社会福利的更大损失。

5.3.1 涉及国民生活和为社会经济发展提供基础性保障性产品与服务的自然垄断行业不适合混合所有制改革

民营和外资资本投资的目的是获取利润，因此，对于涉及为国民生活和社会经济发展提供基础保障性的产品和服务的部门，不适合混合所有制改革。这些部门具有强烈的公益性和外部性，它们的产品和服务带有福利性质，承担着重要的社会公共义务，自身就处于自然垄断行业，不应以盈利为目的。这主要包括城市供水、供暖、供气、供电、公共交通、医疗、教育等部门。这些部门提供的产品或服务是群众日常生产生活的必需品，缺乏需求弹性，处于市场失灵的状态，且规模效益明显，处于自然垄断状态。对于这些领域而言，如果提高价格就可以获得巨额的垄断利润，而这正是非公有制资本所追求的。

自然垄断行业的初始投资往往十分巨大，如果任由市场竞争机制发挥作用，政府不加以适当管制，可能会产生不利于社会福利改进及资源最优配置的结果。常见的结果有两种：一种结果是市场竞争无法实现优胜劣汰，任何企业都达不到经济规模，恶性竞争持续不断；另一种结果是市场竞争达到了均衡，某个企业独占市场份额，达到规模经济，行业生产成本因此而大幅度降低，但是无数其他企业被竞争淘汰。这个过程完全是资源的无谓浪费。当市场稳定后，此类行业的自然垄断属性决定了在缺乏外界监督的情况下，必然会是一个效率低下的行业，而效率低下的根源完全在于行业的自然属性而非资本属性。改变所有制结构的改革方式更适用于竞争性行业，试图以此种方式改变公用事业类行业效率低下的问题是一种应对措施的偏差，其结果必然不会尽如人意。无论何种所有制组织形式的企业，在一个外部监督制度缺失的自然垄断行业内，都会有相似的行为方式：没有竞争者就不存在降低成本、改善服务的动力；垄断性带来的定价权可以把升高的成本转嫁到最终消费者身上，也就不必采取降低成本的措施。在此类企业中进行混合所有制改革，并不能起到资源配置优化的作用，甚至会导致社会福利的净损失。

可见以"混合所有制"手段在提供此类产品的自然垄断行业中引入"逐利"的非公有制资本，只会使这些行业利用其有利的垄断地位谋取超额垄断利润，即使行业内部能够实现成本的降低，也不会令普通消费者因为降低的成本而获取收益，资本的逐利性必然会将这些成本变为利润留存在企业内部，成为资本所有者的收入；更有甚者，资本所有者会人为地提高产品的成本——如增加管理者工资和福利、加速折旧等方式，再通过价格上涨将这部分成本转嫁给消费者，从而获得更多的隐性收入。由于信息的不对称性，对于此类道德风险的发生，政府作为监管部门很难控制，而相比于国有企业，对混合所有制企业的监管难度更大。必须在这些领域内实现国有企业的绝对控制，以实现社会总福利的提升。所以这些领域应该坚持国有企业为主导，保持国有资本的绝对控制权，在严格行业准入的前提下，在非核心的、适合市场竞争的领域实行混合所有制。此类行业的企业必须实行政府指导，防止这些企业利用垄断力量盲目涨价，损害社会总体利益。

5.3.2　涉及国家安全的基础资源企业及军工等特殊性质企业不适合实行混合所有制

对于涉及国家安全的基础资源类企业，如石油、稀土等行业，由于其自身也处于自然垄断企业，单纯在企业层面进行混合所有制改革并不能改变效率低下、服务与产品价高质低的现状。只有在外部打破垄断，加大市场竞争，才能迫使企业提高效率，改进管理。但在对这些战略资源的开发利用上，必须保证国有企业的绝对主导，以实现国家的战略意图。只有在适合市场竞争的非核心业务环节上，可以对民营资本与外资开放，实行混合所有制改革。另外对于军工等特殊性质企业，由于其涉及国家政治与军事安全，不适合在现有企业内实行混合所有制，但可以通过开放市场，实行资格审核的准入制度，引入民营企业进行竞争。

总之，发展混合所有制的目的是国有企业的发展壮大，为了社会生产力的提升。衡量某一行业或某一行业的某一环节是否应该发展混合所有制的标准，就在于实行混合所有制后是否能带来效率的提升、社会总福利的增加。对于那些处于市场失灵又关系到国计民生的自然垄断行业，关系到国家安全必须由国家掌控的行业或这些行业的某些领域，并不适合实行混合所有制经济。

5.4　股权投资基金参与国有企业改制重组的方向与目标

5.4.1　股权投资基金的特点

所谓股权投资基金，一般是指通过私募形式对非上市企业进行的权益性投资，在交易实施过程中附带考虑了将来的退出机制，即通过上市、并购或管理层回购等方式，出售持股获利。广义的股权投资为涵盖企业首次公开发行前各阶段的权益投资，即对处于种子期、初创期、发展期、扩展期、成熟期和上市之前各个时期企业所进行的投资；狭义的股权投资基金主要指对已经形成一定规模的，并产生稳定现金流的成熟企业的私募股权投资部分，主要是指创业投资后期的私募股权投资部分，在中国，股权投资基金大部分采取"夹层资本"的方式，即在风险和回报方面，夹层资本是介于优先债权投资（如债券和贷款）和股本投资之间的一种投资资本形式。对于公司和股票推荐人而言，夹层投资通常提供形式非常灵活的较长期融资，这种融资的稀释程度要小于股市，并能根据特殊需求做出调整。而夹层融资的付款事宜也可以根据公司的现金流状况确定。夹层资本一般偏向于采取可转换公司债券和可转换优先股之类的金融工具。不过股权投资基金也存在一种并购基金（是专注于对目标企业进行并购的基金），其投资手法是通过收购目标企业股权，获得对目标企业的控制权，然后对其进行一定的重组改造，持有一定时期后再出售。

5.4.2　股权投资基金参与国有企业改制重组方向

股权投资基金在运作过程中遵循市场化原则，是为了股东投资收益的最大化目标服务的。基金管理者完全以企业成长潜力和效率作为投资选择原则。投资者用自己的资金作为选票，将社会稀缺生产资源使用权投给社会最需要发展的产业，投给这个行业中最有效率的企业，只有市场潜力巨大的产品、潜在竞争能力强大的企业才会获得股权投资基金的青睐。因此，股权投资基金参与国有企业改制重组的方向，必然会集中在国有企业最具市场优势的地方。

第一，股权投资基金可以参与传统产业升级。规模效益是国有企业的优势之一。尤其在诸如钢铁、冶金等传统产业中，虽然在规模效益的条件下，企业的盈利能够得到保障，但是产业发展水平较低，受制于资金和技术瓶颈，无法快速实现产业升级，提高产品的利润率。通过股权投资基金的参与，可以有效改变这种情况，为企业发展提供大量的资金，对传统产业进行升级改造。同时，股权投资资金在参与改制重组过程中，会严格按照市场化模式运作，以利润作为运作的指向，对于指导国有企业淘汰落后产能、实现企业内部产品结构升级、提高企业竞争能力与盈利能力有着直接的促进作用。

第二，股权投资基金可以参与国有企业海外投资。在国有企业可预见的发展过程中，"走出去"已经成为国有企业的发展战略。随着国有企业在市场经济中的逐渐成熟和强大，它们国际化意愿日益强烈，参与国际竞争、利用世界的资源发展壮大已经成为不可避免的趋势。越来越多的国有企业正逐渐走出国门进行境外收购兼并。在这一过程中，可以借助股权投资基金的力量，尤其是并购基金的发展经营模式进行海外的扩张。国有企业可以利用股权投资基金的专业化运作，在并购的过程中采取多种的合作方式，共同开发海外市场。

第三，股权投资基金可以参与到高新产业的发展中。国有企业在国家战略性新兴产业中起着主导作用，尤其是高新产业，由于其技术水平要求高、投入高、风险大，一般的私人企业很难承担产品开发与市场培育的风险，这一领域必然是以国有企业为主导。但任何单个企业抗拒风险的能力都是有限的，国有企业也并非完全抵御高新产业开发的风险，而这一领域高风险高收益的特性恰恰满足某些类型股权投资基金的偏好，国有企业完全可以与股权投资基金联合进行高新产品的开发，这种强强联合的结果必然带来可观的经济效益，同时也会带动国家产业结构的升级，实现国家经济发展策略。

5.4.3 股权投资基金参与国有企业改制重组的目标

第一，股权投资基金参与国有企业改制重组的目标，是要加强国企的竞争力。国有企业改制重组的目标，是让国有企业能够更好地参与到市场竞争中去，更好地实现现代企业制度的功能，实现国有企业的发展壮大，增强国有企业的竞争力。如果引入股权投资基金参与国有企业改制的后果是造成国有企业"民营化"或者国有资产流失，国有企业改制重组就没有丝毫意义，也就没有必要引入股权投资基金。利用股权投资基金市场化运作这一有利条件，将其引入国有企业改制重组的过程中，可以在此过程对国有企业的生产力进行整合，提升其市场竞争能力，监督理顺企业内部的运行机制，最终实现增强国有企业竞争力的目标。

第二，股权投资基金可以对国企改制过程进行监管，避免决策失误与资产流失。股权基金作为一种重要的市场约束力量，可以补充政府监管之不足。股权基金作为主要投资者可以派财务总监、派董事，甚至作为大股东可直接选派总经理到企业去。在这种情况下，股权基金作为一种市场监控力量，对公司治理结构的完善有重要的推动作用。为以后的企业上市在内部治理结构和内控机制方面创造良好的条件。在以往国有企业改制过程中，由于监管不善，经常会出现管理层侵吞国有资产的违法现象。由于信息的不对称，这种管理层通过种种手段侵吞国有资产的现象具备相当的隐蔽性，很难及时查处。股权投资基金参与到国企改制过程中，可以通过种种监控措施有效地避免管理层道德风险的发生。同时，国有企业的管理层在进行投资决策时，也会由于信息、制度等多方面的原因出现决策失误，为企业带来无可弥补的损失。作为企业外部的投资方，股权投资基金拥有专业的市场化运营体系与信息支持，可以有效地对管理层决策进行分析与监督，最大限度地避免国有企业经营管理的决策失误。

第三，避免政治因素在国企海外扩展过程中的影响。近期国有企业海外投资的过程中屡屡受挫，一个重要原因就是因为国有企业的特殊企业性质，使得被投资国能够以种种政治因素干扰市场竞争的结果，让国有企业徒劳无功。如果在海外投资过程中引入股权投资基金，必然会淡化投资的"国有"背景，使国有企业获得一个公平的市场竞争机会，有利于企业海外扩张战略的实施。同时，股权投资基金的"趋利性"也会让国有企业海外扩张更趋于理性，决策更加合理，避免无谓的投资失败。

第四，引入股权投资基金有利于加快国家产业结构调整的步伐。产业结构调整是一个长期的工作，国家意志必须通过具体的企业战略来一步步实施。在传统产业结构的升级与高新产业的发展过程中，股权投资基金都可以起到良好的促进作用。这种促进作用一方面带来了国家产业布局的实现；另一方面也为投资于股权投资基金的私人带来了良好的收益。这种双赢的局面必然会带动更多的私人投资进入股权投资基金，甚至会在利润的驱动下直接进入到高新产业项目中，加快国家产业结构调整的步伐。

5.5 "积极股东"定义及对推动国有企业改制的作用

5.5.1 积极股东的定义

股东积极主义最早出现在 20 世纪 70 年代的美国资本市场。它是一种通过行使股东权利而向公司管理层施压的一种投资策略，行使股东积极主义的股东就被称为积极股东（activist shareholder）。积极股东的诉求有财务方面的，也有非财务方面的。积极股东希望能够通过行使股东积极主义影响公司的决策，从而实现自己的诉求。从本质上看，是股东通过自己的一系列行为来影响公司的管理层决策，进而让公司的运行对自己更为有利。

5.5.2　积极股东对推动国有企业改制的作用

5.5.2.1　有利于国有企业改制的市场化

公司法对提起股东提案的股东的持股数有要求，机构股东在行使股东积极主义方面较之个人股东更有优势，而且机构股东行使股东积极主义的收益也更大。积极股东主义意味着机构投资者不再满足于被动等待股价上涨，而是积极参与公司经营管理，提升公司价值，不仅会改善被举牌上市公司的公司治理，也会促进其他市值显著低于重置成本或者经营不善的上市公司未雨绸缪。伴随着机构股东更加积极地参与公司治理，大股东和管理层具有更大的动力和意愿通过改善公司营运去提升市值，否则将面临更大的出局风险。

5.5.2.2　有利于对国有企业改制进行监管

在国有企业改制的过程中，一直存在着国有企业的管理层利用信息优势和管理权力隐匿对自己不利的企业信息，过分夸大有利信息，从而在改制过程中为自己获益。以往许多国有企业在改制重组的过程中所出现的国有资产流失，就是由于在改制过程中企业经营混乱、信息交流不畅造成监管不严的漏洞。较个人股东而言，机构作为国有企业的投资者，拥有更强的信息搜集和分析能力，也更有利于积极股东主义的实行。这种信息与监管的优势使其在国有企业改制过程中处于有利的地位，能够时刻监督国有企业管理层的行为，便于对改制进行全过程监管，保证国有企业改制的顺利实施。

5.5.2.3　有利于国有企业改制的保值增值

企业股东投资的目的是实现收益的最大化。积极股东在国有企业改制的过程中，更有利于实现国有企业的保值增值。严格按照市场化运作的投资机构在股东大会乃至董事会过程中，作为积极股东，会秉承利润至上的原则，杜绝其他非市场化因素的侵扰，保证国有企业改制的市场化运行，同时会时刻监督因为改制造成的国有资产流失，在积极股东参与到经营管理决策的过程中，试图通过恶意决策侵吞国有资产的方式已经无法实行，改制将会沿着公开透明的市场化决策方式进行，内部交易、寻租的成本急剧上升直至得不偿失，保证了国有资产的保值增值。

5.6　养老基金、保险基金、社保基金参与国家重点工程投资的意义和方式

养老基金、保险基金、社保基金的一个最重要的特点就是资金量巨大，资金

运作的安全性要求高，这就对其资金的投向提出了严格的限制：必须有足以容纳大量资金的项目，且项目的回报稳定，提供收益的期限长。

5.6.1 养老基金、保险基金、社保基金参与国家重点工程投资的意义

首先，养老基金、保险基金、社保基金参与国家重点工程投资可以为工程解决资金约束的问题。国家的重点工程规模极大，能够有效拉动内需，增加就业和消费，带动上下游产业链和沿线地区相关产业发展，为确保经济增长贡献力量。但同时也存在着资金约束的问题。庞大的规模意味着对资金的需求大、投资周期长、见效慢、利润率不高，对国家与地方财政的压力巨大，而且一般的民间资本很难承受长周期投资的风险和资金压力。但养老基金、保险基金和社保基金则拥有大量的资金沉淀，对投资回报安全性要求高，恰好与重点工程的资金需求成为互补。通过基金的投资，可以有效地减缓财政压力，解决重点工程的资金约束问题，形成基金与工程"共赢"的局面。

其次，投资重点工程建设可以为基金带来长期稳定的收益。养老基金、保险基金和社保基金投资最注重的是安全性和收益的稳定性，想必其庞大的资金规模，只有少数投资项目能够满足这样的需求，国家的重点工程恰恰是其中之一。国家重点工程在国家信用的保证下有着足够的投资安全性，长期的投资则意味着收益的稳定性与持续性，这种能够给基金带来安全、稳定收益的项目必然会促进基金的长远发展，保障基金的保值增值，使其运作更加安全有效。

最后，投资的基金可以以机构投资者的身份对重点工程进行监管，保证重点工程的顺利进行。重点工程在实施过程中，容易出现贪腐和低效的问题。投资重点工程的基金可以以机构投资者的身份参与到工程建设的管理运行中，对建设过程中出现的问题进行监督。由于机构投资者有着丰富的管理经验和专业化团队，在整体的信息获取与管理监督上明显优于上级主管部门与个人，能够更有效地对重点工程建设过程中实施外部监督，最大限度地避免贪腐与低效问题。

5.6.2 养老基金、保险基金、社保基金参与国家重点工程投资的方式

无论何种基金，在参与国家重点工程投资的过程中，一个首要原则是必须遵循"市场化"运作方式。养老基金、保险基金、社保基金参与投资的目的是获得长期稳定的投资回报，如果重点项目无法保证回报的稳定性，那么基金就没必要投资，同时，对于基金而言，针对不同的工程项目，也可以选择不同的投资方式，以期获得更大的回报。

首先，基金可以选择直接以参股股东的方式投资。对于一些预期收益高、回

报稳定的项目，基金公司可以选择以参与成立公司的形式，直接用参股股东的方式进行投资。这种投资方式的好处在于一旦项目进入到盈利期，其持续盈利时间将会很长，给基金带来的回报也最为丰厚，基金可以享受到一个长期稳定的股利回报，即使最终以转让股权的方式退出，也能够获得远超预期的收益。同时，作为参股股东，基金可以通过参与管理拥有足够的监督权，保证项目的正常运行，维护自身的利益。但不足之处在于这种形式会增加基金的投资风险，不利于风险控制。作为股东，必须与工程共担风险，一旦工程出现意外，其投资风险必然会急剧增加，这就要求基金公司在最初审核投资项目的过程中要更加慎重，决策更加合理。

其次，以购买企业债的方式进行投资。国家的重点工程建设很多都会以债券的形式进行融资，基金也可以选择这种方式进行投资。以购买企业债的方式进行投资，其优点在于能够获得相对稳定的收益，同时风险较小。但这种方式的收益率不高，收益期限有限，而且依然存在着企业到期无法支付本息的违约风险，不过相对于直接以股东的方式进行投资，其收益率与风险都相对较小。另外，企业债也分为多种，例如转换股票债券等，可以兼顾债券与股权投资的优点。在投资过程中，基金通过专业的测算，也可以选择一定的债券组合，将风险和收益控制在可接受的范围内。

最后，基金以财政担保借款的方式间接投资。在国家财政的担保下，依靠政府信用，重点工程从基金借款，按期支付本息。与前两种相比较，这种投资方式的安全性更高，但收益水平也更低。由于政府信用的财政担保，资金的安全性获得了最大的保障，但其回报率也会急剧降低，而且回报的期限有限，不利于基金获得长期稳定的收益。

总之，养老基金、保险基金、社保基金参与国家重点工程投资，对国家建设与基金发展都是有利的，但前提是必须按照市场化的原则运行，根据基金风险控制的既定方针选择合适的项目与投资方式，从而保证基金的保值增值。

5.7　股权投资基金参与国有企业改制的意义和方法

股权投资基金的日益活跃为产权交易市场发展提供了巨大的成长空间。股权投资基金（private equity fund，PE）又称私募股权基金或私人股权基金，大致可分为创业投资基金、成长型投资基金和并购基金。股权投资基金的目的是通过股权的转让获得收益，它是资本市场的重要参与者，能够使股权转让的过程更加顺利。

5.7.1 股权投资基金参与国有企业改制的意义

股权投资基金参与国有企业改制，有利于国有企业完善治理结构，实现现代企业制度的顺利运行。股权投资基金的目的是通过股权转让获利，这就要求它所投资的公司必须具备完善的、运行良好的现代企业制度，以实现最终股权流转的目的。股权投资基金长期持有公司的股权，企业经营的好坏直接关系到它的经济利益，迫使它必须时刻关注获取企业运行的真实信息，注重与企业的信息沟通与交流，在专业化的管理人才关注下，企业的代理人风险会得到有效的改善，弥补信息不对称的问题。一般股权基金会派驻董事进驻董事会，通过监督影响董事会的决策维护自身利益，客观上强化了企业的风险控制，使企业决策更加透明有效，符合市场化的原则。通过对企业管理层经营决策与日常管理的监管，股权投资基金有效地解决了小股东"搭便车"行为导致的企业所有者对经营者约束弱化的问题，激活了现代企业制度的内在制衡机制，令现代企业制度结构更加完善，运行更加顺利。

股权投资基金有助于国有企业剥离低效资产，并购优良资产，实现国有企业战略调整的目的。国有企业的发展要有进有退，在企业优势领域做大做强。但企业集团内部往往存在着非主营业务的企业，对于这些低效企业、亏损企业、微利企业，需要进行重组，实现辅业改制。国有企业大量的低效、无效资产大多是由于历史原因，在企业主业之外开展繁复的多种经营所遗留下来的问题。利用股权投资基金，可以通过市场化的形式将这些无效的资产有机整合，投入到有经营优势的企业中去，有效地实现资源的充分利用。同时，在国有企业需要扩张的区域，利用资产管理公司的专业化运作，可以有效地提高并购效率，让企业在短时间内获得大幅度的提升，实现规模经济。同时，股权投资基金投资的最终目的是获利退出，企业可以通过提前的退出制度设置，保证国有企业的控股地位，维护企业控制权。

股权投资基金有利于国有企业国际化运行。跨国并购是国有企业国际化运行的一个主要方式之一，股权投资基金在企业跨国投资过程中具有独特的优势。通过股权投资基金的参与，国有企业可以淡化政治影响，有利于市场化运作。股权投资基金拥有丰富的网络资源，能够为并购提供更多的信息与目标选择，以便于国有企业进行比较分析，同时，并购基金能够更加灵活有效地运用金融工具，具有丰富的并购经验，有专门的人才与信息优势，帮助国有企业提高谈判筹码，规避法律风险，提高并购的成功率，降低并购成本。

5.7.2 股权投资基金参与国有企业改制的方法

在国有企业改制过程中，针对不同的改制重组目标，采取不同的方式让股权投资基金参与其中。但一般而言，都应采取成立新公司，而后引入股权投资基金的形式进行，此过程中不应涉及母公司的股权出让。对于剥离无效、低效辅业类型的重组，可以在严格的资产审核后将其从母公司剥离出去成立新公司，再将股权投资基金引入到新公司中，利用股权投资基金的优势进行重组。对于国有企业扩张类型的重组，也是以新成立的公司为主体，引入股权投资基金，而后再进行市场化运作。这种方式的优点在于可以避免出现产权划分的分歧，母公司的生产经营不会受到影响，也不会出现国有资产流失的疑虑。同时，新成立的公司可以逐渐地建立起现代法人制度，在进行重组的时候完全按照市场化运作的原则，避免不必要的非市场化因素干扰。

5.8 整合国有上市公司、打造一批优强企业的目标、方法与途径

整合国有上市公司，通过企业并购重组和产业整合来优化国有经济布局，打造一批优强企业，对于我国的国民经济发展具有重大的意义。国有上市公司拥有完善的法人治理结构和现代企业制度，拥有良好的经济效益，是国民经济的领导者。但长期以来，国有企业的同业竞争激烈，诸多行业中产业集中度较低，无法形成竞争优势，尤其在面临国际竞争中甚至出现了大量的同业竞争，影响了国有企业整体发展。所以，整合国有上市公司，其最终目的是做大做强国有企业，增强国有经济的控制力，加速实现国有资产的保值增值。

5.8.1 整合国有上市公司、打造一批优强企业的目标

整合国有上市公司的首要目的是引领国家产业结构升级进程，提升经济发展质量。我国已经成为"世界工厂"，大量工业产品的产量居世界首位，经济实力逐年增强。但不可否认，我国现在的经济增长依旧没有脱离粗放式的增长格局，大量的工业产品处于产业链低端，产业结构总体水平较低，能耗与环境污染问题日益严重。通过整合国有上市公司，可以实现资源的优势互补，淘汰落后冗余产能，重新构建产业链，将有限的资源用在效率更高的地方，依靠市场的力量引导产业结构的升级。整合后的国有企业将具备更强大的资金优势和研发优势，通过

技术与人才的整合，更有利于产品的研发与更新，加速产业结构调整的过程。产业升级的过程中需要有利的市场引导者，整合后的国有上市公司可以为市场提供一个良好的发展样本，从而进一步带动更多的资金投入新兴产业和传统产业的升级过程中，实现国民经济产业结构的整体提升。

整合国有上市公司的另一目标，是可以保障国有企业的市场竞争优势。整合后的国有上市公司，拥有更强大的资金优势与更大的市场占有率，可以在市场竞争中处于更有利的地位。随着中国市场化改革的逐步深入，国有企业面临着前所未有的竞争压力，大量的民营企业与外资企业在与国有企业中进行着激烈的市场竞争。将优势国企进行整合，在避免同业竞争的同时，可以保障优势国有企业巩固扩大原本的竞争优势，更好地应对市场竞争的挑战，保障国有资本的保值增值。在某些涉及国计民生与国家安全的行业中，国有上市公司的做大做强，更有利于国民经济的稳定增长，维护我国的基本经济制度。

整合国有上市公司，更有利于国有企业参与国际竞争。随着经济全球化的不断发展，企业面对的市场与竞争已经不仅仅局限在国内，而是面对世界。这种竞争不仅是企业要在本国市场内部面对外国公司的竞争压力，更多的是企业要面向海外市场，在更广阔的国际范围内进行国际竞争。现今国家之间的经济竞争越来越体现为跨国公司之间的竞争。国有上市公司作为国有企业佼佼者的代表，无论是管理体制还是市场竞争能力，都足以参与到国际竞争的大市场中去。通过对国有上市公司的整合重组，可以实现上市公司的强强联手，增强竞争优势，既避免了在国际市场的同业竞争，又实现了资源的优势互补，在国际竞争中具备更强的优势。

5.8.2 整合国有上市公司的方法与途径

整合国有上市公司，相对简单易行的方式就是实现集团公司的整体上市。集团公司的整体上市，首先有利于集团公司内部的现代企业制度的完善，激发集团公司内部的管理潜能。对上市公司内部企业制度的严格规定是集团公司整体上市所要面对的必须挑战。任何内部人控制、"暗箱操作"的非正当决策都会面对法律的管制，这就迫使集团公司主动理顺产权关系和内部管理机制，从而激发出企业内部的管理潜能，提升企业整体的竞争能力。同时，集团公司的整体上市必然要求其剥离非主营业务，将低效的辅营业务先一步剥离重组，直接加强了集团公司的主营业务能力与竞争能力。另外，大量的国有企业集团拥有不止一家上市公司，这些上市公司主营业务相近，往往构成集团内部的同业竞争，不利于在市场竞争中发挥作用。通过集团公司整体上市，可以推动企业内部的资源整合，将优势资源整合到一处，共同面对市场挑战，更有利于国有企业的长远发展，发挥竞争优势。

整合国有上市公司，也可以采用国有企业强强联合的方式。无论是国内资本市场还是海外资本市场，都存在着许多进行同业竞争的国有上市公司。这些上市公司个体上实力雄厚、市场竞争优势明显，当年总体上却呈现出无序竞争的内耗，无法在与发达国家的大型企业集团竞争中获得绝对优势。将这些国有上市公司进行强强联合，通过国有企业内部进行资源的优势整合，可以进一步扩大企业的竞争力与综合实力，让企业具备更强大的竞争优势，尤其在国际竞争的过程中，既避免了同业竞争的尴尬局面，又能够通过资源整合获得更大的市场份额和竞争优势，实现国有企业整体利益与竞争优势的提升。

国有上市公司在整合的过程中，也可以引入民间资本参与重组。这种民间资本参与重组不是国有上市公司股权的出售，而是国有企业发展壮大的一个过程。国有上市公司在重组过程中，在保障国有股权和控制权不受损害的同时，可以将优质的民营企业与民间资本纳入重组的过程中。这种民营企业与民间资本的引入，是国有上市公司增强自身影响力、控制力与市场竞争力的方式之一。值得注意的是，在这个整合过程中，必须严格注意重组对国有上市公司的资本、控制权、无形资产的影响，如果因为整合造成国有资产流失和控制力下降，将失去国有上市公司整合的初衷，这种整合就是失败的。

5.9　建立国有优先股和国家金股适用企业范围、实现机制

5.9.1　国有优先股与国家金股的定义

优先股是相对于普通股而言的，主要指在利润分红及剩余财产分配的权利方面，优先于普通股。优先股股东没有选举权及被选举权，一般来说，对公司的经营没有参与权，优先股股东不能退股，只能通过优先股的赎回条款被公司赎回，但是能稳定分红。国有优先股就是企业优先股中的国有部分。

国家金股是一种股权创新，最早出现在 20 世纪 80 年代，英国政府于 1984年实施英国电信的私有化方案，在 10 年的 3 次减持过程中，英国政府完全放弃其拥有的股权与收益，只保留了 1 股金股。金股的权力主要体现在否决权，而不是受益权或其他表决权，金股通常只有一股，几乎没有实际经济价值。

值得注意的是，无论是国有优先股还是国家金股，事实上都是在国有企业民营化过程中出现的，国有优先股是国家放弃了企业的管理权限，只有分红权，这本质上是一种国有资产流失的形式，国家金股则是为了保障公共利益的最后否决

屏障，一般只有在涉及公共安全的时候才会使用，事实上是国家对国有企业控制权的彻底放弃。这两种形式都涉及国有资产流失，在国有企业改制过程中除极特殊情况可以慎重使用外，不建议采取这种形式。

5.9.2 国有优先股和国家金股适用企业范围

一般而言，实施国有优先股的企业应该是国有资产准备退出的企业。这些企业一般处于竞争性和服务性行业，其经营效益较低，不适合规模化生产，难以实现大规模资本扩张。为了盘活国有资产，可以对此类企业实施国有优先股的改制措施。但由于我国国有企业已经经过了多次改革，尤其是"抓大放小"后，这一类型企业相对较少，这种形式的改革实施范围非常有限。

对于国家金股的企业，一般使用范围为涉及供水、供电、供气和公共交通等基础能源与原材料服务，直接关系到国计民生的企业。这一类企业具备自然垄断性质，从本质上看应该处于微利甚至政策性亏损更有利于国民经济的运行，一旦实行国家金股，就意味着此类企业已经进行了民营化，而民营资本的介入必然要求高额的利润回报，基础能源、原材料和生产、生活资料的价格上涨，会使得社会福利遭到极大的损失。因此，国家金股从实施伊始就处于一个悖论：金股的否决权如果干预到企业的盈利，就不会有资本参与到此类企业的重组中，如果金股的否决权无法干预企业的盈利，也就无法控制社会总福利的损失，无法真正保障国家对经济领域的掌控力，金股也就没有任何意义。国家金股既涉及国有资产的流失，又涉及社会福利的损失，不利于国家对经济领域的掌控，其使用必须慎之又慎。

5.9.3 建立国有优先股和国家金股的实现机制

建立国家优先股与国家金股的实施机制，首先要针对企业的性质与部门进行衡量。优先股必须是国家决心退出的领域，由于特殊情况无法彻底退出而不得已采用的一种形式。其实施要经过相关主管部门和非利益相关者的专家组构成的决策机构审核，尤其在对国有资产的核算与处理过程中，必须具有独立的第三方机构进行充分衡量，有形资产与无形资产均要经过合理测算，才能够进一步进行改制重组。

对于国家金股，同样也要经过上级主管部门与独立专家组的审核。除非极特殊情况，一般不能实施国家金股的改制办法。

5.10　国有资本投资公司在发展混合所有制经济中的作用与机制设计

国有资本投资公司是国家授权经营国有资本的公司制企业。公司的经营模式，是以投资融资和项目建设为主，通过投资实业拥有股权，通过资产经营和管理实现国有资本保值增值，履行出资人监管职责。

5.10.1　国有资本投资公司在发展混合所有制经济中的作用

首先，国有资本投资公司本身是国有属性，以它为载体参与到混合所制经济中，有利于保证国有资本的保值增值，发展壮大国有经济。国有资本投资公司参与到新建立的混合所有制企业中，既可以参股到民营企业中，也可以参股到国有企业中，成为多种形式混合所有制企业的股东。无论企业的设立主体为何种性质，都可以起到维护国有资本利益的作用。国有资本投资公司作为市场化运作的独立个体，投资的原则是追求资本收益的最大化。它以股东投资者的身份参与到混合所有制企业中去，必然要求保障资本的安全，会对企业的日常运行状况进行相应的监督，在董事会与股东大会中发挥出积极作用。即使他投资参与到国有企业中，也不会因为其企业资本的国有化属性而疏于管理，会作为具备独立经济利益的个体维护自身权益，从而激活企业内部的权力制衡机制，让国有企业的现代企业制度得到进一步完善。

其次，国有资本投资公司可以促进国有企业实现混合所有制投资决策市场化。国有资本投资公司的运行严格遵循市场化的原则，它作为股东参与到国有企业的管理决策中，会对国有企业的投资决策起到良好的监督作用，减少国有企业在实行混合所有制发展的过程中所受到的非市场化因素影响，使其决策更科学、更有效。可以说，国有资本投资公司可以作为国有企业进行混合所有制发展的风向标，作为专业的资本运营机构，它们拥有更敏锐的市场感觉，会对投资项目进行全面的利益衡量与评估，这种相对独立客观的第三方投资人，足以让国有企业在进行混合所有制发展决策时更为慎重，听取对方的意见。如果投资项目优异，有助于国有资本的保值增值，国有资本投资公司自然会投入大量资金；反之，这种以收益为导向的投资公司会对其中蕴含的风险进行规避，参考投资公司的动向，可以对国有企业决策的市场化起到良好的促进作用。

最后，国有资本投资公司可以为发展混合所有制经济提供信息与监管平台。作为专业化的投资机构，国有资本投资公司不仅仅可以参股好的投资项目，也可以为混合所有制发展过程中的企业搭建良好的中介平台。这个中介平台既是信息交流的平台，也是混合所有制企业发展的监管平台。作为独立的第三方投资机构，国有资本投资公司拥有良好的信用与信息优势，它可以将大量有意设立混合所有制企业的信息综合起来，为相应的投资者提供信息交流，促进信息交换和资源整合。潜在的混合所有制参与者可以根据自身企业优势在这个平台选择优良的投资项目，也可以将自身的需求发布出去，国有资本投资公司会对这些信息进行核实与汇总，为项目提供评级乃至信用担保，并通过签订相应的委托合同，对有需求的项目进行第三方监督，从而保障混合所有制参与者的利益。这种集投资、信息交流与监管为一体的中介平台，是其他机构很难搭建的，是国有资本投资公司的独特优势。

5.10.2 国有资本投资公司在发展混合所有制经济中的运作方式

第一，国有资产投资公司最主要的运作方式，就是以投资主体的身份直接对混合所有制企业进行投资，而后以股东的身份参与到企业的管理经营中，既可以凭借股份获得长期收益，也可以日后通过相应的退出机制，将资金回收进行再投资，无论哪种获利形式，其最终目的是实现国有资本的保值增值，增强国有经济的控制力。

第二，在发展混合所有制的过程中，国有资本投资公司还可以采取搭建第三方中介平台的方式，为企业投资提供技术、信息支持。即将大量的设立混合所有制企业的投资项目信息汇总，为相应的投资者提供信息交流。同时，针对客户需求对相应的项目进行分析，提供专业的投资技术咨询服务，为投资项目评级。甚至可以针对不同客户需求，为企业提供混合所有制投资的过程监管服务。

第三，国有资本投资公司还可以吸纳国有企业的闲置资金，设立投资基金进行混合所有制投资。许多国有企业公司都存在着大量的闲置资金，这些沉淀的资金无法获得有效利用，是一种潜在的国有资产损失。国有资本投资公司可以将这些资金集中起来，成立专项的投资基金用于混合所有制经济的发展。这样既可以促进国家整体经济的增长，解决了新设立混合所有制企业的资金需求，又能够为国有企业的闲置资金找到投资出路，保障了国有资产的保值增值。对于单个国有企业而言，设立新的混合所有制企业具有很大的风险，其承担能力有限，但众多国有企业的资金汇合到一起，在专业化投资机构的引领下，按照市场化的原则共同投资有发展前景的混合所有制企业，既分担了风险，又保障了国有经济的控制力，促进了社会经济效益的整体提升。

第四，国有资本投资公司也可以通过购买企业债方式为企业发展混合所有制提供资金支持。某些优良的投资项目，所有者并不一定愿意让渡股权，但他们又切实存在着相当规模的资金需求。针对这一类混合所有制企业，国有资本投资公司可以采取购买企业债券的形式，为其发展提供资金支持。此类企业债券一般拥有良好的信用保证和丰厚的收益，且收回投资期限较短，有利于资本的循环，资金的安全性与收益性都可以得到有效保障，是国有资本投资公司的重要投资方式之一。

5.11 非上市国有独资（控股）公司股权让渡的价格形成机制及程序问题

非上市国有独资（控股）公司在进行股权让渡的过程中，需要进行严格的资产审核，以避免国有资产的流失。这就需要对其让渡价格有一个完善的评估机制，保证股权让渡过程的公平、公正与公开。

5.11.1 非上市国有独资（控股）公司股权让渡的价格估算方法

（1）有形资产与负债的评估：由具备相应资格的独立第三方资产评估机构按照相应的会计准则，对企业资产与负债进行全面评估，评估的结果要获得相关主管部门与审计、监督部门的审核通过后，才能生效。

（2）无形资产的评估：对企业商标、品牌、企业形象、知识产权、特许经营权、土地使用权等无形资产进行审核时，须组建由相关领域专家与专门评估机构参与的独立评估委员会，对相应的无形资产进行评估核算。评估的依据、过程与结果要获得相关主管部门与审计、监督部门的审核通过后，才能生效。

（3）企业负担评估：针对非上市国有独资（控股）企业历史遗留下来的企业负担问题，需要由专门的第三方独立评估机构进行评估，评估过程要有职工代表、工会等和相应主管部门全程参与监督，最终结果要获得相关主管部门与审计、监督部门的审核通过后，才能生效。

（4）企业人力资源评估：国有企业的人力资源，尤其是高级管理人才与技术人才，是企业不可忽视的重要财富。在股权让渡过程中，需要由专业的人力资源机构对企业高级人才和整体人力资源状况进行评估，这部分评估可以作为企业整体竞争力的衡量指标之一，为企业的整体估值提供依据。最终结果要获得相关主管部门与审计、监督部门的审核通过后，才能生效。

（5）企业发展周期、产品与未来发展趋势的评估：不同行业、不同发展阶段、不同产品的企业，其评估的价值必然不同。企业所处的发展周期、产品的市场占有率与发展前景、企业未来的发展趋势都是影响股权让渡价格的重要因素，必须对此进行严格的审核评估。组建由独立的第三方评估机构和相应领域专家构成的评估组，对企业的相关信息进行全面评估，最终结果要获得相关主管部门与审计、监督部门的审核通过后，才能生效。

（6）市场其他类似企业的价值评估比较：当企业完成以上全部相关内容审核后，还需要对市场上其他类似企业进行股权让渡的价格进行比较，由参与评定企业股权让渡价格的评估机构及专家给出相应的溢价或折价理由，经上级主管部门审核比较通过后，在与出让股权国有独资（控股）企业协商的基础上，形成股权让渡价格的最低估价。

5.11.2 非上市国有独资（控股）公司股权让渡的价格形成程序

首先，组建相关领域专家、独立第三方评估机构、企业员工与相关主管部门共同组建的评估组，对企业的有形资产与负债、无形资产、企业负担情况、企业人力资源、企业发展周期、产品与未来发展趋势进行全面的评估，在扣除重复计算的部分后，与市场其他类似企业的价值进行评估比较，经上级主管部门与被出让股权国有独资（控股）企业协商后，形成股权让渡的最低估价。在此过程中，每一步评估结果均需要获得相关主管部门与审计、监督部门的审核通过后，才能生效。

其次，采取公开竞价招投标或者公示股权让渡信息的形式进行股权让渡。在多家相关权威平台上对潜在股权购买者发布股权让渡的评估信息，从发布信息到竞标的时间要足以让潜在股权购买者有充足的参与时间，最终在股权让渡价格最低估价的基础上，以公开竞价的招投标形式最终形成股权让渡价格。对于已经通过上级主管部门审核同意，与企业提前私下达成合作协议的企业，则需要在让渡价格最低估价的基础上进行谈判，最终达成的成交价格要在多家相关的权威平台进行公示，如有异议，则潜在购买者可在此价格基础上竞标，在足以给潜在购买者反应时间的公示期内没有出现竞标者，则以达成的股权让渡价格成交，如出现竞标者，则需要再次投标。

最后，请公证机构与独立评估机构对股权让渡的最终价格、评估与成交过程进行评估监管。如出现异议，必须解决问题后才能继续交易，否则将终止股权让渡。

5.12 混合所有制条件下国有权益流失及防范措施

混合所有制企业由于其股权构成复杂，很容易出现国有权益的流失，必须对此提高警惕。

5.12.1　混合所有制条件下国有权益流失的方式

（1）国有股权的稀释。这主要是通过对非国有股东定向增发或类似的股权操作方式，将混合所有制企业的股本扩大，但国有股权却并未得到同步放大，股权被增加的总股本稀释，严重的甚至会造成控制权的转移，使国有权益受到损失。

（2）恶意分红套现。混合所有制企业尤其是上市的混合所有制企业有可能会在大股东的推动下，以大量恶意分红的形式将投资套现，从而影响到企业的长远发展，损害国有权益。

（3）品牌的废止。混合所有制企业在进行市场竞争的过程中，可能会对原有的国有制乃至混合所有制企业的品牌减少投入直至废止，降低品牌的市场份额，为其他利益相关者的品牌降低竞争难度，从而损害国有权益。

（4）对知识产权的盗取侵占。原属于国有或混合所有制企业的知识产权，在未经国有股东同意的情况下被其他股东非法盗取侵占，不仅损害国有权益，还损害了混合所有制企业自身的利益。

（5）资产的转移。企业管理者或股东对属于混合所有制企业的资产进行非法转移，侵占国有权益。

（6）恶意担保。非国有大股东利用其控股地位，为相关利益方进行高风险的恶意担保，甚至与对方合谋，故意隐瞒信息进行担保，损害国有权益。

（7）关联交易的利益输送。非国有大股东或企业管理者利用管理决策权，在进行关联交易的时候进行利益输送，损害国有权益。

（8）管理者恶意经营的道德风险。企业管理者在日常管理运营的过程中，因恶意经营造成企业的损失，损害国有权益。

（9）其他损害国有权益的方式。

5.12.2　混合所有制条件下国有权益流失的防范措施

（1）加强对企业决策的监管。国有权益的损害很多都发生在企业决策的过程中。国有股东必须加强对企业决策的监管，一旦出现损害企业长远发展和国有权益的恶意决策，必须坚决制止，必要时可以诉诸法律解决。

（2）加强对关联交易的审核监督。在混合所有制企业进行关联交易的时候，必须增强关联交易的透明性，加强对交易的审核监督力度，实行相关人员回避制度，保障国有权益。

（3）加强对无形资产与知识产权的保护。对于企业品牌、商誉等无形资产和专利技术等知识产权，必须在混合所有制企业设立伊始就建立起相关的保护制度，避免因此导致国有权益的流失。

（4）将企业内部的现代企业制度权力制衡机制与外部监督相结合，限制大股东和管理层的恶意经营行为。完善的现代企业制度是企业得以健康发展的保障，也是避免国有权益损失的基础，但同时也要注意外部非利益相关者对企业的监督，包括舆论媒体、政府主管部门、金融机构、专业评估机构等部门可以组建起完善的监督网络，最大限度地避免国有权益的流失。

第 6 章

推动国有经济布局结构调整

6.1 国有经济布局调整的方向及目标

6.1.1 国有经济布局调整的总体思路

国有经济布局结构调整要坚持党的十五届四中全会、十六届三中全会以来确定的总体思路：一是坚持公有制的主体地位，发挥国有经济的主导作用，提高国有经济的活力、控制力和影响力；二是坚持有进有退，有所为有所不为的原则，根据国民经济发展的需要确定进退的领域；三是坚持以市场为导向，建立市场配置资源为主的运行机制；四是坚持树立和落实以民为本、和谐发展的科学发展观，支持和鼓励国有企业在调整重组中走新型工业化道路，走资源节约、环境友好和可持续发展道路。

6.1.2 国有经济布局调整的方向

国有经济布局调整的方向是：通过战略调整，把国有资本主要集中到关系国家安全和国民经济命脉的重要行业和关键领域；集中到具有竞争优势的行业和未来可能形成主导产业的领域；集中到具有较强国际竞争力的企业集团；集中到优势国有企业的主业。

6.1.3 国有经济布局调整的目标

（1）促进国有企业增强自主创新能力，提高企业的核心竞争力，加快培育发展一批拥有自主知识产权、知名品牌，具有较强国际竞争力的企业集团。

（2）着眼于搞好整个国有经济，推进国有资产合理流动和重组，积极发展大型企业和企业集团，继续放开搞活国有中小企业。

（3）采取有效的政策措施，加大重点行业、重点企业、重点产品的技术改造投入，要形成以企业为中心的技术创新体系，推进产学研结合，促进科技成果向现实生产力转化。

（4）采取有效的政策措施，加快老工业基地和中西部地区国有经济布局的调整。对困难较大的老工业基地，国家要在技术改造、资产重组、结构调整以及国有企业下岗职工安置和社会保障资金等方面加大支持力度。国家要通过优先安排基础设施建设、增加财政转移支付等措施，支持中西部地区和少数民族地区加快发展。中西部地区要从自身条件出发，发展有比较优势的产业和技术先进的企业，促进产业结构的优化升级。东部地区要在加快改革和发展的同时，本着互惠互利、优势互补、共同发展的原则，通过产业转移、技术转让、对口支援、联合开发等方式，支持和促进中西部地区的经济发展。

6.2 关系国家安全和国民经济命脉的重要行业、国家支柱产业、战略性产业定义与范畴

6.2.1 关系国家安全和国民经济命脉的重要行业的定义与范畴[①]

关系国家安全和国民经济命脉的重要行业是指对国家安全和社会经济发展具有重大影响的行业，主要包括涉及国家安全的行业，重大基础设施和重要矿产资源行业，提供重要公共产品和服务的行业，以及支柱产业和高新技术产业中的重要骨干企业。具体来说，涉及国家安全的行业主要包括国防工业、造币工业、航空航天工业等；重大基础设施和重要矿产资源行业主要包括大江大河的治理、重点防护林工程、重点公益事业及煤、石油、天然气等能源开采和加工行业；提供重要公共产品和服务的行业主要包括电力电网、电信、水的生产和供应等行业；支柱产业和高新技术产业中的重要骨干企业主要包括机械工业、电子工业、汽车工业、石油化工业及建筑业的重要骨干企业。

6.2.2 国家支柱产业的定义与范畴

国家支柱产业指在国民经济中生产发展速度较快，对整个经济起引导和推

---

① 关于推进国有资本调整和国有企业重组的指导意见。

动作用的先导性产业。支柱产业具有较强的连锁效应，诱导新产业崛起；对为其提供生产资料的各部门、所处地区的经济结构和发展变化，有深刻而广泛的影响。

国家支柱产业的特点是产出规模大、产业的技术进步快、随着技术进步产业的生产率持续提高且生产成本不断下降、产业的关联程度高、节约能源和资源等。国家支柱产业的确定准则有主导产业扩散效应最大准则、产业关联准则、收入弹性和生产率上升准则及动态比较优势准则等。

根据国家支柱产业的特点和确定准则以及国有经济布局特点，现阶段我国的支柱产业主要包括装备制造业、汽车产业、电子信息产业、建筑业、钢铁产业、有色金属工业、化工产业、勘察设计业、科技及文化产业。

6.2.3　国家战略性产业的定义与范畴[①]

国家战略性产业指能够有效满足国家在其生存发展过程中形成的国家战略需求的产业，是实现经济持续增长和产业结构高度化的领航产业，具有广阔的市场前景和科技进步能力，关系到国家的经济命脉和国家安全，对提升国家综合实力具有重大作用。国家战略性产业是一个相对的概念，任何一种产业部门在特定经济发展阶段都有可能成为战略性产业。国家战略性产业的选择必须从国家整体利益出发、必须从产业发展的实际出发。

现阶段，我国的战略性产业主要包括战略性高技术产业、战略性资源产业、战略性竞争产业和战略性新兴产业。

（1）战略性高技术产业指知识、技术、资本密集程度高、进入门槛高、投资大、风险高且直接关系到国家安全和国家战略目标、反映国家综合实力和国家地位的产业，主要包括航天工业、航空工业、核工业及基础电子等产业。

（2）战略性资源产业指对国家战略性资源进行勘探、采掘、加工的行业。战略性资源是国民经济重要行业的主要原材料，是国民经济发展所依赖的重要物质基础，因此其开发、生产直接关系国家经济安全、直接关系整个国民经济持续健康稳定发展。战略性资源产业主要包括石油、天然气、煤以及各种天然矿产资源的勘探、采掘、加工行业。

（3）战略性竞争产业是指集中体现国家的工业化水平和综合国力、产业进入壁垒高、规模经济效益显著、发展空间大、产业成长性高、市场化程度高、竞争

---

① 江舟. 国家战略性产业生命路径及其拐点分析 ［D］. 中国科学技术大学，2009.
陈鸿. 国有经济布局 ［M］. 中国经济出版社，2012.
"十二五"国家战略性新兴产业发展规划.

属性强、肩负着国家经济发展重任的产业。其战略性主要表现在国家综合国力和国家的战略意图的体现，对国民经济宏观运行具有重要的带动、影响作用。战略性竞争产业主要包括机械装备、电子信息、汽车、船舶、钢铁、化工等重加工工业。

（4）战略性新兴产业是以重大技术突破和重大发展需求为基础，对经济社会全局和长远发展具有重大引领带动作用，知识技术密集、物质资源消耗少、成长潜力大、综合效益好的产业。"十二五"国家战略性新兴产业发展规划对战略性新兴产业的重点发展方向做出了详尽说明，主要包括节能环保产业、新一代信息技术产业、生物产业、高端装备制造业、新能源产业、新材料产业、新能源汽车产业等。

6.3 国有资本预算用于国有经济布局调整的实现机制

6.3.1 实现国有资本预算用于国有经济布局结构调整的支出机制

（1）明确支出的方向和重点。国有资本预算支出的方向和重点应打破所有制限制和地域界限，充分考虑国家的战略目标、产业政策和国有经济布局结构调整规划：国有资本预算支出要更多地投向关系国家安全和国民经济命脉的重要行业和关键领域；着重支持战略性新兴产业、高技术产业和国有经济优先布局的行业和领域；重点支持涉及国家安全的行业、自然垄断行业、支柱产业、提供重要公共产品和服务的行业；优先安排资金投向前瞻性战略产业、技术创新、生态环境保护以及公共民生事业等领域。

（2）明确支出的方式。国有资本预算用于国有经济布局结构调整的支出主要有直接出资与间接支出两种方式。直接出资主要是指行政主管部门根据国家战略和安全需要以及国有经济布局调整和企业发展的实际情况，对新设立和现有企业直接注入国有资本，用于固定资产、无形资产和产（股）权投资等方面的支出。间接支出又主要包括两种方式：设立国有资本投资运营公司负责国有资本的具体运营和投资活动、设立产业发展基金和重组重整基金。在具体确定国有资本预算支出的方式时，可采取这两种设立形式。

（3）加强支出的管理。加强对国有资本预算项目支出的管理，同时引入项目评审机制，增强国有资本预算用于国有经济布局结构调整支出的科学性和合理性。

6.3.2　实现国有资本预算用于国有经济布局结构调整的执行机制

国有资本预算的执行是预算执行机构根据预算执行的任务，具体负责国有资本预算实施的过程。国有资本预算经人大批准后，必须严格遵照执行。

（1）建立执行层次。实现国有资本预算用于国有经济布局结构调整的执行可以分为两个层次：一是国资委严格执行国有资本预算；二是国有资产经营机构、国有企业严格执行国有资本预算。国有资本预算是二级预算体系，国资委和国有资产经营机构分别构成了预算的一级、二级执行主体。[①]

（2）确定执行方式。国有资本预算的资金支出由企业在批准的预算范围内提出申请，报经财政部门审核后，按照财政国库管理制度的有关规定，直接拨付使用单位。使用单位应按照规定用途使用、管理预算资金，并依法接受监督。

（3）调整执行方案的审批。国有资本预算执行中如需调整，须按规定程序报批。年度预算确定后，企业改变财务隶属关系引起预算级次和关系变化的，应当同时办理预算划转。

（4）展开执行审查工作。年度终了后，财政部门应当编制国有资本经营决算草案报本级人民政府批准，开展国有资本预算的审查工作。

6.3.3　实现国有资本预算用于国有经济布局结构调整的保障和监督机制

（1）建立二级预算编制体系。实施二级预算体系能够使国有资本预算的编制思路与国有经济布局结构的调整思路保持一致，为国有资本预算的编制与监管提供实际操作平台和组织保障。

（2）建立预算监管体系。国有资本预算是国家复式预算的重要组成部分，国资委编制国有资本预算之后，交由财政部门统一汇总并向全国人民代表大会报告，维护国家预算体系的统一性和完整性。由全国人大机构中与预算立法直接相关的财政经济委员会和全国人大常委会预算工作委员会对预算草案进行审议，提出修改意见。预算一经全国人大审议通过，形成年度预算法案，成为法律，各部门各单位都必须依法严格执行。

（3）完善预算监管体制。实行"两级执行，三层监督"的监管体制，保障国有资本预算的执行与监督工作顺利开展。国有资本预算的执行分为国资委和国有资产经营机构两个层次。预算执行的监督分为三个层次：一是各级全国人大对

---

① 国资委"建立国有资本经营预算制度研究"课题组. 论国有资本经营预算监管体系的构建 [J]. 经济研究参考，2006（54）：2－5，34.

国有资本预算执行情况的监督，即全国人大凭借其执法监督权对国资委进行监督；二是各级财政部门对国有资本预算执行情况的监督，即财政部门作为国家预算主管单位对国资委进行监督；三是各级国资委对国有资本预算执行情况的监督，这是国资委作为一级执行主体对预算的具体执行者——二级执行主体国有资产经营机构，进行监督。

（4）开展预算与决算的审计工作。预算年度结束之后，各国有资产经营机构就预算执行情况及结果编制决算，上报国资委，国资委汇总审核之后，交由财政部门统一向全国人大报告。全国人大可组织力量对国有资本经营决算进行审计，或者由国家审计机关进行审计，将审计结果向全国人大汇报。为完善国有资本预算的审计制度，审计机关还应把国有资本预算的编制和执行情况作为其审计的重要内容。

6.4　国有资本投资运营公司在国有经济布局调整中的作用

6.4.1　国有资本投资运营公司的定义和特点

国有资本投资运营公司是国家授权经营国有资本的公司制企业。公司的经营模式，是以投资融资和项目建设为主，通过投资实业拥有股权，通过资产经营和管理实现国有资本保值增值，履行出资人监管职责。

国有资本投资运营公司的特点是更加突出国有资本出资人代表的性质、更加突出国有资本的运作、更加强调从出资人的角度对企业加强监管。国有资本投资运营公司应主要围绕"管好资本"来落实出资人的职责，不干预企业的具体经营活动、不干预企业的法人财产权和经营自主权，仅以出资额为限对出资企业行使出资人权利。

6.4.2　国有资本投资运营公司的功能①

党的十八届三中全会通过的《中共中央关于全面深化改革若干重大问题的决定》为国有投资运营公司做出了最基本的功能和目标定位，即"国有资本投资运营要服务于国家战略目标，更多投向关系国家安全、国民经济命脉的重要行业和关键领域，重点提供公共服务、发展重要前瞻性战略性产业、保护生态环境、支

---

① 马正武. 对组建国有资本投资运营公司的思考［N］. 人民政协报，2014－12－16.

持科技进步、保障国家安全。"具体而言，国有资本投资运营公司应具有以下几个方面的功能。

（1）投资。主要包括：①对公共服务和基础设施建设等公益性企业的投资；②对稀缺资源、支柱性和战略性新兴产业的投资；③对实现特定战略目标企业的投资；④对有产业的并购整合、调整、转型升级等的投资。

（2）资本运作。通过资本运作实现国有资本的流动（进入与退出），重点是：①围绕国有资本保值增值，以市场化方式增减持上市公司股权等高流动性的国有资本；②围绕布局调整，以产业基金等方式在资本市场收购出售控股股权；③在资本（出资人）层面推动公司制、混合所有制改造；④参与国有企业改制上市。

（3）资产经营。通过市场化方式实现生产要素分解、重组和流动。重点应该包括：①业务结构性调整和剥离；②非主业、存续、低效无效等资产整合和分类处置；③困难企业救助和重组再生；④债务重组等特殊性业务。

（4）持股管理。以市场化方式管理国有股权，主要管理上市国有股权、非上市国有股权以及新投资或资本运作后形成的符合上述特点的股权。

国有资本投资运营公司可能是单一功能，但更多的是混合功能。公司定位和功能应根据战略要求和不同阶段性任务进行动态调整，公司自身也会在发展中产生渐进性变化。

6.4.3　国有资本投资运营公司的分类

根据国有经济和国有资本的分类管理要求，国有资本投资运营公司可以分为以下三类：

（1）公益类国有资本投资运营公司，投资运营范围主要限于以保障民生、提供公共产品和服务为主要目标的企业。

（2）竞争类国有资本投资运营公司，投资运营范围主要限于处于充分竞争行业和领域的企业。

（3）战略类国有资本投资运营公司，投资经营范围主要限于关系到国家安全、国民经济命脉的重要行业和关键领域的企业，或处于自然垄断行业、经营专营业务、承担重大专项任务的企业。

6.4.4　国有资本投资运营公司的组建

组建国有资本投资运营公司是一项探索性很强的工作，必须按照党的十八届三中全会以管资本为主加强国有资产的监管这一要求组建国有资本投资运营公司。一般来说，国有资本投资运营公司的组建主要有三种方式：

（1）将现有国有企业直接转为国有资本投资运营公司。这种组建方式的最大缺点是难于实现整合功能和分类管理的目标。

（2）以重组的方式组建国有资本投资运营公司，即将现有国有企业按照功能分类合并组建成不同功能的国有资本投资运营公司。

（3）以新设的方式组建国有资本投资运营公司，即通过国有资本经营预算支出的出资设立国有资本投资运营公司。

6.4.5　国有资本投资运营公司在国有经济布局调整中的作用

国有资本投资运营公司通过资本运作，可增强国有资本的流动性，一方面可将国有资本更多地投向关系国家安全和国民经济命脉的重要行业和关键领域、国家支柱产业和战略性产业，推动国有资本集中；另一方面还可将国有资本从一些高污染、高能耗、低附加值的产业以及国有企业处于劣势地位的竞争性产业和产能过剩产业中退出，提高国有资本的使用效率，优化国有经济产业布局。

通过资本运作，国有资本投资运营公司可以培育一批拥有自主知识产权和知名品牌，技术先进、结构合理、机制灵活、具有较强国际竞争力的大公司、大企业集团。

通过资产经营，国有资本投资运营公司可以重组不良资产、剥离辅业，突出和作用主业，集中力量发展优势产业。

此外，国有资产投资运营公司通过资本运作和资产经营还可以引导社会投资。国有资本投资运营公司的投资取向从某种意义上代表了国家的产业政策偏向，说明国家在相当长的一段时间内大力支持和发展这些行业，这将引导社会资本投向这些行业，从而优化整个国民经济的产业布局。

6.5　中央企业转型升级的目标、方法和实现途径[①]

6.5.1　中央企业转型升级的目标

按照做强做优中央企业、培育具有国际竞争力的世界一流企业的总体要求，中央企业转型升级的主要目标是：

（1）企业发展的质量和效益显著提高。增长方式由主要依靠要素投入、规模

---

① 中央企业"十二五"转型升级战略实施纲要.

扩张向主要依靠科技进步、劳动者素质提高、管理创新转变取得显著成效。企业竞争力增强，价值创造能力和盈利能力明显提高，资产运行效率达到同行业先进水平。市场地位和影响力大幅提升，全球配置资源的能力明显提高。

（2）产业结构升级取得实质性突破。战略性新兴产业发展取得重大进展，规模显著扩大，率先突破并掌握一批核心技术，在国家战略性新兴产业的发展中起到引领作用。传统产业改造提升取得显著成效，先进产能比重明显提高，淘汰落后产能取得积极进展。现代服务业发展水平明显提升。信息化和工业化深度融合取得重大突破，大部分企业信息技术集成应用达到国际先进水平。

（3）产品结构优化升级迈上新台阶。新产品设计、开发能力明显增强，产品结构持续优化，企业各类主要产品质量保持国内领先水平，接近或达到国际先进水平。品牌建设能力显著提升，形成一批知名品牌。

（4）产权和组织结构进一步优化。在关系国家安全和国民经济命脉的重要行业和关键领域，国有资本总量增加，企业主业集中度和户均占有国有资本额显著提升，结构优化，国有经济控制力增强。股份制改革步伐加快，实现投资主体和产权多元化，产权结构持续优化。中央企业普遍建立现代企业制度，法人治理结构和企业内部组织结构不断完善。低效、无效资产有序剥离退出。

（5）资源节约和环境保护成效显著。率先完成国家节能减排指标，环境保护居全社会领先水平。到"十二五"期末，万元产值综合能耗和二氧化碳、二氧化硫等主要污染物排放总量降幅高于全国平均水平。重点类企业主要产品单位能耗和污染物排放达到国内领先水平，其中三分之一的企业力争接近或达到国际先进水平，建设一批绿色经营样板企业。安全生产保障能力明显提升。

6.5.2 中央企业转型升级的方法和实现途径

6.5.2.1 调整产业结构，推动企业转型升级

第一，推进企业布局与结构调整。加强政策支持和规划引导，把调整重组、完善企业整体功能作为促进企业转型升级的重要途径。按照战略协同、资源有效配置的原则，大力推进中央企业重组整合，鼓励中央企业之间、中央企业与地方企业之间沿产业链、价值链调整重组，向产业链的关键环节和高端布局，掌控核心技术。根据中央企业的战略定位，推动"四个集中"，即：推动国有资本向关系国家安全和国民经济命脉的重要行业和关键领域集中；向国有经济具有竞争优势、未来可能形成主导产业的领域集中；向具有较强国际竞争力的大公司大企业集团集中；向企业主业集中。从有效发挥中央企业整体优势、优化内部资源配置出发，实现"五个优化"，即：优化国有资本在有关行业或领域上的分布；优化国有资本在区域间的分布；优化国有资本在产业内部的分布；优化国有资本在企

业间的分布；优化国有资本在企业内部的分布。

第二，培育发展战略性新兴产业。围绕战略性新兴产业的重点领域，加强规划引导，发挥中央企业整体优势，构建特色突出、结构合理、优势互补的战略性新兴产业发展格局，充分发挥中央企业的引领带动作用。集中力量，重点支持，在新能源、新一代信息技术、高端装备制造、新能源汽车、新材料、节能环保、生物等领域率先突破并掌握一批核心技术，率先实现规模化生产，逐步实现产业化。

第三，改造提升传统产业。通过不断采用和推广新技术、新工艺、新装备、新材料，改造现有企业生产设施、装备和生产工艺条件，加快精益生产、敏捷制造、虚拟制造等先进生产方式的普及推广，提高先进产能比重。严格执行国家有关法律法规和技术标准，加快淘汰落后产能步伐。把企业技术改造同兼并重组、流程再造、组织结构调整等有机结合起来，调整产品结构，提高新产品开发能力和品牌建设能力，提升企业市场竞争力。

第四，加快发展现代服务业。大力发展现代物流业，加强大宗工业原材料、危险化学品、食品医药关键生活品等重点领域专业物流通道和体系建设，积极发展第三方、第四方物流。鼓励服务创新和商业模式创新，促进电子商务的深度应用与发展。提高科研服务的社会化和专业化水平，形成研究、开发、成果转化各环节"一条龙"服务链条，提高科技开发服务的广度和深度。加快发展工程咨询等专业服务。支持企业从提供设备向提供设计、承接项目、实施工程、项目控制、设施维护和管理运营等一体化服务转变。

6.5.2.2　调整产品结构，推动企业转型升级

第一，优化产品结构。加强技术储备和开发，提高新产品开发能力和新产品产值率，提高在产品设计、性能、质量上的核心竞争力。加强企业产品战略意识，根据市场需求和企业实际，选择适合的产品策略，不断优化产品组合，提高市场影响力和竞争力，发展一批高端产品。

第二，提升产品质量。提高产品质量意识，将保障产品质量作为企业发展的生命线，建立诚信文化。优化产品设计，改造技术装备、推进精益制造，加强过程控制，完善检验监测手段，为提升产品质量提供基础保障。强化质量保障责任，结合行业特点采用先进质量管理方法，建立全员、全方位、全生命周期和全供应链的质量管理体系。

第三，加强品牌建设。制定品牌发展战略，通过自主创新掌握核心技术，形成具有自主知识产权的名牌产品，不断提升品牌形象和品牌价值。推进自主品牌的多元化、系列化和差异化，创建具有国际影响力的知名品牌。鼓励有实力的企业收购海外知名品牌。

6.5.2.3　加强科技创新，推动企业转型升级

第一，加强科技发展战略管理。加强科技规划与企业发展战略的有效融合，

将科技创新作为企业发展的核心战略，认真做好顶层设计和总体谋划，立足高端，正确选择科研方向，确定企业科技发展道路，充分发挥科技创新的支撑和引领作用，推动企业战略转型和产业升级。

第二，加强研发体系建设，调整技术结构。根据企业确定的未来主导产业和技术主攻方向，加强内外部科技资源的整合和科研基础条件平台建设，建立适合企业发展需要的开放式技术创新体系。加强重点产业技术领域研究，确定重点科技专项和优先发展技术项目，调整企业技术发展结构，提升企业自主创新能力，支撑、服务企业转型升级。

第三，加强知识产权和标准工作。重视企业转型升级过程中技术成果的创造、应用与保护工作，引导企业制订实施知识产权战略，完善知识产权管理和企业技术标准工作的运作模式和机制，为企业顺利实现转型升级提供坚实的法律保证。加强创新成果的确权工作，推动专利、专有技术等知识产权的集中管理，在主导产业和关键技术领域形成一大批核心专利与自主知识产权成果。加强知识产权成果运用，重视知识产权转让和许可，提高知识产权成果的资本化运作水平。推动科技创新活动与标准工作的良性互动，争取将具有自主知识产权的技术上升为技术标准，并努力将企业标准上升为行业标准和国家标准，增强国际标准话语权。

6.5.2.4　加强管理创新，推动企业转型升级

第一，优化组织结构。加快中央企业公司制股份制改革，建立比较完善的现代企业制度和科学有效的公司治理结构，提高科学决策水平和执行效率。按照有利于发展、有利于加强管理、有利于提高运营效率的原则，完善组织架构，优化管理流程。

第二，提高集团管控能力。缩短管理链条，管理层级原则控制在三级以内。增强集团在战略管控、投资决策、财务管理、资本运作、人才管理等方面的控制力，加强境内外产权管理。完善集团授权体系，在提高集团管控能力的同时，充分调动基层积极性。

第三，加大管理创新力度。进一步加强战略、产权、财务、投资、风险、信息化等基础管理工作，广泛运用先进适用的管理方法和手段，提升管理水平。创新商业模式和资源配置方式，提高资源配置能力。推动信息技术手段与科学管理相融合，实现管理制度化、制度流程化、流程信息化。提高信息化应用的深度和广度，推动信息技术在设计、采购、生产和销售各个环节的广泛应用，以信息化促进管理创新。

6.5.2.5　坚持绿色安全发展，推动企业转型升级

第一，大力推进节能降耗。提升节能减排技术创新能力，进一步淘汰不符合节能要求的老旧设备和生产工艺，推进节能技术、设备和产品的推广和应用，提高企业能源、资源利用效率。大力推进节水和节能降耗，加快节水技术和产品的

推广使用。推广节材技术工艺，发展再生循环和节材型包装，促进金属材料、石油等原材料的节约代用。

第二，促进清洁生产和污染治理。按照国家重点行业清洁生产技术推行实施计划和清洁生产水平标准，推动清洁生产技术改造，提高新建项目清洁生产水平。加强水污染治理，削减化学需氧量及氨氮排放量。推进钢铁、有色金属、石油化工、建材等行业二氧化硫、氮氧化物、烟粉尘和挥发性污染物减排。加强有色金属矿产采选及冶炼、铅蓄电池、基础化工等行业的重金属和类金属污染防治。大力发展循环经济，通过上下游产业优化整合，实现土地集约利用、废物交换利用、废水循环利用和污染物集中处理，构筑链接循环的产业体系。

第三，提高安全生产水平。加强安全生产管理，科学制定并全面实施企业安全发展规划。推动安全技术攻关，健全安全生产组织体系，完善制度，落实责任，严格执行，科学准确考核，培育一支具有国际水平的安全监管专业队伍，全面提升境内外安全管理水平。

6.6 商业类国有企业的改革方向，"进""退"之依据和方法

6.6.1 商业类国有企业改革的方向

商业一类国有企业主要是指处于充分竞争行业和领域的国有企业。党的十五大报告提出"对关系国民经济命脉的重要行业和关键领域，国有经济必须占支配地位。在其他领域，可以通过资产重组和结构调整，以加强重点，提高国有资产的整体质量"，党的十五届四中全会通过的《中共中央关于国有企业改革和发展若干重大问题的决定》再次强调"其他行业和领域，可以通过资产重组和结构调整，集中力量，加强重点，提高国有经济的整体素质"，并且更加具体地提出"竞争性领域中具有一定实力的企业，要吸引多方投资加快发展"，党的十六届三中全会通过的《中共中央关于完善社会主义市场经济体制若干问题的决定》进一步明确要"完善国有资本有进有退、合理流动的机制，进一步推动国有资本更多地投向关系国家安全和国民经济命脉的重要行业和关键领域，增强国有经济的控制力。其他行业和领域的国有企业，通过资产重组和结构调整，在市场公平竞争中优胜劣汰"。

由党的历次全国代表大会和中央委员会会议可知，对于商业一类国有企业的改革方向应该是通过资产重组和结构调整，加强重点，提高国有经济的整体质量和素质，并且对于具有一定实力的国有企业还要吸引多方投资加快发展；要在市场中公平竞争，优胜劣汰；要同产业结构的优化升级和所有制结构的调整完善结

合起来，坚持有进有退，有所为有所不为。

6.6.2　商业类国有企业的"进""退"依据

党的十八届三中全会通过的《中共中央关于全面深化改革若干重大问题的决定》强调市场要在资源配置中起决定性作用，要加快形成企业自主经营、公平竞争的现代市场体系，并且"实行统一的市场准入制度，在制定负面清单基础上，各类市场主体可依法平等进入清单之外领域""健全优胜劣汰市场化退出机制，完善企业破产制度"。由此可知，在充分竞争的行业和领域，各类市场主体的"进""退"是平等的，"进"和"退"不应以政府的行政命令和所有制形式为标准，应以市场来决定各市场主体的生存和发展，因此说，充分竞争行业和领域国有企业的"进""退"依据应该是与其他所有制企业在平等的市场环境中公平竞争、优胜劣汰。

6.6.3　商业类国有企业的"进""退"方法

在充分竞争行业和领域，一般来讲，国有企业不应以国有独资公司的形式进入，可采取战略投资者控股、参股和国有控股、参股等形式进入市场。

从实物和股权形态上看，充分竞争行业和领域国有企业退出的方法有两大类：一类是国有资产实物形态转让，主要包括（部分或整体）出售拍卖和破产清算两种形式；另一类是国有股权转让，主要包括国有股减持、管理层收购和转让给外部投资者三种形式。

6.7　公益类国有企业引入社会资本的门槛、引入方式、实现目标

6.7.1　公益类国有企业引入社会资本的门槛①

（1）观念障碍。其主要表现为社会公众对国有企业的惯性偏好和对社会资本

---

① 王丽娅. 民间资本投资基础设施领域研究 [M]. 中国经济出版社，2006.

邱曼京，刘银喜. 民间资本进入公共产品供给市场的障碍分析 [J]. 内蒙古科技与经济，2013（17）：38－40.

课题组. "民间资本进入社会公共事业领域"的现状、问题、原因及对策研究——以广西贺州市为考察对象 [J]. 理论建设，2014（1）：32－44.

认识的偏差，在人们的传统观念中，国有企业信用等同于国家信用，国有企业以国家为背景，经营更具有稳定性，不会轻易破产倒闭，也不会像社会资本那样"唯利是图"，因此，在社会公众心中，国有企业比社会资本更具信誉，一旦社会资本参与到公共服务事业，人们自然会担心他们的交易安全和利益保障。

（2）市场准入障碍。尽管国家的相关政策大力鼓励和支持社会资本进入公共服务领域，且规定除法律明令禁止社会资本进入的领域外，相关部门不得以任何理由设置障碍，但在社会资本进入公共服务领域的实践中，仍存在着"玻璃门"和"弹簧门"，即看似可进却又被高门槛和高标准阻挡而一旦进入后又被非市场因素"弹"出。

（3）行政体制障碍。审批环节复杂、繁多是制约社会资本进入公共服务领域的重要因素之一，有关部门在对民间投资的资格认定、注册方式、用地指标的落实、经营范围的划分、投资项目的许可、贸易渠道的开放、产权转移与企业兼并等诸多环节实行更多的"前置"审批，这就导致了社会资本进入公共服务领域的手续繁杂、关卡重重、效率低下、准备期长，这一方面打击了社会资本投资者的信心和积极性，另一方面也使得社会资本难以准确及时把握市场机遇，使其在市场竞争中处于不利地位。

（4）政策环境障碍。尽管国家陆续出台了一系列鼓励和促进社会资本投资的政策，但现有的政策仍然只是指导性的、纲领性的文件，缺乏可供操作的具体细则和实施办法，这给相关政策的落实带来较大困难，使得社会资本缺乏进入公共服务领域的真正有效平台，造成"有策无为"的局面。

（5）权益保护障碍。尽管社会资本的投资权益保护环境取得了很大进步，但是"谁投资""谁经营""谁占有""谁支配""谁受益"这一权责利的"五统一"投资原则仍然难以得到很好的贯彻，社会资本的投资收益权益屡受侵犯、投资经营契约的履行十分困难、投资所有权的完整性与独立性还缺乏保障；此外，相关的引入社会资本的政策缺乏稳定性、持续性和法律效力，也会造成社会资本投资的正当经营权益难以保障。如果社会资本的合法权益得不到保障，必将挫伤社会资本投资的积极性。

（6）社会资本的自身属性和投资经营者的素质障碍。社会资本的天然属性是追求自身利益最大化，这种自利性属性在根本上影响着社会资本的投资决策，它们更加愿意进入投资回报高、风险小的行业和领域，而很多公共服务领域又恰恰具有投资回报周期长、投资回报率低和预期收益不确定性的特征，这就使得社会资本不愿投资于这样的行业和领域。另一方面，社会资本投资经营者的文化素质不高和社会资本投资者的规模小、结构散、聚合度低、整体竞争力不强以及社会资本投资经营者的发展观念淡薄、经营行为不规范等问题也制约了社会资本进入公共服务领域。

6.7.2　公益类国有企业引入社会资本的方式[①]

公益类国有企业可采取特许经营制度来引入社会资本，具体的模式主要有以下几种：

（1）BOT（Build – Operate – Transfer）模式，即"建设—经营—移交"模式，是指社会资本投资方以公益类国有企业给予的特许权为基础，建设公共服务设施项目，并在规定的时期内经营该项目，回收投资并获得利润，期满后移交给国有企业经营。这种引入社会资本的方式主要适合那些投资量大、建设周期长，但收益稳定、受市场变化影响小的领域，如高速公路、铁路、地铁、桥梁、隧道、港口、码头、机场、发电站等。

（2）BT（Build – Transfer）模式，即"建设—移交"模式，是指社会资本投资方在获得公益类国有企业的特许权后，通过投融资来具体建设公共服务项目，项目建成且验收合格后，再交由国有企业经营，而国有企业根据协议向社会资本的投资方分期支付项目的总投资及合理的回报。这种引入社会资本的方式主要适用于公益类非经营性项目的建设。

（3）TOT（Transfer – Operate – Transfer）模式，即"移交—经营—移交"模式，是指公益类国有企业与社会资本投资者签订特许经营协议后，将已经投产运行的可收益的公共服务项目移交给社会资本投资者经营，凭借该项目在未来若干年的收益，一次性地从社会资本投资者手中融得资金，用于建设新的项目，待特许经营期满后，社会资本投资者再将该项目无偿移交给国有企业。这种引入社会资本的方式无须直接由社会资本投资者投资建设公共服务项目，使其避开项目建设过程中产生的风险和矛盾，主要适用于交通基础设施的建设。

（4）PFI（Private Finance Initiative）模式，即"私人主动融资"模式，是指国有企业与私营企业合作，由私营企业承担部分公共服务设施的生产或提供公共服务，国有企业购买私营企业提供的产品或服务，或给予私营企业收费特许权，或采取国有企业与私营企业共同运营等方式，实现公共物品产出中资源配置的最优化、效率和产出的最大化。这种引入社会资本的方式可有效解决资金短缺和管理低效问题，主要适用于社会福利、环境保护、城市基础设施等的建设。

（5）PPP（Public Private Partnership）模式，即"公私合作"模式，是指国有企业利用私营企业的资源优势与私营企业形成相互合作的伙伴关系，就某个公共服务项目共同开发、投资建设，并维护运营该项目；合作各方在参与该项目

---

① 赖旭宏．民间资本进入公共投资领域问题应用研究［D］．重庆大学建设管理与房地产工程学院，2004.

时，国有企业并不把项目的责任全部转移给私营企业，而是由参与合作的各方共同承担责任和风险；通过这种合作方式，合作各方可以达到与预期单独行动相比更为有利的结果。这种引入社会资本的方式使用范围较为广泛，既可用于基础设施的投资建设，又可用于很多非营利设施的建设，尤其适用于大型的、一次性的项目。

此外，社会资本还可以通过股权方式和债权方式进入公共服务领域。股权方式主要是指社会资本的投资者可以用货币出资，也可以用实物、知识产权等可用货币股价并可依法转让的非货币财产作价出资入股，参与各类公共服务事业的建设和运营；债权方式是指社会资本可以以委贷、基金、信托以及私募债等形式直接参与到公共服务领域。

6.7.3 公益类国有企业引入社会资本的实现目标[①]

（1）减轻政府部门的财政压力。公共服务产品具有投资规模大、建设周期长、投资回报慢、盈利能力低的特点，单纯依靠政府的财政支出不但会造成政府的财政压力过大同时也往往导致公共服务产品的有效供给不足，因此引入社会资本参与公共服务事业，一方面有效减少政府财政支出、缓解资金压力，另一方面也提高了公共服务产品的供给能力。

（2）提高公共服务的效率。国有企业引入社会资本投资公共服务领域，可以促进社会的合理分工，相互取长补短，发挥各自优势，弥补对方不足，从而提高公共服务的运营、管理效率。

（3）提高公共服务的质量。通过引导社会资本进入公共服务领域，引入竞争机制，强化激励约束机制，可以改进公共服务的质量，提高公共服务事业的服务能力，为社会公众提供差异化服务，满足广大人民群众的需要。

（4）降低公共服务建设项目的风险。通过引入社会资本更有效率的管理方法和技术，能够有效地实现对公共服务项目建设与运行的控制，从而降低项目建设投资的风险，较好地保障各方利益。

（5）开拓社会资本的投资渠道。我国社会资本储量巨大，由于缺少投资渠道，庞大的民间资本或储蓄于银行闲置，或成为民间恶意借贷的资金，因此在政府财力有限的情况下，引入社会资本参与公共服务事业，不但可以缓解政府财政压力、提高公共服务的质量和水平，还可以避免民间资本无序流动，维护正常金融秩序。

---

① 顾琳琳. PPP 模式促进基础设施事业发展的机制研究［J］. 金融纵横，2014（8）：34 - 40.
郑文开. 民间资金进入社会事业的对策分析［J］. 管理观察，2013（28）：190 - 192.

6.8　国有资本投向战略新兴行业、创新性行业和产业孵化等高风险行业的支持政策及措施①

6.8.1　加大财政金融政策扶持

（1）加大财税政策扶持。在整合现有政策资源、充分利用现有资金渠道的基础上，建立稳定的财政投入增长机制，设立产业发展专项资金，着力支持重大关键技术研发、重大产业创新发展工程、重大创新成果产业化、重大应用示范工程及创新能力建设等。结合税制改革方向和税种特征，针对产业特点，加快研究完善和落实鼓励创新、引导投资和消费的税收支持政策。

（2）强化金融支持。加强金融政策和财政政策的结合，运用风险补偿等措施，鼓励金融机构加大对产业的信贷支持。发展多层次资本市场，拓宽多元化直接融资渠道。大力发展债券市场，扩大公司债、企业债、短期融资券、中期票据、中小企业集合票据等发行规模。进一步完善创业板市场制度，支持符合条件的企业上市融资。推进场外证券交易市场建设，满足处于不同发展阶段创业企业的需求。完善不同层次市场之间的转板机制，逐步实现各层次市场有机衔接。扶持发展创业投资企业，发挥政府的引导作用，扩大资金规模，推动设立产业创业投资引导基金，充分运用市场机制，带动社会资金投向处于创业早中期阶段的创新型企业。健全投融资担保体系，引导私营企业和民间资本投资。

6.8.2　完善技术创新和人才政策

（1）加强企业技术创新能力建设。构建产业技术创新和支撑服务体系，加大企业技术创新的投入力度，对面向应用、具有明确市场前景的政府科技计划项目，建立由企业牵头组织、高等院校和科研机构共同参与实施的有效机制。依托骨干企业，围绕关键核心技术的研发、系统集成和成果中试转化，支持建设若干具有世界先进水平的工程化平台，发展一批企业主导、产学研用紧密结合的产业技术创新联盟，支持联盟成员构建专利池、制定技术标准等。进一步加强财税政策的引导，激励企业增加研发投入。

（2）加强知识产权体系建设。加强重大发明专利、商标等知识产权的申请、

---

① "十二五"国家战略性新兴产业发展规划，2012年7月9日。

注册和保护，鼓励国内企业申请国外专利。健全知识产权保护相关法律法规，制定适合产业发展的知识产权政策。建立公共专利信息查询和服务平台，为全社会提供知识产权信息服务。针对我国企业在对外贸易投资中遇到的知识产权问题，尽快建立健全预警应急机制、海外维权和争端解决机制。大力推进知识产权的运用，完善知识产权转移交易体系，规范知识产权资产评估，推进知识产权投融资机制建设。

（3）加强技术标准体系建设。制定并实施产业标准发展规划，加快基础通用、强制性、关键共性技术、重要产品标准研制的速度，健全标准体系。建立标准化与科技创新和产业发展协同跟进机制，在重点产品和关键共性技术领域同步实施标准化，支持产学研联合研制重要技术标准并优先采用，加快创新成果转化和产业化步伐。

（4）建设高素质人才队伍。支持企业人才队伍建设。加快完善高校和科研机构科技人员职务发明创造的激励机制。加大力度吸引海外优秀人才来华创新创业，依托"千人计划"和海外高层次创新创业人才基地建设，吸引海外高层次人才。加强高校和中等职业学校相关学科专业建设，改革创新人才培养模式，建立企校联合培养人才的新机制，促进创新型、应用型和复合型人才的培养。

6.8.3 营造良好的市场环境

（1）完善市场培育、应用与准入政策。鼓励绿色消费、信息消费、健康消费，促进消费结构升级。加大市场培育与引导力度，培育发展新业态。加快建立有利于产业发展的相关标准和重要产品技术标准体系，优化市场准入的审批管理程序。

（2）深化国际合作。引导外资投向相关产业，丰富外商投资方式，拓宽外资投资渠道，不断完善外商投资软环境。继续支持引进先进的核心关键技术和设备。鼓励我国企业和研发机构在境外设立研发机构，参与国际标准制定。扩大企业境外投资自主权，支持有条件的企业开展境外投融资。完善相关出口信贷、保险等政策，支持拥有自主知识产权的技术标准在国外推广应用。支持企业通过境外注册商标、境外收购等方式，培育国际化品牌，开展国际化经营，参与高层次国际合作。国家支持产业发展的政策同等适用于符合条件的外商投资企业。

6.9　促进国有企业"走出去"的相关制度设计

6.9.1　加快制定和完善国有企业"走出去"的法律法规

国有企业要在海外投资发展，除了自身的法律意识需加强外，国家相关法律制度也需完善。目前，国有企业"走出去"适用的办法主要有《境外投资管理办法》《关于境外投资开办企业核准事项的规定》《境外国有资产产权登记管理暂行办法》《境外国有资产管理暂行办法》《中央企业境外投资监督管理暂行办法》《中央企业境外国有资产监督管理暂行办法》和《中央企业境外国有产权管理暂行办法》，尽管这些办法对促进和规范国有企业海外投资，提高海外投资便利化水平起到一定作用，但更多的是提出了概念和要求，并没有完整的法律制度设计，严重制约了国有企业"走出去"战略的实施。因此，为促进我国国有企业"走出去"，完善区域开放格局，提高企业国际竞争力，在法律制度的设计上要尽快建立和完善企业海外投资管理法。现有关于企业海外投资的管理办法都是出自政策性文件的规定，缺乏一部纲领性的、权威的法案，这就使得企业进行海外投资无法可依，因此当务之急是加快制定和完善一部企业海外投资管理法，以法律取代政策性文件。在这个问题上，既要充分考虑东道国影响我国企业"走出去"的不利因素，也要借鉴东道国的法律实际，并考虑我国与东道国的意识形态、社会制度、文化传统的差异，使我国对外投资的法律法规更具有前瞻性和国际适用性。

6.9.2 完善国有企业"走出去"的尽职调查制度[①]

国有企业"走出去"，面临着政治、法律、用工、技术、市场、当地合作伙伴的道德风险等诸多风险，因此在真正"走出去"之前必须认真做好事前的尽职调查工作。目前，关于一般企业海外投资的尽职调查制度无论是在内容上还是在方法上都比较完善，对于国有企业来讲，尽管《中央企业境外国有资产监督管理暂行办法》明确提出了中央企业"境外投资应当进行可行性研究和尽职调查"，但未就尽职调查的范围、内容和程序等相关内容做出进一步的明确规定，因此考虑到国有企业的特殊性，除了要遵循一般的尽职调查的原则，还应该从以下几个方面加以完善。

（1）尽量引入专业的调研机构，并以独立第三方的身份，提供基于海外投资项目层面的综合风险评估报告。对于我国国有企业而言，若完全依靠自身的力量去做调查，那么存在社会文化、法律体系、商业环境以及语言等单方面的差异、成本和效率可想而知，而且还极有可能出现难以做出正确评估的结果，因此可委托专业机构开展尽职调查，提高尽职调查效能。

（2）从国有资产监管的角度，进一步明确尽职调查报告的必备事项。将影

① 孙伟，黄志谨. 国企境外投资的制度设计［J］. 上海国资，2012（5）：76–77.
马建威. 中国企业海外并购绩效研究［D］. 财政部财政科学研究所，2011.

响海外投资经营的重要因素，作为尽职调查报告的必备要求固定下来，如所在国的税务体系、所在国反垄断法律的风险、工会的风险、环境法律的要求等等。

（3）明确规定将尽职调查报告作为各级国资监管部门在履行出资人职责、召开股东大会或董事会进行海外投资的内部决策中所审阅的必备文件。

6.9.3 加大国有企业"走出去"的财税和金融支持①

随着我国参与经济全球化的程度不断加深，"走出去"已成为我国国有企业特别是大型国有企业发展的必然趋势，因此，需要加快推进财税和金融政策的促进机制与制度建设，为国有企业"走出去"营造良好的国内国际财税和金融环境。

（1）完善和规范"走出去"的财政支持政策。加大"走出去"的财政支持力度，并不断完善和细化支持的方向；充分运用财政补贴、财政贴息的财政资助形式；财政支持政策的制定应体现国家对外投资的区域导向和产业导向。

（2）建立健全"走出去"的税收支持政策。第一，完善税收政策，简化企业海外投资所得的确认方法，改进企业海外所得税的抵免办法，明确间接抵免层次的相关问题，建立企业亏损的追补和抵免机制，实行差别的税收优化政策，完善出口退税政策；第二，强化税收管理与服务，加强国际税收协调，加强税收服务职能，建立完善的涉税信息服务体系，加强境外办税人员的培训辅导、提高办税人员的业务能力与操作水平；第三，加强国际税收协定的谈签和修订，积极开展避免双重征税协定的签订工作，根据国际税收规则发展和变化及时对避免双重征税协定进行修订，根据国际税收形势以及国际税收合作的需要积极探索并寻求与其他国家签订多种形式和内容的税收协议，根据国际组织有关国际税收原则、制度和方法的指南及时调整国内相关税收政策，参与国际税收协调，顺应国际税收发展趋势。

（3）加大企业的金融支持。制定政策性金融支持和商业性金融支持制度；推动建立海外投资风险基金，支持有条件的金融机构对国家鼓励的海外投资合作项目进行投资；加强信贷支持，鼓励有条件的国内银行设立境外分支机构，为已经在海外投资的国有企业提供金融上的便利和良好的金融服务；鼓励金融机构开发更多支持海外投资发展的金融产品及金融服务。

---

① 李飞. 中央企业境外投资风险控制研究 ［D］. 财政部财政科学研究所，2012.
严勇. 中国企业"走出去"财税金融政策研究 ［J］. 长江大学学报（社会科学版），2012（10）：60 –
61.

6.9.4 完善国有企业"走出去"的保险制度①

在国有企业"走出去"的过程中，会遇到诸如自然灾害、东道国政治等各种各样的风险，尽管我国政策性出口信用保险业务取得了较大进展，在保障企业"走出去"中发挥了重要作用，但与迅速发展的"走出去"步伐相比，保险制度和保障能力还十分滞后，与发达国家成熟的境外投资保险制度相比，我国境外投资保险制度的健全和政策作用与效力的发挥还有巨大空间。

（1）构建适合我国国情的海外投资保险制度模式。保险制度的模式是整个海外投资保险体系的基础，它影响着对合格投资东道国的范围和代位求偿权等一系列相关问题的规定。目前，我国采用的是单边模式，但究竟应该采用单边模式还是双边模式，不仅要综合考虑海外投资的目的，还要考虑投资母国的经济实力、国际政治地位等，因此在保险制度模式的选择上，应该从我国的实际出发，并借鉴发达国家成熟的保险制度经验，构建适合我国国情的海外投资保险制度模式。

（2）合理设置海外投资保险的承保机构。设置我国海外投资保险的承保机构应秉承以下两个原则：一是在权限划分上坚持审批与保险业务相分离，这样有利于审批机构和执行机构各司其职，相互监督和制约；二是在组织形式上坚持国有公司体制，同时采取商业化的运营方式，这一方面是因为其他性质的企业不愿意也无法承担此类大的风险，另一方面也是因为海外投资保险制度是国家实施对外经济战略的一种工具，不能自由放任，既要商业化运营，也要接受国家管理。

（3）确定海外投资保险的承保范围。海外投资保险的承保范围的确定对保险制度能否实现其目的和宗旨起着关键性的作用。随着国际投资的快速发展，各国保险机构除了维持传统的外汇险、征收险和战争险等险种外，还在争相开发政府违约险、营业中断险、迟延支付险、恐怖主义险等新的保险业务，我国要根据自己的国情和需要以及国际经济政治的变化来开发和调整海外投资保险的承保范围，为"走出去"企业提供更多安全保障。

（4）完善海外投资保险制度的承保条件。承保条件要体现宽严适度的原则，既要满足大多数投资者的保险要求，又不能使海外投资保险的运用过度泛滥。承保条件的完善应该从投资者、投资项目以及东道国等方面进行相关的规定和界定。

---

① 李飞. 中央企业境外投资风险控制研究［D］. 财政部财政科学研究所，2012.
赵竹君. 我国海外投资保险制度研究［D］. 广西大学法学院，2012.
王红建. 构建我国投资保险制度的思考［D］. 山东大学（威海），2013.

6.10 海外国有资产监管及安全性的制度设计

6.10.1 建立海外国有资产运营的投资监督制度①

国有企业"走出去"的最大风险是国有资产流失，因此必须加强对海外国有投资加强监督管理，这是保证国家利益的关键所在。

（1）建立健全国有企业海外投资经营的监督管理机构。要从国家、出资人、"走出去"国有企业母公司和"走出去"国有企业子公司四个层面，构建完整完善的监督管理框架和体系，明确职责定位。国家层面的监督管理机构重点从海外投资项目的准入、海外投资项目的风险、产业政策制定等方面对"走出去"国有企业海外投资进行监督管理，强调宏观指导性；出资人（国资委）层面的监督管理机构重点是规范"走出去"国有企业的治理结构、投资决策机制和监管海外投融资、产权股权、资金使用、合同履行、资产处置等重大事项；"走出去"国有企业母公司海外的责任主体和实施主体，其监管职责必须覆盖从前期核准备案、事中监管和事后评价的全流程管理工作；"走出去"国有企业子公司是海外投资的直接参与主体，直接决定海外投资项目的成败，故应要求其必须设立监事（会）并明确监事（会）的监督权力。

（2）加强对海外投资企业的财务监管，制定国有海外企业财务监管办法。财务监管的重点是建立准确、透明的境外企业信息形成及传递途径，同时，应通过财务手段加强对企业资产及资金运营的控制。

（3）加强海外投资的风险管理制度。"走出去"国有企业要始终把风险控制放在首要位置，做好前期的调研论证工作，收集影响投资的各种信息，对投资所在国（地区）的政治风险、法律风险、金融风险、经济风险和人力资源风险等要进行全面评估和分析。企业要制定切实可行的风险控制措施和预案，做好风险转移和处置方案。

6.10.2 建立和完善海外国有资产监管的责任追究制度②

2011 年，国务院国资委颁布了《中央企业境外国有资产监督管理暂行办

---

① 李飞. 中央企业境外投资风险控制研究［D］. 财政部财政科学研究所，2012.
孙伟，黄志谨. 国企境外投资的制度设计［J］. 上海国资，2012（5）：76 – 77.
贾国栋. 企业境外投资的国有资产监管问题. 德衡论文集，2012 年 7 月 31 日.
② 张路. 国有境外投资的风险控制及评价研究［D］. 财政部财政科学研究所，2012.

法》，并且专门在第六章明确了中央企业及其境外企业的相关法律责任，可以说，这一"办法"开创了国有资本海外投资问责制的里程碑，为海外国有资产监管的责任追究提供了具体的操作依据。但"办法"只明确了中央企业及其境外企业两个层面责任主体的有关责任（目前社会各界所广泛提及的责任追究制度的思路也仅限于此），而从确保海外国有资产安全的大局观来看，还要考量政府、出资人的责任。责任追究制度应该遵循"确定责任——监督责任——责任追究"的原则来设计。

（1）明确各责任主体在海外国有资产监管及安全性中的目标责任。要从政府、出资人、国有企业及其境外企业四个层面，明确各责任主体在海外国有资产监管及保障海外国有资产安全中的具体目标责任。考虑到各责任主体在海外国有资产投资运营中地位和作用的差异，一般来说，国有企业及其境外企业应该是第一责任人和主要责任承担者，政府和出资人在其监管范围内承担监督管理失职的相对责任。此外，如果海外国有资产在运营过程中借助了某些中介机构，也应明确在其专业领域范围内知而不报或不如实报告的相对责任。

（2）确定海外国有资产监管和安全性的责任监督方式。明确各责任主体的目标责任后，应建立具体的责任监督制度，监督各责任主体目标责任的具体落实情况。目标责任具体落实情况的监督可以有三个途径：一是自查，各责任主体应设置具体部门对各自责任的履行情况进行自查；二是检查，包括定期检查和不定期抽查两种方式，由被检查部门的上级部门执行完成；三是举报，鉴于国有资产的全民属性，应鼓励社会各界参与到各责任主体履责情况的检查中来。

（3）严格落实责任追究。落实责任追究时，秉承"谁决策谁负责""谁拍板谁负责""谁出问题谁负责"的原则，可从刑事、民事和行政三个层面来对失责行为进行追究。在具体落实责任追究时，应细化各责任主体的失责情况和责任追究方式。

6.10.3 完善国有企业"走出去"的激励和约束机制①

国有企业在"走出去"的过程中，必须加强管理风险防范，完善海外企业的法人治理结构，构建有效的海外国有资产经营者的激励和约束机制，这样既能防止国有资产的流失和不正当行为的发生，又能提高海外国有资产的运营效率，还能保证海外国有资产经营者的个人效用目标与国有资产的保值增值目标之间最大限度的趋同。

（1）建立与国有企业"走出去"战略相配套的责权利相统一的薪酬机制。

---

① 张玉. 我国境外国有资产流失的防范机制研究［D］. 安徽财经大学会计学院，2012.

在现代企业制度下，薪酬体系是对企业管理者激励约束的核心要素。要根据海外投资经营管理者的职位、薪酬水平定位、经营目标责任情况构建薪酬体系。在建立薪酬激励机制时，既要将要收入与业绩相挂钩，激发经营管理者的事业心和责任感，最大限度地实现企业的利益，又要防止将利润作为薪酬的唯一衡量标准，避免管理者的短视行为。

（2）建立海外国有资产经营的业绩考核制度。重点对资质审查、年度考核、离任审计三大重要环节进行严格考核。业绩考核指标体系中应加大国有资产保值增值率、经营性现金流量等指标的比重，同时将资本金利润率、成本费用利润率、全员劳动生产率、设备利用率、质量、安全和产量等指标纳入考核体系，逐步完善业绩考核制度。

（3）健全完善公司治理结构和内部权力制衡机制。积极构建监事会、财务总监、审计"三位一体"的国有资产外部监控体系和内部制衡制约机制。

6.10.4　建立和完善海外国有资产监管及安全性的中方负责人考评制度

部分海外国有资产的流失是人为造成的，如境外人员挥霍、浪费、携款潜逃；未经批准在境外进行高风险投机经营造成巨额损失；未经批准或未办理有关法律手续，将国有资产以个人名义在外注册；任用外籍人员不当导致国有资产流失。针对人为造成海外国有资产流失应该建立外派人员管理制度和中方负责人考评制度，明确其岗位职责、工作纪律。建立外派海外企业经营管理人员中方负责人的定期述职和履职评估制度，加强对海外国有资产监管及安全性的中方负责人的考核评价，开展任期及离任经济责任审计，并出具审计报告。重要海外企业中方负责人的经济责任审计报告报国资委备案。切实采取多种形式，有针对性地加强对企业外派人员的教育、管理和监督，促使外派人员切实筑牢拒腐防变的思想道德防线。

6.11　国有经济有序退出的相关制度设计

6.11.1　国有经济有序退出的资产清算制度

在国有经济有序退出的过程中，资产清算是一个重要环节，健全的资产清算制度是实现国有资产保值增值、防止国有资产流失、促进国有资产合理流动和重组的保障。重点从以下几方面完善国有经济有序退出的资产清算制度。

（1）清产核资。切实对退出国有企业的资产进行全面清理、核对和查实，盘点实物、核实账目，核查负债和所有者权益，做好各类应收及预付账款、各项对外投资、账外资产的清查，做好有关抵押、担保等事项的清理工作，按照国家规定调整有关账务。

（2）财务审计。退出的国有企业必须由审批退出方案的单位确定的中介机构进行财务审计。确定中介机构必须考察和了解其资质、信誉及能力；不得聘请改制前两年内在企业财务审计中有违法、违规记录的会计师事务所和注册会计师；不得聘请参与该企业上一次资产评估的中介机构和注册资产评估师；不得聘请同一中介机构开展财务审计与资产评估。

（3）离任审计。不得以财务审计代替离任审计。离任审计应依照国家有关法律法规和《中央企业经济责任审计管理暂行办法》及相关配套规定执行。财务审计和离任审计工作应由两家会计师事务所分别承担，分别出具审计报告。

（4）资产评估。退出的国有企业，必须依照《国有资产评估管理办法》聘请具备资格的资产评估事务所对其进行资产和土地使用权评估。

6.11.2 国有经济有序退出的承接制度

（1）明确国有经济有序退出的承接方。国有经济要确保能够退出，必须解决国有经济的需求方即承接方问题。一般来讲，国有经济的承接方通常有四种：一是国家控制的机构投资者或公司；二是内部职工和管理者；三是社会公众；四是外国机构投资者或公司。根据我国有经济有序退出的目标和行业限制，国有经济有序退出实质上涉及两类不同的承接方：一是国家控制行业的国有企业以提高治理效率为目标的资产退出承接方；二是一般竞争性领域以国家调整国有经济布局和结构为目的彻底退出的承接方。前一类国有资产退出的承接方应以第一、第二种为主，并根据情况适当引入第三、第四种承接方，但对涉及国家安全领域的行业，引入外资承接方必须严格遵循国家外资投资产业导向目录；对第二类直接退出国有经济，应以第二、第三种为主，并可在不违反外资投资产业导向目录的情况大胆引入第四种承接方。

（2）解决国有经济有序退出的承接方资金来源问题。根据我国的现实情况，完全退出或绝大部分退出的企业可分为三种情况：效益较好且具有一定发展前景、效益不好但具有发展前景、效益不好也不具发展前景。针对第一和第二种情况，尽可能吸引战略投资或风险投资基金进行收购，如果现实条件难以做到，可采取鼓励企业发行可转换债券或发行抵押证券，也可以进行抵押贷款或质押证券化，这实际上类似于杠杆收购，同时积极鼓励内部职工参与；针对第三种情况，必须认真对资产进行评估，并尽可能把资产出售给具有完全现金能力的企业和机构投资者，而不要出售给职工和内部管理者，防止出现国有资产流失。

（3）确定国有经济有序退出的承接模式。对国有经济需要控制但经营效率低下的国有企业，国有资产的退出以形成合理的产权结构、提高治理效率为目标，可以出售一部分股权，与其他所有制企业联合组成股份制公司，发展混合所有制经济；对国有资产想彻底退出的不关乎国计民生的一般竞争性领域，退出以调整国有经济布局为目标，可以采取管理层收购或出售的方式，促使国有经济顺利有效的退出；对于一些长期严重亏损、资不抵债、缺乏继续经营价值的国有企业可以通过零资产收购和依法破产的方式予以终止，直接退出国有经济。

6.11.3 国有经济有序退出的人事安置和保障制度

国有经济退出的职工安置方案涉及企业与职工的各种利益冲突，不同的企业也会由于其自身发展的不同而存在着各种特殊情况。在制订职工安置方案时既要做到依法维护职工利益，同时又要兼顾协调整体及各部分职工的均衡利益，使不同情况的职工得到不同的安置，使每位职工都得到合法、公平的安置。只有这样，才能保证国有经济有序退出的顺利实施。

（1）制订职工安置方案。国有经济有序退出前，原企业应该与退出后新企业就职工安置费用、劳动关系接续等问题明确相关责任，并制订职工安置方案。职工安置方案经职工代表大会或职工大会审议通过后方可实施。职工安置方案必须及时向广大职工群众公布，其主要内容包括：企业的人员状况及分流安置意见；职工劳动合同的变更、解除及重新签订办法；解除劳动合同职工的经济补偿金支付办法；社会保险关系接续；拖欠职工的工资等债务和企业欠缴的社会保险费处理办法等。

（2）处理企业与职工的劳动关系。国有经济有序退出变更为新的非国有企业后，要严格按照有关法律法规和政策处理好新企业与职工的劳动关系，由原企业与职工变更或解除劳动合同。对继续留用的职工，应由新企业与其变更或重新签订 3 年以上期限的劳动合同，变更或签订新的劳动合同应在新企业工商登记后 30 天内完成。对解除劳动合同且不再继续留用的职工，要支付经济补偿金。①

（3）计算支付经济补偿金。企业解除劳动合同计发经济补偿金，按照《违反和解除劳动合同的经济补偿办法》的规定，根据职工在本单位工作年限，每满 1 年发给相当于 1 个月工资的经济补偿金，工作时间不满 1 年的按 1 年的标准发给经济补偿金。对从其他国有单位调入本企业的职工，其在国有单位的工龄可计入本企业工作年限。

---

① 关于国有大中型企业主辅分离辅业改制分流安置富余人员的实施办法．

（4）确定经济补偿金的支付方式。经济补偿金支付方式主要有货币补偿、股权补偿和债券补偿等方式。现金支付方式是指在转换企业职工身份时一次性以货币形式补偿职工的支付方式；股权支付方式是指将企业应付给职工的补偿金转为职工对新企业所享有的股权；债权支付方式是指将企业应付给职工的经济补偿金转化成职工对企业的债权，通过企业与职工签订合同进行偿还。职工个人所得经济补偿金，可在自愿的基础上转为新企业的等价股权或债权。任何企业国有产权持有单位不得强迫职工将经济补偿金等费用用于国有经济退出后新企业的投资或借给新企业（包括新企业的投资者）使用。

（5）缴纳职工各种社会保险费。国有经济有序退出前，对经确认的拖欠职工的工资、集资款、医疗费和挪用的职工住房公积金以及企业欠缴社会保险费，原则上要一次性付清。退出后的新企业要按照有关规定，及时为职工接续养老、失业、医疗、工伤、生育等各项社会保险关系，并按时为职工足额缴纳各种社会保险费。①

（6）允许符合条件的职工退岗（养）。距退休年龄不到五年的符合国家内部退岗（养）条件的职工，经本人申请，可以退出工作岗位休养。职工退出工作岗位休养期间，由企业发给生活费。企业和退出工作岗位休养的职工应当按照有关规定缴纳基本养老保险费。职工退出工作岗位休养期间达到国家规定的退休年龄时，按照规定办理退休手续。职工退出工作岗位休养期间视为工龄，与其以前的工龄合并计算。其中月生活费不低于企业所在地政府规定的最低生活费标准，最高不超过按所在省（区、市）计算正常退休人员养老金的办法核定的数额。

6.11.4　国有经济有序退出的监管制度

为了实现国有资产保值增值，防止国有资产流失，保证国有经济有序退出的顺利实施，加速推进我国国有经济布局结构战略性调整，国家各级监察机关、国资委、财政部及其他有关部门，要加强联系、密切配合，加大对国有经济有序退出过程中的国有企业改制工作的监管力度，加紧研究制定国有经济有序退出的相关法规和监管制度。

（1）加紧相关制度的制定。加快国有经济有序退出相关规章制度、法规的制定工作，使国有经济有序退出的每一个程序都有法可依，依法运作。

（2）严肃查处违纪违法案件。设立公布举报电话和信箱，及时发现和严肃查处国有经济有序退出过程中的违纪违法案件。认真受理举报线索，区别对待投案自首，对于群众举报国有经济退出中发生的违法犯罪行为，及时组织人员进行分

---

① 关于进一步规范国有企业改制工作的实施意见．

析研究，依法处理。对于行为人主动到有关部门或检察机关投案自首，如实交代清楚自己的问题，要兑现政策，依法从宽处理。

（3）建立报告制度。建立重要事项通报制度和重大案件报告制度，使国有经济有序退出工作规范透明，随时接受有关部门的指导和监督。

（4）开展宣传活动。开展法律咨询、法制宣传等形式，增强公民、企业人员保护国有资产的安全意识，同时为企业提供法律帮助，解决企业在国有经济有序退出改制中碰到的各种疑难问题，促进国有资产良性发展和国企改制顺利完成。

6.12　国有经济在地方优势产业培育中的作用

6.12.1　国有经济的正外部性为地方优势产业的培育创造了良好的环境

国有经济通过对基础设施领域和公共服务领域投资，一方面为地方产业的发展提供良好环境，另一方面通过投资所形成的公共成本也间接提高了地方产业投资的边际生产率，从而加快了地方产业的发展。

6.12.2　国有经济发展对地方产业发展具有带动作用

一方面，加大国有经济投资，通过投资拉动，直接带动地方产业发展；另一方面，面对产业未来发展的不确定性，通过加大国有经济投资、刺激国有经济先行，将极大带动其他类型经济投资的快速跟进，从而进一步加快产业发展，起到"传染"和"示范"的作用。

6.12.3　国有经济投资可带动上下游相关产业发展

国有经济对于要素或中间产品的需求，可促进上游产业发展，产生后向联动效应；国有经济通过向下游产业提供优质的生产要素或中间产品，也可促进下游产业发展，产生前向联动效应。国有经济投资对相关产业的辐射效应，将为这些行业提供新的、有利的投资机会，从而促进产业发展。

第 7 章

完善国有资本预算制度

长期以来，我国对国有资本经营收支没有单列预算和进行分类管理，而是与经常性预算收支混合在一起。随着我国社会主义市场经济发展和国有企业改革的要求，政府的公共管理职能和国有资产所有者职能分离，必须建立起独立于公共预算之外的国有资本经营预算。2007 年 9 月，国务院发布《关于试行国有资本经营预算的意见》，标志我国开始正式建立国有资本经营预算制度。中央本级国有资本经营预算从 2007 年起试行，地方试行国有资本经营预算的时间、范围和步骤由各省（区、市）及计划单列市人民政府决定，这也标志着我国正式建立了国有资本经营预算制度。

2013 年《关于深化收入分配制度改革的若干意见》指出，全面建立覆盖全部国有企业、分级管理的国有资本经营预算和收益分享制度，合理分配和使用国有资本收益，扩大国有资本收益上交范围。这对完善国有资本经营预算制度提出了新的要求。目前国有资本经营预算涵盖范围仅限于国资委管理的中央企业和地方国资委管理的地方国有企业，金融类国有企业、事业单位的经营性国有资产尚未纳入预算体系，要进一步拓宽国有资本经营预算范围，争取早日覆盖全部国有企业。

国有资本经营预算由收入预算和支出预算组成。收入预算是指国家按年度和规定比例向企业收取国有资本收益的收缴计划；支出预算是指国家根据国有资本经营预算收入规模和国民经济发展需要制订的支出计划，国有资本收益将用于国有经济布局和结构调整，补偿国有企业改革成本，提高国有企业核心竞争力等方面。

7.1　当前国有资本预算制度的特点及其与公共财政的关系

7.1.1　当前国有资本预算制度特点

国有资本经营预算是国家以所有者身份依法取得国有资本收益，并对所得收益进行分配而发生的各项收支预算，是政府预算的重要组成部分。建立国有资本经营预算制度，对增强政府的宏观调控能力，完善国有企业收入分配制度，推进国有经济布局和结构的战略性调整，集中解决国有企业发展中的体制性、机制性问题，具有重要意义。党的十六届三中全会通过的《中共中央关于完善社会主义市场经济体制若干问题的决定》明确要求建立国有资本经营预算制度，从政策层面为国有资本经营预算制度的推进奠定了政治基础。党的十八届三中全会再次提出了完善国有资本经营预算制度。目前我国的国有资本预算制度特点如下。

（1）国有资本经营预算独立于公共预算。

根据新《预算法》第五条，预算包括一般公共预算、政府性基金预算、国有资本经营预算、社会保险基金预算。国有资本经营预算独立于我国现行的政府公共预算制度之外，其理论基础是政府的公共管理职能和国有资产所有者职能分离，政府以社会管理者身份和所有者身份进行的收支具有不同的性质，在国家预算中有必要将两种活动予以分别反映，以保证两种职能正常发挥。

（2）国有资本经营预算原则。

第一，统筹兼顾，适度集中。统筹兼顾企业自身积累、自身发展和国有经济结构调整及国民经济宏观调控的需要，适度集中国有资本收益，合理确定预算收支规模。第二，相对独立，相互衔接。既保持国有资本经营预算的完整性和相对独立性，又保持与政府公共预算（指一般预算）的相互衔接。第三，分级编制，逐步实施。国有资本经营预算实行分级管理、分级编制，根据条件逐步实施。

（3）国有资本经营预算编制、审批和执行。

各级财政部门为国有资本经营预算的主管部门，负责制（修）订国有资本经营预算的各项管理制度；负责国有资本经营预算草案的编制工作；编制国有资本经营预算收支月报，报告国有资本经营预算执行情况；汇总编报国有资本经营决算。各级国有资产监管机构以及其他有国有企业监管职能的部门和单位，为国有资本经营预算单位，参与制订国有资本经营预算有关管理制度；提出本单位年度国有资本经营预算建议草案；组织和监督本单位国有资本经营预算的执行；编报本单位年度国有资本经营决算草案。各级财政部门商国资监管、发展改革等部门编制国有资本经营预算草案，报经本级人民政府批准后下达各预算单位。各预算单位具体下达所监管（或所属）企业的预算，抄送同级财政部门备案。

总体来说，我国在探索建立国有资本经营预算制度过程中，取得了一些经验和进展，但也存在不少问题，需要进一步改善。

（1）国有资本经营预算相关部门的协调。

《国务院关于试行国有资本经营预算的意见》与《中华人民共和国企业国有资产法》对国有资本经营预算的职责分工做了说明，划分了各级财政部门与国有资产监管机构等预算单位的职能，国有资本经营预算管理需要国有资产管理部门和财政部门的共同参与。然而在实践中，财政部门与国有资产监管机构二者间的协调有待改进，如何更清晰分清各自的职权，明确责任，同时建立协调机制，避免相互扯皮推诿，仍是需要解决的大问题。

（2）国有资本经营预算的范围。

我国的经营性国有资产分布范围广泛，但目前国有资本经营预算试行范围仅限于国资委管理的中央企业和地方国资委管理的地方国有企业，金融类国有企业、事业单位的经营性国有资产尚未纳入试行范围。因此有必要进一步拓宽国有资本经营预算管理范围。此外，《中华人民共和国企业国有资产法》规定，国有资本经营预算的收入范围包括国家出资企业分得的利润、国有资产转让收入、从国家出资企业取得的清算收入和其他国有资本收入。从各地试行实践看，在法律出台前，地方国有资本经营预算收入的主要来源是国有资产或国有股权转让收入，真正由国家出资分得上缴利润很少，而国家出资企业清算时，由于要支付很高的清算成本，也根本不会有清算利润。因此亟须解决资本经营预算的收入来源问题。[①]

（3）国有资本经营收益的收缴。

目前我国国有企业存在国有独资、国有控股、国有参股等多种形式，其盈利水平、利润归属不同，出于稳定国民经济、保证国防安全、优化产业结构等宏观层面的考虑，国有企业承担着很多社会职能，因此不能对国有性质的企业采取统一的收益收缴标准。从各地实践来看，国有企业经营收益的收缴方式和比例也各不相同，这样虽然考虑到了地区与行业的差异，但仍无法根据企业实际情况确定合理的上缴和留存比例。此外，国有资本收益收缴难度较大，一方面，多年来国有企业一直将税后利润作为国家再投资留在企业内部作为企业发展基金，这已成为企业领导和员工默认的利润处理方式，上缴意识弱。另一方面，当前国有企业

---

① 周绍朋，郭凯. 论国有资本经营预算制度的建立与完善［J］. 江南论坛，2010（6）：25－27.

经济效益增长不平衡，国有企业利润主要集中在石油、石化、电力、电信等行业及少数大型企业，大量企业是亏损或微利，社保负担很重。[①]

（4）国有资本经营预算的监管与约束。

国有资本经营预算是政府财政预算的重要组成部分，单独编制并不等于将国有资本经营预算游离于政府财政预算之外，成为不受监管的特殊预算或政府的"账外账"。因此，国有资本经营预算也必须纳入预算法的约束范围，并且要接受各级人大的监督。国有资本经营预算不同于一般公共预算，且在我国建立时日尚短，必须加强预算监督，防止改革过程中的国有资产流失。

7.1.2　国有资本预算与公共财政关系

国有资本经营预算和政府公共预算都属于政府预算。根据《预算法实施条例》，各级政府预算按照复式预算编制，分为政府公共预算、国有资本经营预算、社会保障预算和其他预算。国有资本经营预算与公共预算、社会保障预算、其他预算共同构成国家复式预算，形成完整的国家预算管理体系。国有资本经营预算与公共预算不是附加或从属的关系，而是一种并列关系。

从严格意义上讲，公共预算是国家凭借公共权力取得预算收入，并在此基础上依据国家法定程序进行再分配而形成的公共收支计划。从目标取向及性质上看，国有资本经营预算是一种经营性资本的预算，具有营利性，关注投资回报，强调国有资本保值增值和经济效益最大化；公共预算是为满足社会公共需要提供公共产品的预算，具有无偿性的特点，强调的是实现最佳的社会效益。从收入来源看，公共预算收入以税收收入为主；从支出领域看，公共预算主要是满足社会公共需要，为社会提供均等化的公共产品和公共服务。而国有资本经营预算，是国家以所有者身份依法取得国有资本收益，并对其进行分配而发生的各项收支预算。其收入来源主要来自国家作为投资主体而获得的资本收益，其支出范围主要是根据国家产业政策和国家宏观经济发展的要求，用于支持国有企业改革和发展、推进国有经济结构战略性调整。当然，在一定的历史条件下，国有资本经营预算与公共预算之间也可以建立起相互衔接的机制和通道，通过合适的方式和途径，把国有资本经营收益转换为公共预算收入，用于弥补公共预算支出缺口。从预算编制上看，国有资本经营预算在编制上，相对独立于公共预算，即国有资本经营预算按照当年取得的国有资本收益确定支出规模，量入为出，不列赤字；从预算规模上看，与公共预算相比，目前国有资本经营预算的收支规模还很小。

---

① 毛专. 我国政府国有资本经营预算管理研究［D］. 中国海洋大学，2009.

7.2　当前国有资本预算制度的实施情况、经验与问题

7.2.1　当前国有资本预算制度实施情况

根据《国务院关于试行国有资本经营预算的意见》，2007 年开始试点收取部分企业 2006 年实现的国有资本收益，2008 年起正式实施中央本级国有资本经营预算。

7.2.1.1　国有资本经营预算收入情况

我国自 2007 年开始收取部分企业 2006 年实现的国有资本收益（2006 年收益减半征收），2008 年起正式编制中央本级国有资本经营预算，其中，2006 年和 2007 年实现的国有资本收益编入 2008 年预算收入。2008 年和 2009 年国有资本经营预算收入共 1572.2 亿元，其中包括电信企业重组专项资本收益 600 亿元。2010 年以后，随着纳入国有资本经营预算实施范围的企业数量增多和收益收取比例的提高，国有资本经营预算收入规模不断扩大，2012 年和 2013 年都达到了 1000 亿元左右，2014 年更高达 1426 亿元。从收入结构看，国有独资企业上缴的应缴利润占预算收入总额的 90% 以上，是收入的主要来源；产权转让收入是另外一个主要的收入来源，主要为国有股减持收入。

7.2.1.2　国有资本经营预算支出情况

2008～2013 年中央本级国有资本经营预算支出共 4772.8 亿元，主要用于国有经济和产业结构调整、中央企业灾后恢复生产重建、中央企业重大技术创新、节能减排、境外矿产资源权益投资以及改革重组补助支出等。从预算支出结构上看，一是总体支出框架较为稳定，2010 年以来预算均安排了国有经济和产业结构调整支出、产业升级与发展支出、境外投资及合作支出、困难企业职工补助、调入公共预算用于民生支出等，说明国有资本经营预算已经初步明确了支出的范围和重点领域，逐渐形成相对独立的支出体系；二是调入公共预算用于民生支出的金额逐年较快增长，说明国有资本经营预算加大了与公共预算相互衔接的力度，更多国有资本收益被用于民生，初步建立了国有资本收益的全民分享机制；三是支出类别根据国有企业改革发展任务情况每年都有所调整。比如，中央企业兼并重组专项资金和改革脱困补助支出都曾是预算支出的重点。

7.2.2　我国国有资本经营预算实施已取得的主要成效

7.2.2.1　树立国有企业上缴国有资本收益的理念

1994 年以后，根据国务院《关于实行分税制财政管理体制的决定》中的有关规定，国有企业暂免上缴利润。此后的十多年里，国有企业在债转股、技改贴息和政策性关闭破产等政策和相关财政资金的支持下，逐步转变成为自负盈亏的独立市场主体，而且摆脱了经营困境，具备了向投资者返回资本回报的条件。2007 年，我国开始实施国有资本经营预算，国家免除了原来的"暂免上缴"政策，要求企业重新上缴利润。这让已习惯了不缴利润的国有企业颇为抵制，认为是利润上缴加重了企业负担，是重新回到过去计划经济时代的做法，也是国有企业改革的倒退。但实际上，关于国有企业利润上缴已经经历了否定之否定的过程，形式上与过去相似，但内涵上有很大的不同。过去的利润上缴政企不分、税利不分，如今的税利分流，是在市场经济环境和政企分开、政资分开的背景下进行的，国家的公共管理者权利与出资人权利分别通过国家税收和国有资本收益收取的形式得到落实，实现了政企分配关系的法制化、规范化。经过多年的实践，目前，国有企业向出资人上缴国有资本收益、"国有资本不能白用"的理念已经稳固树立，并已渗透到国有企业财务管理、经营管理的方方面面，对于规范国有企业收入分配产生了巨大的影响。

7.2.2.2　初步建立国有资本经营预算工作体系

经过近多年的实践，国有资本经营预算管理逐步规范化、制度化，已经初步建立起了一套相对独立的预算工作体系，主要体现在以下方面：一是基本形成了自身的制度框架。目前，在国有资本收益收取、预算支出安排、预算编制程序、支出绩效评价以及收支科目等方面，财政部等政府部门均已发布了相关政策制度，明确了管理重点和要求，为国家作为所有者参与国有企业的分配提供了制度保障和政策依据。二是预算实施范围不断扩大。2010 年和 2012 年，国家两次扩大中央国有资本经营预算实施范围，并要求地方开展国有资本经营预算编制工作，这意味着国有资本经营预算不仅已经"落地"，而且已经在"生根发芽"，影响力已在逐渐扩大。三是工作机制基本确立。目前，中央企业编制国有资本经营预算支出计划上报预算单位（国资委）、预算单位编制预算建议草案报送财政部、财政部汇总编制预算草案送国务院和全国人大审议的工作机制已得到确立，各个部门的权责得到初步划分，实际工作运转逐渐走向正轨。

7.2.3　我国国有资本经营预算管理目前存在的主要问题

7.2.3.1　尚未形成指导预算安排的理财理念

理财理念是预算安排的逻辑，反映预算理财的思路。公共预算实施以来，随着公共财政实践，形成了"公共性""公平性""公益性""法治性"等简洁清晰、体现预算定位的理财理念，不仅易于被大众接受，而且能够被用于指导和衡量预算安排。国有资本经营预算实施多年，但至今尚未归纳出符合自身特点的理财理念，一方面对于国有资本经营预算定位还不够清晰，另一方面也直接影响了对于该预算的认识和理解。应当看到，国有资本经营预算对于国有企业改革发展的支持并不是孤立的，而是与提升国家在国际产业分工中的地位、保障国家能源资源安全、实现国家和人民的长远利益紧密联系在一起的，有关政策效应和功能定位应当予以提炼，形成独立的、通俗易懂的理财理念。

7.2.3.2　尚未将全部国有企业纳入预算实施范围

我国国有企业数量众多，行业分布十分广泛，既有金融企业，又有实体企业，还有企业化运营的国家主权财富基金，等等。依照《公司法》《企业国有资产法》出资人理应享有收益权，国有资本经营预算也理应覆盖全部政府出资企业。但目前在实践中，即使是运行较为成熟的中央本级国有资本经营预算，也未能将中央政府及其部门所出资的全部国有企业纳入预算实施范围，比如，国有银行、保险公司、中国投资公司等就始终游离在国有资本经营预算之外。

7.2.3.3　尚未厘清预算的事权和支出责任

目前，公共预算中仍保留有相当数量用于国有企业改革发展的预算支出，比如，2014年公共预算中就还包含了施工企业研发支出、制造业基本建设支出、新疆兵团企业职工养老保险补助经费等。这些预算支出有的与相应的国有资本经营预算支出有着相似的用途，比如都用于支持企业提升创新能力、产业升级、解决国有企业历史遗留问题等；有的甚至与国有资本经营预算支出存在重叠交叉。因此，需要根据公共预算与国有资本经营预算各自的功能定位，进一步划分两者的事权和支出责任，厘清政府出资人与政府公共管理者的事权和支出责任，既不能混淆和重叠，又不能简单地"一刀切"，将所有涉及国有企业的预算支出都划入国有资本经营预算安排，造成预算资金安排的错位与缺位。

7.3 以管资本为主的国资监管体制下国有资本预算的功能、目标及实现方式

7.3.1 以管资本为主的国资监管体制下国有资本预算的功能

7.3.1.1 确保国有资本的保值增值

为了加快国有经济结构的战略性调整和国有企业资产重组，迫切要求确立国有资本经营预算制度。国有资本经营预算制度不仅确立与突出了国有资本经营目标，更有利于加强国有资产的监督和管理，避免国有资产不应有的流失，实现真正意义上的国有资产保值增值。国有资本经营预算制度将国有资本经营的收入和支出纳入预算管理，可充分发挥预算的分配和监督职能，维护国家作为国有资产所有者的权益。同时，国有资本经营预算制度便于对国有资本经营活动进行统筹规划，从而最大限度地减少"道德风险"，确保国有资本的保值增值。

7.3.1.2 加强对国有资本经营过程中的控制

国有资本经营亦称国有资本营运，指国有资本营运主体以国有资本为基础，通过采用企业重组、资本扩张和资本收缩等运营方式，对资本存量、资本增量、资本配置及资本收益进行筹划与谋略，提高国有资本营运效益，以实现国有资本增值最大化。加强国有资本经营过程的控制，一是宏观层面上，通过国有资本预算，可以有效控制、引导国有资本增量和存量变现的投资方向，进一步推动国有资本的有序流动和优化组合，实现国有经济布局和产业结构的战略性调整。二是微观层面上，通过国有资本预算，重点考核企业财务效益状况、资本运营情况、偿债能力和企业发展能力及方向等，通过加强国有资本经营过程的控制保证国有资本的安全运作，实现国资委对国有企业的有效监督管理。

7.3.1.3 完善国有资本经营业绩评价与激励系统

国有资本预算是国有企业制定经营计划的依据，编制国有资本预算为激励、约束国有资产经营者提供操作平台，有利于对国有资产经营管理行为的监督和考核。出资人的所有者权益主要包括资产收益、重大决策和选择管理者等三项重要权利。国有资本预算是对国有资本管理和运营进行评价考核的重要手段，有利于出资人以国有资本所有者代表的身份，以国有资本预算为标准，客观、公正地对国有资本营运绩效进行考核，评价国有资本授权或委托经营者的业绩，约束与控制国有资本授权或委托经营者的行为，评价国有资本投资方向的正确性，并为未来资本预算的准确性奠定基础。

7.3.2 以管资本为主的国资监管体制下国有资本预算的目标及实现方式

7.3.2.1 巩固和扩大国有资本经营预算制度的政策影响力

尽管我国在政策层面没有公开提出国有资本财政的概念，但 2007 年实施国有资本经营预算制度以后，我国的部分国有企业已重新与国家财政建立起收益分配和再分配关系，国有资本财政实际上已在运行。在未来的经济发展中，我国已明确要毫不动摇地巩固和发展公有制经济，这意味着国家对于国有资本的经营不仅不会被削弱，而且还要进一步增强。由于国有资本的公有属性，决定了国有资本经营不能仅仅以逐利为目的，而是要服务于国家战略需要，实现特定的功能；因此，我国的国有资本经营需要增加宏观经营性，即国家需要进一步强化国有资本财政管理，避免国有企业因逐利经营陷入无序发展。国有资本经营预算作为国有资本财政安排收支、进行国有资本布局和结构调整的主要工具，在未来的改革中，需要进一步厘清理财理念和功能定位，不断扩大预算编制规模和宏观调控能力，通过收支安排落实国家关于国有资本宏观经营的各项要求，确保国有企业在国民经济转型升级发展中始终发挥主导作用。

7.3.2.2 完善国有资本收益收取机制

目前，社会层面对于国有资本收益的收取关注度很高，政策层面要求提高国有资本收益上缴比例，此外，混合所有制经济和国资监管体制改革也对国有资本收益管理提出了新要求。完善国有资本收益收取机制将是国有资本经营预算改革的重要任务之一。完善与改进国有资本收益收取机制的具体措施主要包括：一是制定提高国有资本收益上缴比例的合理方案，避免片面强调提高上缴比例，影响企业长期可持续发展能力；二是建立市场化的税后利润收取机制，即在混合所有制经济环境下，根据企业财务管理规律，统筹各方股东意见，制定个性化、市场化的税后分红政策；三是加大对国有产权转让收入的收取力度，对于国有资本退出部分行业领域所产生的国有产权转让收入，无论是否由国资委直接实施退出，均应作为国有资本收益上缴；四是合理披露国有资本收益收取情况，包括分红政策的制定情况和落实情况等，自觉接受公众监督，避免个性化的政策成为政策制定者的寻租工具。

7.3.2.3 建立和完善国有资本收益分享机制

建立和完善国有资本收益分享机制是政策层面的要求，也是国有资本财政建设的应有之义，因为财政发展国有企业的终极目标还是为了增进人民的福祉。针对目前国有资本收益分享方式简单、分享金额不稳定，分享工作尚未形成制度化机制化等问题，下一步改革的具体任务主要包括：一是建立和完善稳定的国有资本收益分享机制，使国有资本收益分享工作有章可循，避免片面强调国有资本收益分享影响国有资本宏观经营目标的实现；二是丰富国有资本收益分享的形式，比如按照党的十八届三中全会要求国有资本加大对公益性企业的投入等。

7.4 覆盖全部国有企业、分级管理的国有资本经营预算和收益制度的目标及相关设计

7.4.1 确保国有资本收益的预算原则

确保国有资产收益应在预算制度上坚持以下三条原则。

第一，市场效率原则。国有资本预算的突出特点是政府以国有资本所有者身份参与市场活动的体现，目的是直接调整产业结构，其具有宏观经营性和市场性特征。因此，国有资本财政的最佳规模应由市场效率准则决定，即实现社会平均利润最大化，以促进国有资本增值。

第二，收支相应原则。在国有资本预算中，资金的筹集重点是国有资本存量调整收入，它是决定国有资本预算能否真正实施的关键，因为国有资本存量调整收入不仅可成为国有资本预算稳定的资金来源，而且可以更充分地体现国有资本投资在产业调整中的资金运动特点。因此，存量调整坚持"投资决定筹资"的收支相应，是编制国有资本预算的重要原则，也是保证国有资本金保值增值的关键措施。

第三，可控性原则。改革现行政府投资管理体制的关键，在于建立国有资本投资的责任制。应在国有资本投资的执行层面给予具体的投资责任人以充分的自我决策的权力，才能使其承担相应的投资风险。由此增加预算执行过程创新的可能性，以提高执行效率。

第四，法治化原则。国有资本预算的编制主体及其权责、编制范围与内容等，必须有法可依。国有资本预算需要通过同级人民代表大会的批准，并置于立法机关的监督之下。而对于预算编制过程中的"虚报"等违规、违法问题，必须依法追究与处罚，以此增强预算的透明度和严肃性。此外，随着财政、税收体制的改革，国有资本的分级预算应该逐步实现。因而，在国有资本预算的编制中，还应坚持分级编制、责权协调的原则。

7.4.2 将全部国有企业纳入预算实施范围

收益权是法律赋予出资人的权利，因此，所有国家出资的企业都应当向国家

上缴资本回报，纳入国有资本经营预算实施范围。随着条件的成熟，不仅要把国资委监管国有企业之外、分散在各个政府部门管理的国有企业全部纳入实施范围，更要把下列两种企业也纳入预算管理：一是金融企业，包括国有银行、保险、证券等。目前，金融企业的发展并不平衡，银行业规模较大，保险和证券行业相比规模偏小，统一纳入国有资本经营预算，有助于通过国有资本再分配，统筹安排，推动金融各领域以及金融与实体经济之间的均衡发展。二是国家主权财富基金、全国社保基金等企业化运作的政府基金。一方面这些基金都是完全企业化运作的营利性基金，理应向出资人上缴资本回报；另一方面，将这些基金纳入预算范围，有利于进一步发挥国有资本经营预算的政策职能。比如，可以通过支持国家主权财富基金进一步配置国外资源；还可以通过支持全国社保基金，增加国家应对未来社保资金缺口的储备性资产，合理分享国有资本收益，等等。

7.4.3　向混合所有制企业开放预算资金申请渠道

在积极发展混合所有制经济的大背景下，只要政府出资形成的权益在混合所有制企业中能得到合理的确认和保障，国有资本经营预算完全可以向非国有企业开放预算资金申请渠道，安排资金注入私营企业或外资企业，形成新的混合所有制企业。因此，在未来国有资本经营预算管理中，应当"敞开门"欢迎非国有企业申请预算资金，在特定情况下，甚至还可以主动安排部分资金与非国有企业合作，介入某些行业的整合发展。但是，国有资本经营预算混合所有制企业安排注资混合经营时，应当注意以下问题：一是混合应当有"门槛"，应当要实现优势互补，合作伙伴应能带来国有资本不具备的技术优势、管理优势、资本优势等；二是应当尽可能取得控股地位，为了规避国有资本失控的风险，除了获取境外资源等少数投资事项，国有资本应当更多地以控股方式存在；三是应当合理估值，对拟投资的非国有企业，政府应当严格履行资产评估、尽职调查等手续，合理评估国有资本注入应获得的权益，严防国有资本在合作中流失或国有资本权益因价值低估被侵蚀。

7.5　以管资本为主的国资监管体制下，国有资本预算上缴原则、比例确定原则

随着国有企业经营形势的好转，对于提高国有企业利润上缴比例的呼声不断。国有企业属于全体人民，人民完全有权利要求提高国有资本的投资回报，目前我国国有资本收益上缴比例相比国外还有提高的空间，国家已将提高国有资本

收益上缴比例作为收入分配改革的重要内容之一，《国务院批转发展改革委等部门关于深化收入分配制度改革若干意见的通知》中已提出；适当提高中央企业国有资本收益上缴比例，"十二五"期间在现有比例上再提高5个百分点左右，党的十八届三中全会进一步指出，提高国有资本收益上缴公共财政比例，2020年提高到30%。因此，在未来一段时间内，提高国有资本收益上缴比例是必然趋势。国有资本经营预算在收入管理方面需要制定好提高利润上缴比例的方案，既要落实国家有关决定，又要适合国有企业实际情况，避免对企业正常经营造成重大影响，未来按照市场化原则确定逐户确定国有企业收益收取比例或利润分配方案将是改革的方向。

国有资本经营收益上缴管理要遵循三个基本原则：第一，统筹兼顾、适度集中。统筹兼顾企业自身积累、发展和国有经济结构调整及国民经济宏观调控的需要，合理确定国有资本收益分配比例。第二，相对独立、相互衔接。国有资本经营预算与政府公共预算分别编制，既保持国有资本经营预算的完整性和相对独立性，又要与政府公共预算相互衔接。第三，分级编制、逐步实施。按照国有资产分级管理体制，国有资本经营预算分级编制，并根据条件逐步实施。

进行国有资本经营收益分配时，其分配比例的确定直接影响到利益相关者的切身利益，应科学权衡国有资本经营收益分配比例。国家股东的分红政策其实是属于投资政策，决定将一部分利润留存企业实际上是决定对企业投资的多少。因此，国家股东确定分配比例时，首先要根据市场的投资回报率等因素，确定合适的"标杆回报率"；其次，应该确保企业利润进行的再投资符合国有经济布局高速的思路和方向；最后，不同的行业，应该有不同的分红标准。国家在制定资本收益分配比例时，应该鼓励企业用留存利润支持高新技术等高附加值的投资项目。

7.6 依据不同功能国有资本定位确定国有资本收益收支范围与基本原则

国有企业、国有股权是国家投资形成的，国家作为投资者理应收取投资收益。《企业法》规定：国有企业应依法缴纳税金、费用、利润。《公司法》规定：公司股东依法享有资产收益，参与重大决策和选择管理者等权利。因此，国有企业向国家上缴利润是其应尽的义务。近年来，国家在支持国有企业改革和发展方面采取了一系列政策措施，取得了明显成效，现代企业制度初步建立，企业历史包袱基本解决。但是同时，一些国有企业存在着盲目投资、重复建设的问题。由于受资源、垄断程度以及企业历史包袱轻重不同等多种因素的影响，国有企业的利润水平在不同行业企业之间有着较大差异，导致国有企业职工收入水平差异明显，影响社会公平。国家适时出台政策，向国有企业收取投资收益，将进一步规范国家和企业的分配关系，促进国有企业完善收入分配制度，增强国有企业对国家的责任意识。

随着逐步取消了公共财政中对国有企业的一些特殊政策，国有企业改革和发展的一些深层次问题难以解决。建立国有资本经营预算，国家将取得的国有资本收益用于弥补国有企业改革成本，支持优势企业自主创新，提高核心竞争力，不但有利于国有企业改革和发展，而且符合财政改革的方向。

7.6.1 科学界定国有资本经营预算合理确定收支范围、准确把握支出方向

国有资本经营预算是国家以所有者身份依法取得国有资本收益，并对所得收益进行分配而发生的各项收支预算，是政府预算的重要组成部分。一方面，国有资本经营预算独立于公共预算之外，全面掌握经营性国有资本的收入、支出、资产和负债情况，以确保国有资本保值增值和再投资的有计划进行。另一方面，国有资本经营预算和政府公共预算也需要密切衔接，公共预算和国有资本经营预算收支科目内，分别设置专门衔接科目，国有资本收益每年以一定比例上缴公共财政，公共财政预算有结余的时候，也可按产业政策要求，实行转移支付，对国有资本进行投资。

国有资本经营预算由收入和支出两部分构成。

国有资本经营预算的收入是指各级人民政府及其部门、机构履行出资人职责的企业（即一级企业，下同）上缴的国有资本收益，主要包括：国有独资企业按规定上缴国家的利润；国有控股、参股企业国有股权（股份）获得的股利、股息；企业国有产权（含国有股份）转让收入；国有独资企业清算收入（扣除清算费用），以及国有控股、参股企业国有股权（股份）分享的公司清算收入（扣除清算费用）；其他收入。

国有资本经营预算的支出主要包括：①资本性支出，根据产业发展规划、国有经济布局和结构调整、国有企业发展要求，以及国家战略、安全等需要安排的资本性支出；②费用性支出，用于弥补国有企业改革成本等方面的费用性支出；③其他支出，具体支出范围依据国家宏观经济政策以及不同时期国有企业改革和发展的任务，统筹安排确定。必要时，可部分用于社会保障等项支出。

从目前国有资本经营预算支出去向来看，基本上还属于在国有企业体内循环。国资委数据显示，中央国有资本经营预算中用于经济类的支出比例较大，以2013 年为例，中央国有资本经营支出总额为 1083.11 亿元，其中用于资源勘探电力信息等事务的支出超过支出总额的一半以上，高达 67%；国有资本经营预算

用于教育、文化体育与传媒、农林水务、交通运输等公共性支出比例仅有 12%；补充社会保障金的支出仅为 11.34 亿元；调入公共财政的转移性支出虽然逐年增加，2013 年达到 65 亿元，但总量仍然偏小。由此可见，国有资本经营收益绝大部分再次投入了企业运营中去，这对调整国有经济布局，提高资本运营效率，实现国有资产保值增值具有重要意义。但是从国有资本经营收益的增长趋势以及实现国有资本经营收益全民共享的目标来看，应该逐渐调整支出方向，改变目前国有资本经营预算的支出结构，加大国有资本经营预算的民生支出。用于解决社会保障、医疗卫生、教育就业等问题，让全民共享国有资本收益。

7.6.2 国有资本收益收支应遵循的基本原则

建立覆盖全部国有企业、分组管理的国有资本预算制度，有利于建立和完善社会主义市场经济体制，深化国有资产管理体制改革，促进国有资本所有者所拥有的权力与作为社会管理者所拥有的行政权力相分离，促进政府职能转换与政企分开。有利于国资委职能的发挥，维护国有资产所有者权益，减少企业中"所有者缺位"现象。有利于把握我国国有资产及收益的现状，增强政府的宏观调控能力，优化国有经济布局，通过对经营性国有资产的预算，直接调控国有资产的配置和运行，根据国家产业发展战略正确引导社会资本的流向，优化国有资产的规模、结构和运行状态，做到"有所为，有所不为"增强对国民经济的主导作用和控制力。有利于加强对国有资本经营者的约束与控制，对资产收益和产权变动等经营活动进行规范，落实国有资本收益收缴，对国有企业经营者的业绩进行考核和评价，抑制国有资产的流失，提高国有资本运营效率，实现保值增值。①

需要强调的是，国有资本经营预算不是简单地从国有企业中拿走一部分利润，也不是所谓的"抽肥补瘦"，而是通过收入预算和支出预算，鼓励先进，鞭策后进，完善对国有企业的激励与约束机制。因此，国有资本收益收支应遵循以下几个基本原则。

（1）统筹兼顾，适度集中。即建立国有资本经营预算，确定国有资本收益上缴比例要合理、适度，既要考虑国有经济布局和结构调整的需要，有利于国有资本的合理配置，也要考虑国有企业的自身改革和发展。目前，由于国有资本经营预算覆盖面未全、收益收缴比例低等限制，国有资本经营预算收入规模较小，要想集中发挥国有资本经营预算的作用，必须要突出支出重点。对项目支出，分清主次和轻重缓急，着眼于国有资本整体布局和结构的战略性调整，着眼于国民经济未来主导产业的培育，明确国有企业收益的投资方向和重点投资领域。

---

① 吴祥云. 建立国有资本经营预算的若干思考 [J]. 当代财经, 2005 (4): 32-37.

（2）分级编制，逐步实施。与国有资产分级管理体制相适应，国有资本经营预算分级编制，同时考虑到国有企业情况的多样性和复杂性，为稳妥推进此项工作，国有资本经营预算先试行，再逐步推开。

（3）加强监管。发挥国有资本经营预算对加强国有资产运营监管的统领和带动作用，进一步健全国有资产监管和风险管理的配套措施，实施全面的质量管理。通过预审、过程监督、目标考核以及风险控制等手段，切实加强企业国有资产运营质量的监督，全面提升国有资产运营质量，确保国有资产在运营监管中实现保值增值。

（4）权责利对等。国有资本经营预算的资本性支出既要考虑企业完成预算目标的条件，又要规范国有资本管理、监督、营运主体之间的责任、权利和义务关系，加强对国有资本的整体规划和调控，实现资本权益的最大化。

（5）近期目标和长远规划相结合。国有资本经营预算的资本性支出既要考虑近期企业的发展目标，又要立足于长远规划，促进国有企业产业升级和经济结构调整，编制短期投资方向和长期投资规划。

7.7　到 2020 年，提高国有资本收益上缴财政的比例到 30%，对中央企业的要求和影响

2013 年党的十八届三中全会《中共中央关于全面深化改革若干重大问题的决定》发布。《决定》指出，完善国有资本经营预算制度，提高国有资本收益上缴公共财政比例，2020 年提到 30%，更多投向关系国家安全、国民经济命脉的重要行业和关键领域，重点提供公共服务、发展重要前瞻性战略性产业、保护生态环境、支持科技进步、保障国家安全。对比国际大型公司平均税后分红在 25% ~35% 之间，国有企业 30% 上缴收益比例是相对合理。同时，2014 年中央企业国有资本收益收取比例在以往基础上上调 5 个百分点。增长的 5% 利润，不会对企业经营造成明显的负面影响，反而会进一步强化"出资人"的收益概念。同时刺激国企改革创新、降低成本，增加竞争意识和危机意识，"倒逼"国有企业提高经营效率。主要体现在以下三个方面。

7.7.1　推进中央企业"政企分开"和"政资分开"改革

当前，国务院国资委监管的中央企业有 100 多家，而其他政府行政部门管理的各类中央企业尚有近万家，资产庞大，政企不分、政资不分的现象仍然严重，国资监管体制改革任务还很繁重。由于政府职能部门直接管理企业、干预企业的

日常经营活动，束缚了企业的竞争力和活力。当企业效益好的时候，则向企业乱伸手、乱摊派，"鞭打快牛"，而当企业效益不好的时候，又难以对企业负责。此外，由于政府职能部门多头管理企业、又不以国有资产监管为主要任务，容易导致企业外部监管失控，造成企业改制无章、薪酬管理混乱，管理层自我评价、自我激励等问题。政企不分对政府部门本身而言，则容易导致预算外资金收入过多，形成"软预算约束"，容易造就贪腐的温床。因此，坚持党的十六大以来国有企业改革的正确方针，深化国有企业改革，必须要对政府职能进行综合改革，只有最大限度地让政府退出市场，割断政府职能部门与企业的联系，实现国有资产全口径统一监管，才能"使市场在资源配置中起决定性作用"，才能使国有企业真正成为"与市场经济相融合"的主体。

7.7.2 推进中央企业法人治理结构改革

国有企业法人治理结构是实现"政资分开"的关键，没有一个很好的企业内部控制约束机制，就无法根除内部人控制的弊端；为了防止内部人控制监管机构强力向企业内部派驻管理人员，又难免形成"政资不分"的路径依赖。解决这个问题，必须从企业内部形成自我约束的机制做起，完善股东大会、董事会、监事会、经理层相互支撑、相互制约的管理体制，实现"产权清晰、权责明确、政企分开、管理科学"的现代企业制度，从而从源头上真正做到"政资分离"。完善国有企业法人治理结构的方法较多，如国有企业实现股权多元化的混合所有制经济改革，也可以通过整体或者分板块上市成为"公众公司"，不适合进行股权多元化改革的国有企业还通过国有独资公司董事会制度完善法人治理结构。国有企业采取何种方式健全和完善法人治理结构，需要依据企业自身的条件、肩负的任务等因素主要由企业自主地选择。

7.7.3 推动国有企业市场化经营管理水平的提高

国有企业在市场中的竞争必须接受市场规则的约束，国有企业的内部制度也需要与市场规则相适应。国有企业内部的劳动制度、干部制度和薪酬制度，直接决定和影响着自身的市场竞争能力，也需要适应市场竞争的要求进行调整。深化国有企业内部三项制度改革就是要更好地适应现代市场竞争的需要：用工方面实行市场化的、更为灵活劳动用工制度，实现员工"能进能出"；完善与市场机制和企业条件相吻合的客观评价、选聘管理人员的机制、实现干部"能上能下"；进一步改革薪酬管理制度，完善国有企业领导人市场化的业绩考核与薪酬激励政策，实现薪酬标准"能升能降"。用工制度、干部制度和薪酬制度改革，是深化国有企业改革的一项重要内容，也是在新形势下深化国有企业改革的一项难点课题，必须认真研究，做好顶层设计。

7.8 以管资本为主的国资监管体制下，国有资本预算支出原则、支出方向与比例确定

7.8.1 建立以相关者利益最大化为目标的国有企业利润分配政策体系

按照公司财务管理理论，公司财务管理的目标可以分为利润最大化、股东财富最大化、公司价值最大化、相关者利益最大化四种。对于相关者利益最大化目标，能够兼顾公司、股东、债权人、社会公众、政府等多方面的利益诉求，体现了合作共赢的价值理念，有利于实现企业经济效益和社会效益的统一，同时，也符合《国务院关于试行国有资本经营预算的意见》提出的"统筹兼顾企业自身积累、自身发展和国有经济结构调整及国民经济宏观调控的需要，适度集中国有资本收益，合理确定预算收支规模"等有关政策精神。因此，以相关者利益最大化作为目标导向研究制定国有企业利润分配政策，更适合我国国有企业经营发展的实际情况。

鉴于国有企业经营特点各异，结合未来国有企业分类监管的情况，政府出资人可以分类分户制定国有企业利润分配政策，但所形成的政策体系都应当基于相关者利益最大化目标，统筹考虑以下要素：一是社会公众和政府宏观管理需要，主要是保证国有资本收益用于民生支出的需要和用于国有经济布局调整的需要等。二是政府出资人的利益，主要是在与混合所有制企业其他股东博弈中要合理维护好政府股东利益。三是企业自身利益，主要涉及保持企业现金流稳定、合理降低企业资本成本、保证企业投资需求、维护企业可持续发展能力等方面。四是企业债权人利益，主要涉及维持合理的企业资本结构、保持一定偿债能力等方面。

7.8.2 建立个性化、市场化的国有企业利润分配管理机制

国有企业分类监管、国有资本运营和投资公司的授权体制改革，以及混合所有制经济的发展等，都要求对国有企业实施更为灵活、更为市场的利润分配政策。随着国有企业大规模兼并重组工作取得阶段性进展，国有企业的经营质量数量已大为减少，如中央企业数量已由 2003 年的 196 家减少到目前的 113 家，已

具备"一企一策"逐户研究确定利润分配政策、实施利润分配管理的条件。下一步的改革，应当在以相关者利益最大化为目标的国有企业利润分配政策体系内，建立起个性化、市场化的利润分配管理机制。

7.8.3 建立应收尽收的国有产权转让收入收取机制

按照党的十八届三中全会精神，国有经济还需要进一步进行布局和结构调整，对于部分竞争性经济领域，国有资本可能要逐步退出，将产生较大的国有产权转让收入。目前，国家对国有产权转让收入收取不够，只收取国资委直接转让国有产权形成的收入，规模不大，占国有资本经营预算收入比重很小。从国外经验看，国有企业民营化产生的国有产权转让收入金额可观，曾是政府收入的重要组成部分。我国国有资产规模庞大，国有资本存量调整完全可以成为扩大财政收入的重要手段。从另一个角度看，如果国有资本退出的资金不能上收，而国有资本进入战略性新兴产业的资金还需要另外下拨，那对于政府出资人而言，就是只有投资的责任而没有"收获"的权利，是一种权利与责任的不对称，是对政府出资人利益的侵蚀。因此，我国理应加强国有产权转让收入的管理，做到应收尽收。

7.9 提高国有资本收益上缴公共财政比例，国有资本预算支出与社保基金的关系

7.9.1 提高国有资本收益上缴公共财政比例与国有资本预算支出

国有资本经营预算是政府预算的重要组成部分，《国务院关于试行国有资本经营预算的意见》明确指出既要保持国有资本经营预算的完整性和相对独立性，又保持与政府公共预算（指一般预算）的相互衔接，在必要时，国有资本经营收益可部分用于社会保障等项支出。因此，我国国有资本经营收益每年都有一定比例调入公共财政预算。

自 2007 年实行国有资本经营预算制度以来，财政部会同有关部门按照国有企业行业性质分类确定资本收益上缴比例。总体来看，中央企业国有资本收益上缴比例呈逐步提高趋势，从最初的 10%、5%、免收 3 个档次，逐步优化调整提高到目前的 20%、15%、10%、5%、免收 5 个档次。自 2010 年以来，逐步加大了中央国有资本经营预算资金调入公共预算的力度，用于社会保障等民生领域。

2010 年调入 10 亿元，2011 年调入 40 亿元，2012 年调入 50 亿元，2013 年调入 65 亿元。党的十八届三中全会《中共中央关于全面深化改革若干重大问题的决定》明确提出了划拨部分国有资本充实社会保障基金的量化目标，即 2020 年国有资本收益上缴公共财政的比例要提高到 30%，更多地用于保障和改善民生。被视为全面深化改革的总目标——"让发展成果更多更公平惠及全体人民"的具体体现。

提高国有资本收益上缴公共财政比例，究其原因在于国有资本经营收益全民共享的基本立足点，即以惠民为根本目标合理配置国有资本经营收益。国有企业属于全民所有，全国人民都理应分享国有企业发展的成果。[1] 同样地，国有企业有义务承担相应的社会责任。国有资本运营注重经济效益，实现保值增值，其根本目的仍在于大力发展经济、提高人民生活水平。公共财政通过调控支出方向，在促进社会经济发展、基础设施建设、完善社会保障、支持科教文卫等方面发挥着重要作用，与人民生活息息相关。将国有资本收益调入公共财政，并提高上缴公共财政比例，才能真正实现国有资本收益全民共享，解决惠及百姓的重大问题，尽早实现"用之于民"。

目前来看，国有资本收益应由全民共享这条原则没有得到很好贯彻。以 2011 年为例，中央国有资本经营收入 800.61 亿元，支出 769.54 亿元，其中 723.6 亿元又以各种名目返还给了中央企业，调入公共财政的只有 40 亿元，只占上缴利润的 5.2%；2012 年，中央国有资本经营收入 950.76 亿元，国有资本经营支出预算 875 亿元，其中调入公共预算用于社保等民生支出仅 50 亿元，只占上缴利润的 5.3%。[2]

因此，必须进一步加大国有资本经营预算资金调入公共财政预算的力度，让国企改革发展成果更多更好地惠及人民群众。一方面，研究提高中央企业国有资本收益上缴公共财政比例；另一方面，增加国有资本经营预算中用于民生的支出规模。2014 年中央国有资本经营预算安排调入公共财政预算 184 亿元，比上年增加 119 亿元，增长 183.1%，占中央企业上缴国有资本收益的 13%。[3]

7.9.2　国有资本预算支出与社保基金的关系

社会保障事业是政府弥补市场缺陷而提供的重要公共服务之一，为建立完善的社会保障体系，我国于 2001 年建立了社保基金，并在此基础上形成了相应的社会保障基金预算。由于社会保障事业具有的强烈公共性，社会保障资金一般主

---

① 王绛. 国企利润都到哪儿去了？[J]. 现代国企研究，2014（8）：56 - 59.
②③　数据来源于财政部官方网站。

要依靠政府一般性预算投入。但就我国国情而言，一方面由于当前国有企业还面临着较大的困难和问题，不良资产消化难度大，历史包袱较重，整体运营效益亟待提高，国有资产布局和结构的战略性调整和国有企业改制中的职工安置都急需大量资金，现行体制下基本靠国有企业的自我积累和资本运作难以妥善解决。另一方面在国有企业改制重组转型中的一部分调整成本，如国企改制重组向地方政府卸交所承担的社会职能从而给地方财政增加的支出；国企破产、改制和主辅分离等都将一部分失业职工推向社会形成的社会保障基金欠账；积极财政政策淡出后国债还本付息的负担和风险；中央财政为弱化国有商业银行金融风险必须支付的成本等等，实际上都以各种不同的形式形成了目前规模巨大的国有资本，需要通过国有资本预算划拨来实现三种预算的统一平衡，因而国家早在社保基金设立之初就明确把国有资产减持收入作为一个重要收入来源，党的十六届三中全会又决定将部分国有资产依法划转以充实社保基金。

从现实的资产状况看，通过划拨国有企业资产的方式充实社保基金过程中，如果所划拨资产是劣质资产则对充实社保基金助益不大，划拨优质资产又会对企业持续发展造成不利影响，还可能影响企业的控股地位。因此，比较合理的方法是建立国有资本经营预算，将一部分国有资本经营收益用于充实社会保障基金。

一般认为，利用国有资本经营收益弥补社保基金支出缺口，可以有两种方式，一种是直接将部分国有资本变现，然后划拨至社保基金，另一种是在国有企业改制重组中，将一部分国有股权直接划拨到社保基金中。这两种划拨实际上都是国有资本经营预算到社会保障预算的资金流动。在目前的体制下，属于中央所有的全部国有资本都由国务院国资委及其下属的国有资产控股公司管理，而这些国有企业又多数属于上市公司，因此对于这部分资产而言，可以考虑通过转持的方式，将一部分国有股权转由社保基金持有，从而实现国有资本经营预算与社会保障预算的对接。

7.10　国有资本预算支出及监管的制度设计

国有资本经营预算支出的监督与考核是国有资本经营预算支出管理的重要内容。国有资本支出管理的各个环节都需要由严格的制度性监督和完善的标准化考核来保障。加强对国有资本经营预算支出的监督与考核，有利于发现和解决各级预算主体在支出管理活动中的问题与不足，提高预算资金的使用效率与效益，防止国有企业盲目扩张而不务主业。国有资本经营预算的主体包括预算主管部门、预算单位、预算执行企业，应针对各预算主体在国有资本经营预算中所扮演的不同角色分别进行监督和考核。

7.10.1　部门的监督与考核

对预算主管部门的监督与考核都应由国务院或人民代表大会负责。要通过政府审计部门进行专项审计来完成。审计完成后应当形成《有资本经营预算审计工作报告》，提交人大或相关机构备案。

考核可以通过成立专门的委员会或评审团对预算主管部门进行实地调查、日常抽查、调查问卷等。同时应尽快建立和完善问责机制。国务院或人大根据政府专项审计形成的国有资本经营预算审计工作报告，针对主管部门在工作中出现的重大失职和不作为等问题，依照相关法律法规，对相关责任人做出相应处罚，并对各相关责任人做好备案记录，规定其三年内不得从事相同或相关工作。

7.10.2　对预算单位的监督与考核

对各级预算单位的监督与考核应由财政部门和其他相关政府部门负责。财政部门可以通过对预算单位定期或不定期的访谈座谈、问卷调查，或派出工作小组进行内部审计等形式履行监督职责。各项监督工作结束后应形成监督意见并反馈给预算单位以便其及时改进。

对预算单位的考核主要包括预算支出安排产生的经济效益和社会效益；经营预算建议草案是否符合国有经济布局和结构调整的要求；工作中是否出现重大失职或者不作为情况；重大失职或不作为情况的影响程度和造成的损失；相关政府部门及所监管企业对其工作的评价等。财政部门和其他相关政府部门应对考核不合格和出现问题的相关责任人进行问责。针对预算单位在工作中出现的重大失职和不作为等问题，依照相关法律法规，对相关责任人做出相应处罚的同时对各相关责任人做好备案记录，规定其三年内不得从事相同或相关业务。

7.10.3　对预算执行企业的监督和考核

预算执行企业作为预算支出资金的直接使用人，对预算的实际执行情况和预算支出资金的使用效益最终负责。对预算执行企业的监督与考核主要由预算单位，即国资委负责。预算单位通过本部门内部或聘请会计师事务所对各预算执行企业的预算执行情况进行专项审计，或者组织不定期的实地调查、访谈座谈等完成对企业的监督。

对预算执行企业主要监督以下方面：企业预算支出是否与申报的预算支出计划相一致；预算支出是否与上级批准的预算安排相一致；预算执行中是否出现非

法挪用、占用、违规使用资金的情况；各项支出是否进行了翔实完整的记录和账务处理。

国资委对预算单位的考核主要包括两方面内容：一是对企业预算支出资金使用的合规性考核，即对预算资金是否按规定用途使用、是否存在挪用占用等非法使用问题进行考核，通过国资委部门内部审计或聘请会计师事务所的专项审计来考核；二是对企业预算支出资金的使用效益考核，即对预算资金使用过程中产生的社会效益和经济效益进行考核，包括对资本性支出的使用效益考核和对费用性支出的使用效益考核，应由国资委设置相应的考核指标进行考核。

特别需要指出的是，监督与考核必须与相关部门和个人的利益紧密挂钩，切实保证责任落实到自然人，为此各级政府部门应当尽快研究并建立国有资本经营与投资责任追究机制。同时，要明确监督考核与责任追究只是保障国有资本安全和合理投资的手段之一，更为关键和重要的是要探索建立国有资本投资与运营的风险预警和防控机制。

第 8 章

深化国有企业"内部三项制度"改革

党的十八届三中全会要求"深化企业内部管理人员能上能下、员工能进能出、收入能增能减的制度改革。"时任国资委主任、党委书记张毅指出"要以自我变革的精神和勇气，不断深化内部改革"。国资委必须要以壮士断腕的精神，痛下决心、大刀阔斧，进一步加大简政放权力度，认真分析、深入查找自身问题，切实落实以管资本为主的要求，坚决调整监管职能、监管方式和运行机制，不该管的和可管可不管的坚决不管，该放的要彻底放到位。各中央企业也要坚持问题导向不断深化内部改革，进一步加强集团化管控、建立健全激励约束机制、深化三项制度改革，更加适应市场化、国际化的要求。

8.1 深化国有企业"内部三项制度"改革的内容、目标和方向

8.1.1 国有企业"内部三项制度"含义及改革目标

8.1.1.1 何谓国有企业"内部三项制度"

国有企业"内部三项制度"是指国有企业内部的人事制度、劳动制度和分配制度。2001 年国家经贸委、人事部、劳动和社会保障部《关于深化国有企业内部人事、劳动、分配制度改革的意见》改革国有企业内部人事、劳动、分配制度（以下简称"三项制度"），是充分调动职工积极性、增强企业市场竞争力的一个关键因素。为进一步贯彻党的十五届四中、五中全会精神，落实《国有大中型企业建立现代企业制度和加强管理的基本规范（试行）》的要求，推动企业加快建立现代企业制度，切实转换企业经营机制。

深化企业三项制度改革是当前国有企业改革和发展的紧迫任务。近年来，随

着经济体制改革步伐加快，一些国有企业按照建立现代企业制度的要求，在内部人事、劳动、分配制度改革方面进行了积极探索，取得了明显成效。但也有相当一部分企业内部改革不到位，用人制度和分配制度不适应市场经济发展的要求，企业内部竞争机制、有效激励和约束的机制没有形成，严重影响企业经营机制转换和市场竞争能力的提高。当前，要把深化企业三项制度改革作为推进国有企业改革与发展的一项重要而紧迫的任务，采取切实有效措施，加大工作力度。

深化企业三项制度改革的工作原则和要求是：做好深入、细致的宣传工作和思想政治工作，引导广大职工转变观念、提高认识，营造深化改革的舆论氛围；充分引入竞争机制，改革的方案做到公平、公正、公开，增强透明度；从实际出发，勇于实践，积极探索适合企业特点的改革方式和办法，务求实效；涉及职工利益的重大改革措施出台，要认真听取职工代表大会意见，维护职工合法权益，确保社会稳定和企业生产经营正常进行。

8.1.1.2 国有企业"内部三项制度"改革目标

深化企业三项制度改革的目标是：把深化企业三项制度的改革作为规范建立现代企业制度的必备条件之一，建立与社会主义市场经济体制和现代企业制度相适应、能够充分调动各类职工积极性的企业用人和分配制度。尽快形成企业管理人员能上能下、职工能进能出、收入能增能减的机制，国家重点企业以及各省（市、区）确定的国有大中型骨干企业，要在深化三项制度改革上走在前列，率先达到本意见的各项要求；其他各类企业也要积极创造条件，加快改革步伐，尽快达到本意见的各项要求。

8.1.2 国有企业"内部三项制度"改革重点

8.1.2.1 国有企业人事制度改革重点

第一，调整企业组织机构。改革不适应市场竞争需要的企业组织体系与管理流程。按照《公司法》的要求，建立规范的法人治理结构，精简各类职能部门，减少管理层次，控制管理幅度，使各部门之间和上下级之间做到责权明确、信息通畅、监控有力、运转高效。企业管理岗位与管理人员职数的设定，要按照精干、高效原则，从严掌握。

第二，取消企业行政级别。企业不再套用国家机关的行政级别，管理人员不再享有国家机关干部的行政级别待遇。打破传统的"干部"和"工人"之间的界限，变身份管理为岗位管理。在管理岗位工作的即为管理人员。岗位发生变动后，其收入和其他待遇要按照新的岗位相应调整。

第三，实行管理人员竞聘上岗。管理人员是指企业内部担任各级行政领导职务的人员、各职能管理机构的工作人员以及各生产经营单位中专职从事管理工作的人员。除应由出资人管理和应由法定程序产生或更换的企业管理人员外，对所有管理人员都应实行公开竞聘、择优聘用，也可以面向社会招聘。企业对管理人员竞聘的岗位和条件，要根据需要在尽可能大的范围提前公布，对应聘人员进行严格的考试或测试，公开答辩、公正评价、公示测评结果，按企业制定的竞聘办法决定聘用人员。实行领导亲属回避制度，企业财务、购销、人事等重要部门的负责人，原则上不得聘用企业领导人员的近亲属。

第四，加强对管理人员的考评。企业对管理人员实行定量考核与定性评价相结合的考评制度。根据企业经营目标和岗位职责特点，确定量化的考核指标。难以实行定量考核的岗位，也要根据经营业绩和工作实绩进行严格考核。对重要岗位上的管理人员要建立定期述职报告制度，并建立考评档案。对考评结果的确定，以经营业绩和工作实绩考核为主，参考民主评议意见。

第五，依据考评结果进行奖励或处罚。对年度或任期内考评成绩优秀的管理人员应予以表彰或奖励；对考评成绩达不到规定要求的管理人员，要给予警示和处罚。任期内不称职的，可以通过企业的规定程序予以提前解聘。企业根据实际情况，可在健全考评制度的基础上，对管理人员实行淘汰下岗制度，真正形成竞争上岗的用人机制。

第六，加强对管理人员的培训，切实提高管理人员素质。对关键、特殊岗位的管理人员要实行持证上岗制度，上岗前进行必要的岗位知识和技能培训。

8.1.2.2 国有企业劳动制度改革重点

第一，保障企业用工自主权。企业根据生产经营需要，按照面向社会、条件公开、平等竞争、择优录用的原则，依法自主决定用工数量和招工的时间、条件、方式。除国家另有规定外，任何部门、单位或个人不得强制企业接受人员。

第二，规范劳动合同制度。企业与职工按照平等自愿、双向选择、协商一致的原则，签订劳动合同，依法确定劳动关系。企业职工中不再有全民固定工、集体工、合同工等身份界限，所有职工的权益依法受到保护。建立健全劳动合同管理制度，完善管理手段，依法做好劳动合同变更、续订、终止、解除等各项工作，对劳动合同实行动态管理，认真履行劳动合同。职工劳动合同期满，企业应根据考核情况和企业生产经营需要，择优与职工续签劳动合同。

第三，优化劳动组织结构。根据企业生产经营需要，参照国内外同行业先进水平，科学设置职工工作岗位，测定岗位工作量，合理确定劳动定员定额标准，减员增效，不断提高劳动生产率。

第四，推行职工竞争上岗制度。对竞争上岗和在岗职工，进行岗位动态考核，并可依据考核结果建立和完善内部淘汰办法。对不胜任工作的人员及未竞争到岗位的人员，企业应对其进行转岗或转岗培训。不服从转岗分配或经培训仍不能胜任工作的职工，企业可与其依法解除劳动关系，形成能进能出的用工机制。

第五，加强以岗位管理为核心的内部劳动管理。依据国家有关法律法规和本企业实际，建立健全企业内部劳动管理的配套规章制度，规范奖惩办法，严肃劳动纪律。对违反企业规章制度和劳动纪律的职工，应按规定予以处理，情节严重的，可以依法解除劳动关系。

第六，多渠道分流安置富余人员。富余人员较多的企业，要采取主辅分离和鼓励职工自己创办独立核算、自负盈亏的经济实体等多种途径，加快人员分流。富余人员未分流前能够胜任的工作岗位原则上不再招用新的职工。积极采取有效措施，鼓励富余人员直接进入劳动力市场自谋职业。生产经营遇到严重困难和濒临破产的企业，可依法实行经济性裁员。

第七，健全和完善职工培训制度。企业要形成培训与考核、使用、待遇相结合的激励机制。坚持先培训后上岗的制度，大力开展职工岗前培训。对按规定必须持职业资格证书上岗的职工，应按国家职业资格标准进行培训，使其取得相应的职业资格。加强职工在岗、转岗培训，提高职工素质，增强职工创新能力。

8.1.2.3 国有企业分配制度改革重点

第一，实行按劳分配为主、效率优先、兼顾公平的多种分配方式。企业内部实行按劳分配原则，合理拉开分配档次。允许和鼓励资本、技术等生产要素参与收益分配。积极推行股份制改革，在依据有关法规政策进行规范运作的基础上，允许职工通过投资入股的方式参与分配。

第二，改革企业工资决定机制。企业职工工资水平，在国家宏观调控下由企业依据当地社会平均工资和本企业经济效益自主决定。企业应依法执行最低工资保障制度，保证职工在法定工作时间内提供正常劳动后，获取的工资报酬不低于当地政府规定的最低工资标准。

第三，完善企业内部分配办法。建立以岗位工资为主的基本工资制度，明确规定岗位职责和技能要求，实行以岗定薪，岗变薪变。岗位工资标准要与企业经济效益相联系，随之上下浮动。允许企业根据本企业特点，采取形式多样、自主灵活的其他分配形式。无论哪一种形式，都应该坚持与职工的岗位职责、工作业绩和实际贡献直接挂钩，真正形成重实绩、重贡献的分配激励机制。

第四，运用市场手段调节收入分配。随着分配制度改革的深化，在企业内部分配上逐步引入劳动力市场工资指导价位，通过双方协商，合理确定相关人员工资水平，更好地发挥市场对劳动力资源配置与企业工资分配的基础性调节作用。

第五，调整职工收入分配结构。把工资总额中的部分补贴、津贴纳入岗位工资，提高岗位工资的比重。降低固定工资占职工工资收入的比重，提高与企业效益和职工实际贡献挂钩的浮动工资比重，做到奖勤罚懒、奖优罚劣。在执行当地政府规定的职工最低工资标准的基础上，职工工资收入中与企业效益和职工实际贡献挂钩的浮动工资的比重应占较大部分。

第六，实行适合企业专业技术人员特点的激励和分配制度。对企业专业技术人员实行按岗位定酬、按任务定酬、按业绩（科技成果）定酬的分配办法。对有贡献的企业专业技术人员可实行项目成果奖励，技术创新和新产品商品化的新增净利润提成，技术转让以及与技术转让有关的技术开发、技术服务、技术咨询所得净收入提成，关键技术折价入股和股份奖励、股份（股票）期权等分配办法和激励形式。企业可采取特殊的工资福利措施，引进和稳定少数关键专业技术人才。对贡献突出的专业技术人才实行重奖，其奖励可在企业技术开发费中据实列支。

第七，完善对营销人员的分配办法。企业根据产品的市场状况和销售特点，确定营销人员的任务、责任和分配办法。营销人员的收入除了依据其完成的销售收入量而定外，还要与其销售经营的实际回款额紧密挂钩。对推销新产品、库存一年以上积压产品或回收逾期一年以上货款效果显著的人员应给予奖励。营销人员的奖励可在销售费用中据实列支。

8.2　国企负责人分类管理、选任方式匹配的差异化分配制度设计

8.2.1　国有企业领导人分类管理思想

8.2.1.1　国有企业领导人含义及范围

国务院国有资产监督管理委员会令第 30 号《中央企业负责人经营业绩考核暂行办法》第二条，"中央企业负责人是指经国务院授权由国务院国有资产监督管理委员会（以下简称"国资委"）履行出资人职责的国家出资企业（以下简称"企业"）的下列人员：（一）国有独资企业的总经理（总裁、院长、局长、主任）、副总经理（副总裁、副院长、副局长、副主任）、总会计师；（二）国有独资公司的董事长、副董事长、董事（不含外部董事和职工董事），列入国资委党委管理的总经理（总裁、院长、局长、主任）、副总经理（副总裁、副院长、副局长、副主任）、总会计师；（三）国有资本控股公司国有股权代表出任的董事长、副董事长、董事，列入国资委党委管理的总经理（总裁、院长、局长、主任）、副总经理（副总裁、副院长、副局长、副主任）、总会计师"。

8.2.1.2　国有企业领导人分类管理的指导思想

第一，抓大放小。党的十四届五中全会通过的《中共中央关于制定国民经济和社会发展"九五"计划和 2010 年远景目标的建议》，对国有企业改革提出了

新的思路：一是转变经济增长方式；二是实行"抓大放小"的改革战略。《建议》指出："要着眼于搞好整个国有经济，通过存量资产流动和重组，对国有企业实施战略性改组。这种改组要以市场和产业政策为导向，搞好大的，放活小的，把优化国有资产分布结构、企业组织结构同优化投资结构有机地结合起来，择优扶强，优胜劣汰，形成兼并破产、减员增效机制，防止国有资产流失。重点抓好一批大型企业和企业集团，以资本为纽带，联结和带动一批企业的改组和发展，形成规模经济，充分发挥它们在国民经济中的骨干作用。区别不同情况，采取改组、联合、兼并、股份合作制、租赁、承包经营和出售等形式，加快国有小企业改革改组步伐。"

第二，有所为有所不为。这句话出自《孟子》一书。这句话表达了孟子思想的精髓——人要审时度势，决定取舍，选择重要的事情去做，而不做或暂时不做某些事情。"有所为有所不为"是党的十五大提出的创新社会主义的指导方针，其内涵具有两层含义，一是社会主义理论和实践要大胆创新，要"有所为"，同时坚持党的基本理论、基本路线和基本制度"有所不为"。二是坚持"有所为"中的"有所不为""有所先为有所后为、有所快为有所慢为"。坚持该方针是实现"三个代表"、社会主义现代化和中华民族伟大复兴战略目标的必然要求。它是长期实行、覆盖内政外交国防等各个领域和层面、关系中国前途和命运、统领社会主义创新的战略方针。

第三，有进有退。这一方针也是党的十五大提出的，旨在指导国有经济战略调整。2006 年国资委《关于推进国有资本调整和国有企业重组的指导意见》，明确指出国有经济应对关系国家安全和国民经济命脉的重要行业和关键领域保持绝对的控制力，包括军工、电网电力、石油石化、电信、煤炭、民航、航运七大行业。同时，国有经济对基础性和支柱产业领域的重要骨干企业保持较强的控制力，包括装备制造、汽车、电子信息、建筑、钢铁、有色金属、化工、勘察设计、科技等行业。

第四，国有企业分类改革理论。董辅礽把国有企业分为三类（1995），杨瑞龙等（1998）秉承他的分类思想，阐述了国有企业分类改革的相关理论依据，并进一步提出了"四分类"的分类改革思路。黄群慧（2013）则从"使命"角度把国有企业分为三类。实践证明，分类改革的思想具有高度的科学性，"有所为有所不为""抓大放小"等等战略举措都是分类改革的集中体现。我们认为进一步深化国有企业改革仍然要坚持分类改革的思想，不仅要对国有企业经营目标和模式进行分类改革，而且对制约国有企业发展的关键制度也要进行分类改革。党的十八届三中全会通过了《中共中央关于全面深化改革若干重大问题的决定》提出要准确界定国有企业功能。按功能对国企分类，是国企改革的基础问题，牵涉到国企改革的性质、标准、途径和社会资源分配以及效益目标。按功能定位，将国有企业分为：商业一类，即营利性的国有企业；商业二类，即提供准公共产品的国有企业；公益类，即提供纯公共产品的国有企业。

8.2.2　不同类型国有企业领导人与选任方式匹配的差异化分配制度设计

商业一类国有企业是以盈利为主的竞争性国有企业，其负责人的选任方式是市场化聘任，因此，该类国有企业领导人的薪酬也应由市场来决定。商业二类属于垄断性国有企业，其负责人的选任方式既有市场因素也有行政因素，因此，该类企业负责人的薪酬制度结构中既应包括市场部分也应包括行政部分，可以采用固定工资加奖金的结构。公益类国有企业领导人的选任方式以行政任命为主，这类国有企业领导人的薪酬制度可采用与同级别公务员相同的薪酬结构与薪酬水平。

8.3　国企中负责人中长期激励机制，实现条件、方式，追索扣回等配套措施安排

8.3.1　国有企业领导人人力资本"抵押"制度安排

8.3.1.1　人力资本"抵押"理论

一般认为，物质资本的产权属性决定了其使用权与所有权是可以分离的，因此，物质资本可以作为抵押物品，但是人力资本的产权属性不同，其使用权与所有权不能分离，因此，人力资本被认为是不可抵押的。如果人力资本所有者与物质资本所有者签订了一份契约建立企业，那么，物质资本所有者很有可能因为容易被抵押而遭到人力资本所有者对其财产的掠夺。这种事情在网络不发达时代时有发生，但是互联网技术使得数据库越来越庞大，经理人的个人信息也都存储在里面，既包括定价信息和个人绩效信息，甚至还包括个人的品德信息。这些信息对职业经理人越来越重要，使得他们不能像从前那样肆意地"敲竹杠"，否则他们将面临终身失业或者无法从事职业经理人的风险。正是这些信息的聚集，使得职业经理人在与企业达成契约时也将具有可抵押性。因此，职业经理人的质押将包括定价质押和信誉质押两部分。定价质押指职业经理人的薪酬将有一部分用来做物质抵押品；信誉抵押指职业经理人一旦没有完成相应指标或任务或者完成效果不好，其信用评级将会被扣分。这就是人力资本可抵押理论的主要思想。

8.3.1.2　不同类型国有企业领导人人力资本"抵押"制度设计

按照功能，国有企业可分为三种类型，即商业一类、商业二类和公益类。商业一类是以盈利为目的国有企业，商业二类是提供准公共产品或服务的国有企业，大多是自然垄断领域的国有企业，而公益类则是提供纯公共产品或服务的国有企业。这三类企业对国有企业领导人的要求是不同的，商业一类要求职业经理人有更敏锐的商业嗅觉来最大限度地提升企业绩效，商业二类要求职业经理人既要有商业嗅觉又要有社会责任感，公益类企业则要求职业经理人有超强的社会责任感。那么，在对这三类职业经理人进行考核时就不能按照一个标准来执行，需要区别对待。商业一类的职业经理人可考虑较多的定价质押和较少的声誉质押；商业二类的国有企业可考虑使用较少的定价质押和较多的声誉质押，而公益类企业则要使用更多的声誉质押。

8.3.2　国有企业领导人长效激励机制

8.3.2.1　国有企业领导人长效激励机制实现条件

以人为本，以鼓励劳动和创造为根本目的，加大对人才的有效激励和保障。完善按劳分配为主体、多种分配方式并存的分配制度，坚持效率优先、兼顾公平，各种生产要素按贡献参与分配。针对各类人才的特点，建立健全与社会主义市场经济体制相适应、与工作业绩紧密联系、鼓励人才创新创造的分配制度和激励机制。加强对收入分配的宏观管理，整顿和规范分配秩序。结合深化国有资产管理体制改革和建立现代企业制度，逐步建立市场机制调节、企业自主分配、职工民主参与、政府监控指导的企业薪酬制度。坚持按劳分配与按生产要素分配相结合、短期激励与中长期激励相结合、激励和约束相结合的原则，将经营者薪酬与其责任、风险和经营业绩直接挂钩。不断改善收入结构，逐步建立与市场价格接轨、合理有效的激励机制。在分类指导、分步实施的基础上，进一步完善国有企业长效激励机制。

8.3.2.2　国有企业领导人长效激励机制实现方式

加快建立有利于企业转变发展方式的考核评价体系，发挥企业经营者业绩考核的导向作用。加强分类考核，科学合理地设置考核指标，突出价值创造、自主创新和节能减排。把考核结果作为对企业经营者兑现薪酬、诫勉谈话、任职考核和企业重组的重要依据。

推进企业经营者薪酬管理制度改革。完善"重业绩、讲回报、强激励、硬约束"的薪酬管理机制。对制度健全、运作规范的董事会，国资委不再直接决定其高级经营管理人员经营业绩考核和薪酬，而是由公司董事会根据国资委有关规定自主决定。对市场化选聘的高级管理人员薪酬，可根据人才市场及公司情况采取协商的方式确定。对行政任命的高级管理人员，根据"两低于、两挂钩"原则，合理确定并严格规范薪酬水平、职务待遇、职务消费和业务消费等。

加强对企业经营者廉洁行为的考核。与经营业绩考核相结合，加强经济责任审计，完善重大事项报告、述职述廉、民主评议和廉政谈话制度。落实党风廉政建设责任制，对企业经营者出现的腐败行为，实行"一票否决"，并追究责任。

建立健全集团所属企业核心骨干人员长效激励约束机制。对实行职业经理人制度的企业，逐步实现高级管理人员收入分配与市场水平接轨。符合法定条件、发展目标明确、具备再融资能力的国有控股上市公司，对核心骨干人员可实施股权激励。在科技型中小企业积极探索对核心骨干人员实行股票期权、岗位分红权等多种激励方式。建立与长效激励机制相配套的业绩挂钩、财务审计、信息披露、延期支付、追索扣回等约束机制。

8.3.2.3 国有企业领导人长效激励机制实现追索扣回机制

国务院同意发展改革委、财政部、人力资源社会保障部《关于深化收入分配制度改革的若干意见》指出，对国有及国有控股公司企业负责人要"建立与企业领导人分类管理相适应、选任方式相匹配的企业高管人员差异化薪酬分配制度，综合考虑当期业绩和持续发展，建立健全根据经营管理绩效、风险和责任确定薪酬的制度，对行政任命的国有企业高管人员薪酬水平实行限高，推广薪酬延期支付和追索扣回制度"。

一些企业因为政策性原因获得了巨大的收益，但实际上这与企业负责人的贡献没有多大关系，如果仅以收益来考核就比较片面。具体到公益性、功能性、竞争性等不同类别的央企，其考核侧重点也不同。对于公益性和功能性央企，就要重点看其社会效益能否完成。实际运行中，难免存在经营业绩与政治责任、社会责任相冲突的情况。比如在国际油价大幅上升时，为了保障国内能源的供应，保持国内物价水平的稳定，相关能源企业不能因为成本太高就压缩进口量。再比如在抗震救灾等过程中，为了保障灾区的物资供应，铁路的调度只能一切服务于救灾需要，可能因此影响到企业的经营业绩。这些都需要更加科学、全面、合理地综合考核。

任期内出现重大失误、给企业造成重大损失的，将根据央企负责人承担的责任，追索扣回部分或全部已发绩效年薪和任期激励收入。追索扣回办法适用于已离职或退休的中央管理企业负责人。权威人士透露，央企负责人的薪酬将在财务统计中单列科目，单独核算并设置明细账目。其薪酬计入企业工资总额，在企业成本中列支，在工资统计中单列。央企负责人离任后，其薪酬方案和考核兑现个人收入的原始资料应至少保存15年。许保利认为，这便于对央企负责人的工资进行监督。

8.3.3 市场化和企业自主决定的工资总额与国资监管配套措施

国企中大量的经理人员，包括母公司层面的经理团队以及各子公司层面的董事会成员和经理团队等。这类人员是职业经理人，由董事会进行管理，应按照市场化办法选用和激励约束。在选用上，这类人员需要在职业经理市场上通过竞争性的办法由董事会进行选聘；在激励约束方面，考核以市场化的经营业绩为标准，董事会按照市场标准给予其薪酬待遇，采用市场化的薪酬结构和水平，可以实施相应的股权激励制度，但原则上不能再享有相应级别的行政待遇，也不能交流到党政机关任职。

时任国资委主任张毅做的报告，《国资委深入学习贯彻党的十八届四中全会精神》，在组织实施中要注重把握工作的重点对象，本次薪酬制度改革重点对象是中央和国资委管理的领导班子成员；对中央企业市场化选聘的职业经理人实行市场化薪酬分配机制；对国有企业内部职工的薪酬分配制度，要依照《公司法》等法律法规和有关政策，由企业自主决定。

8.4 规范国有企业领导人职务待遇、业务消费有关制度安排

8.4.1 规范国有企业领导人职务待遇、业务消费的内容

党的十八届三中全会要求"合理确定并严格规范国有企业管理人员薪酬水平、职务待遇、职务消费、业务消费。"《国有企业领导人职务消费行为监督管理暂行办法》规定"国有企业领导人职务消费是指国有企业领导人履行工作职责时，发生的由企业承担的消费性支出"。《办法》指出国有企业领导人应当严格执行《国有企业领导人员廉洁从业若干规定》，规范职务消费不得有以下行为：

（1）超标准购买公务车辆、豪华装饰办公场所，或者在企业发生亏损期间，购买、更换公务车辆、装修办公室、添置高档办公用品。

（2）超标准报销差旅费、车辆交通费、通信费、出国考察费和业务招待费。

（3）用公款支付应当由个人承担的购置住宅、住宅装修、物业管理等生活费用，或者挪用企业的材料物资，修建和装修个人住宅。

（4）违反规定用公款进行高消费娱乐活动，或者用公款支付非因公的消费娱乐活动费及礼品费。

（5）违反规定用公款支付应当由个人负担的各种名义的培训费、书刊费等。

（6）违反规定用公款为个人购买商业保险或者支付相关费用。

（7）违反规定用公款为个人变相支付各种理疗保健、运动健身和会所、俱乐部等费用。

（8）违反规定用公款为亲属、子女支付各项费用，或者用公款支付应当由个人承担的其他费用。

（9）利用职务上的便利，在企业内部或到下属企业以及往来单位转移职务消费支出。

（10）通过虚开会议费发票及虚购物资材料、固定资产、办公用品等名义套取现金，用于职务消费支出。

（11）以各种名义对已配备公务用车的国有企业领导人发放用车相关的补贴。

（12）其他违反法律、法规规定的职务消费。

8.4.2　规范国有企业领导人职务待遇、业务消费的信息纰漏机制

《国有企业领导人职务消费行为监督管理暂行办法》第八条：国有企业领导人职务消费制度，应当以适当方式向职工公开。

8.4.3　规范国有企业领导人职务待遇、业务消费的监督约束机制

《国有企业领导人职务消费行为监督管理暂行办法》第九条：各级监察部门会同行使出资人职责的国有资产监督管理机构定期对国有企业领导人职务消费情况进行监督检查。要将监督检查结果作为国有企业领导人年度考核、组织考察评议的重要内容和任免奖惩的重要依据。

《国有企业领导人职务消费行为监督管理暂行办法》第十条：国有企业纪检、监察、审计等内部监督机构应当切实履行职责，对负责人职务消费实施监督，在企业内部建立负责人个人诚信档案。国有企业的监事会应当依照有关规定加强对国有企业领导人职务消费行为的监督。国有企业上报备案的具体实施办法及相关材料应当同时抄送本企业监事会。

《国有企业领导人职务消费行为监督管理暂行办法》第十一条：对违反本办法规定的按下列规定执行：

（1）未按规定上报国有企业领导人职务消费实施办法的，由监察部门提请财政部门会同监察部门、审计部门和行使出资人职责的国有资产监督管理机构予以通报批评。

（2）违反本办法第五条规定的，由纪律监察部门严肃追究国有企业领导人的责任，甚至纪律责任。涉嫌犯罪的，移送司法机关依法处理。

8.5 建立反映劳动力市场供求关系和企业效益的市场化用工决定机制和正常增长机制

8.5.1 劳动争议处理机制

8.5.1.1 《中华人民共和国企业劳动争议处理条例》的规定

《中华人民共和国企业劳动争议处理条例》的目的是妥善处理企业劳动争议，保障企业和职工的合法权益，维护正常的生产经营秩序，发展良好的劳动关系，促进改革开放的顺利发展，适用于中华人民共和国境内的企业与职工之间的下列劳动争议。

（1）因企业开除、除名、辞退职工和职工辞职、自动离职发生的争议；

（2）因执行国家有关工资、保险、福利、培训、劳动保护的规定发生的争议；

（3）因履行劳动合同发生的争议；

（4）法律、法规规定应当依照本条例处理的其他劳动争议。

处理劳动争议，应当遵循下列原则：

（1）着重调解，及时处理；

（2）在查清事实的基础上，依法处理；

（3）当事人在适用法律上一律平等。

劳动争议发生后，当事人应当协商解决；不愿协商或者协商不成的，可以向本企业劳动争议调解委员会申请调解；调解不成的，可以向劳动争议仲裁委员会申请仲裁。当事人也可以直接向劳动争议仲裁委员会申请仲裁。对仲裁裁决不服的，可以向人民法院起诉。劳动争议处理过程中，当事人不得有激化矛盾的行为。

8.5.1.2 解决劳动争议应该尽可能发挥工会的作用

劳动争议仲裁阶段，企业工会无权指定代表参加仲裁委会的工作；劳动争议审判阶段，各级工会都无权以任何方式进行干涉。尽管如此，工会还是有所作为的，那就是依据法律规定接受职工当事人的委托以代理人的身份参加劳动争议的仲裁活动或审判活动。《中华人民共和国企业劳动争议处理条例》第一条规定："当事人可以委托一至二名律师或其他人代理参加仲裁活动"。《中华人民共和国民事诉讼法》第八条第一款规定："当事人、法人代理人可以委托一至二人作为诉讼代理人"。《中华人民共和国工会法》第二十一条和第二十二条规定：职工向人民法院起诉，工会应当给予支持和帮助。"县以上各级总工会可以为所属工会和职工提供法律咨询服务"。民事诉讼法第五十八条第二款规定，有关社会团体推荐的人员可以被委托为诉讼代理人。我们说这两条便是工会接受职工当事人的委托，推荐人员以代理人的身份参加劳动争议仲裁或审判活动的法律依据。换句话说，即工会依法享有为职工当事人推荐代理人的权利能力。

在劳动争议发生后，应该发挥工会的检查监督职能。工会作为社会群团组织所拥有的主要是社会监督权。依照有关法律规定，我国工会组织拥有对企业执行劳动法律、法规情况的监督检查权。工会的这一权利决定了它在劳动争议处理中的检查监督角色。所谓工会在劳动争议处理中的检查监督角色大致有三个方面：一是检查监督企业执行劳动法律、法规以及劳动合同的执行情况，预防劳动争议；二是建议企业纠正侵犯职工权益行为，排解劳动争议；三是检查监督企业执行裁决或判决的情况，避免新的劳动争议。

在检查监督企业执行劳动法和劳动合同预防劳动争议方面，工会检查监督角色的具体作用主要有下列内容：第一，工会发现企业行政方面违章指挥、强令工人冒险作业，或者生产过程中发现明显重大事故隐患和职业危害，有权提出解决的建议。第二，工会有权参加伤亡事故和其他严重危害职工健康问题的调查；工会可以派代表对企业违反劳动法律、法规，侵犯职工合法权益的行为进行调查，有权要求有关部门追究直接责任者的责任。第三，工会帮助、指导或代表职工与企业行政方面签订集体合同。

工会检查监督角色在建议企业纠正侵犯职工合法权益排解劳动争议方面具体有下列内容：第一，要求企业行政纠正违反国家有关劳动时间和违反女职工特殊保护规定的行为。第二，建议企业重新研究对职工辞退、处分和解除劳动合同不当等方面的决定。第三，给职工以开除、除名处分，企业应当事先将理由通知工会，工会认为违反有关法律、法规和有关合同，则有权要求重新处理。

工会检查监督角色在检查监督企业执行裁决或判决，避免新的争议方面主要有下列内容：第一，企业是否如期全面地执行裁决或判决书的内容，执行是否落到实处。第二，执行裁决或判决期间或之后是否对职工当事人有打击报复行为。第三，劳动争议正在处理过程中，企业是否有激化矛盾的行为等等。工会从这些方面发现问题及时做好工作就完全可以避免当事人之间发生新的劳动争议或避免劳动争议的事态扩大。

8.5.2 国有企业职工诉求机制

国有企业职工利益诉求可以通过企业内部的工会来实现。中华人民共和国工会法（2001 修正）规定"工会通过平等协商和集体合同制度，协调劳动关系，维护企业职工劳动权益"。工会应该就如下问题行使权利和履行义务。

第一，企业、事业单位违反职工代表大会制度和其他民主管理制度，工会有权要求纠正，保障职工依法行使民主管理的权利。法律、法规规定应当提交职工大会或者职工代表大会审议、通过、决定的事项，企业、事业单位应当依法办理。

第二，工会帮助、指导职工与企业以及实行企业化管理的事业单位签订劳动合同。工会代表职工与企业以及实行企业化管理的事业单位进行平等协商，签订集体合同。集体合同草案应当提交职工代表大会或者全体职工讨论通过。工会签订集体合同，上级工会应当给予支持和帮助。企业违反集体合同，侵犯职工劳动权益的，工会可以依法要求企业承担责任；因履行集体合同发生争议，经协商解决不成的，工会可以向劳动争议仲裁机构提请仲裁，仲裁机构不予受理或者对仲裁裁决不服的，可以向人民法院提起诉讼。

第三，企业、事业单位处分职工，工会认为不适当的，有权提出意见。企业单方面解除职工劳动合同时，应当事先将理由通知工会，工会认为企业违反法律、法规和有关合同，要求重新研究处理时，企业应当研究工会的意见，并将处理结果书面通知工会。职工认为企业侵犯其劳动权益而申请劳动争议仲裁或者向人民法院提起诉讼的，工会应当给予支持和帮助。

第四，企业、事业单位违反劳动法律、法规规定，有下列侵犯职工劳动权益情形的：（1）克扣职工工资的；（2）不提供劳动安全卫生条件的；（3）随意延长劳动时间的；（4）侵犯女职工和未成年工特殊权益的；（5）其他严重侵犯职工劳动权益的。工会应当代表职工与企业、事业单位交涉，要求企业、事业单位采取措施予以改正；企业、事业单位应当予以研究处理，并向工会作出答复；企业、事业单位拒不改正的，工会可以请求当地人民政府依法作出处理。

第五，工会依照国家规定对新建、扩建企业和技术改造工程中的劳动条件和安全卫生设施与主体工程同时设计、同时施工、同时投产使用进行监督。对工会提出的意见，企业或者主管部门应当认真处理，并将处理结果书面通知工会。

第六，工会发现企业违章指挥、强令工人冒险作业，或者生产过程中发现明显重大事故隐患和职业危害，有权提出解决的建议，企业应当及时研究答复；发现危及职工生命安全的情况时，工会有权向企业建议组织职工撤离危险现场，企业必须及时作出处理决定。

第七，工会有权对企业、事业单位侵犯职工合法权益的问题进行调查，有关单位应当予以协助。

第八，职工因工伤亡事故和其他严重危害职工健康问题的调查处理，必须有工会参加。工会应当向有关部门提出处理意见，并有权要求追究直接负责的主管人员和有关责任人员的责任。对工会提出的意见，应当及时研究，给予答复。

第九，企业、事业单位发生停工、怠工事件，工会应当代表职工同企业、事业单位或者有关方面协商，反映职工的意见和要求并提出解决意见。对于职工的合理要求，企业、事业单位应当予以解决。工会协助企业、事业单位做好工作，尽快恢复生产、工作秩序。

第十，工会参加企业的劳动争议调解工作。地方劳动争议仲裁组织应当有同级工会代表参加。

第十一，县级以上各级总工会可以为所属工会和职工提供法律服务。

第十二，工会协助企业、事业单位、机关办好职工集体福利事业，做好工资、劳动安全卫生和社会保险工作。

第十三，工会会同企业、事业单位教育职工以国家主人翁态度对待劳动，爱护国家和企业的财产，组织职工开展群众性的合理化建议、技术革新活动，进行业余文化技术学习和职工培训，组织职工开展文娱、体育活动。

第十四，根据政府委托，工会与有关部门共同做好劳动模范和先进生产（工作）者的评选、表彰、培养和管理工作。

第十五，国家机关在组织起草或者修改直接涉及职工切身利益的法律、法规、规章时，应当听取工会意见。县级以上各级人民政府制定国民经济和社会发展计划，对涉及职工利益的重大问题，应当听取同级工会的意见。县级以上各级人民政府及其有关部门研究制定劳动就业、工资、劳动安全卫生、社会保险等涉及职工切身利益的政策、措施时，应当吸收同级工会参加研究，听取工会意见。

第十六，县级以上地方各级人民政府可以召开会议或者采取适当方式，向同级工会通报政府的重要的工作部署和与工会工作有关的行政措施，研究解决工会反映的职工群众的意见和要求。

8.5.3　国有企业工资同步增长机制

党的十八届三中全会，提出要实现劳动报酬与劳动生产率同步增长。对国有企业而言，则是要实现工资与企业效益同步增长，这是国有企业职工工资的正常增长机制。企业职工工资正常增长机制是指企业职工工资随经济效益提高及其他有关因素变化而相互协调、合理、持续增长制度化的运行方式。工资增长机制包括职工工资总额增长和职工个体工资增长。工资总额增长为职工普遍提高收入提供了保证。

第一，工资总额的增长考虑。建立工资增长机制，提高职工工资总额，完善工资总量增加管控模式，既应将企业的微观因素纳入，也应将宏观经济因素纳入其中。要考虑工资总额增长与 GDP、与 CPI、与劳动生产率、与企业利润等主要 KPI 指标挂钩。

第二，职工个体工资的增长考虑。在建立完善职工工资总额增长机制，保证工资总量增长的同时，也要改进完善工资总量提高后企业（集团）内部职工个体工资增长机制。职工工资保证职工个人及其家庭基本生活资料的需要，其分配与企业效益、个人贡献挂钩为基础，也应考虑物价水平即消费价格指数变化，使之既符合国资委行业内工资增长线调控要求，又兼顾同行横向对标的业绩导向和不同行业的整体公平，建立起常规调整机制。

第三，工资正常增长机制设置。

方法一：综合平衡法。本年度薪资基数 = 上年度薪资基数 × （1 + A） × （1 + a%）×（1 + b%）×（1 + c%），其中，A——工效挂钩办法反映的是企业经济效益 KPI 等综合指标变动比率；a——报告期对于基期国民收入 GDP 增长，使用 GDP 增长率；b——报告期对于基期的物价指数，使用消费品价格指数 CPI；c——行业工资增长线。

方法二：紧跟指标法。确定当期一个或两个经济指标进行紧跟，譬如消费品价格指数 CPI 或 GDP 增长率，确定工资增长比例。

方法三：固定增长法。确定一个基本增长比例，譬如 8%（目前已经有不少国营企业是这样做的）核定每年的工资总额。

第四，两个注意事项及一点说明在实现职工正常增长机制的同时，一是要注意配套出台因管理不善造成的企业效益大幅度下滑的工资考核办法。二是要在采用方法一、方法二时要配套出台因个别因素失衡（如同期消费品价格指数 CPI 过高）造成的工资大幅度增长的限制措施。

8.5.4　国有企业工资民主决定制度

工资集体协商，是指职工代表与企业代表依法就企业内部工资分配制度、工资分配形式、工资收入水平等事项进行平等协商，在协商一致的基础上签订工资协议的行为。工资协议，是指专门就工资事项签订的专项集体合同。已订立集体合同的，工资协议作为集体合同的附件，并与集体合同具有同等效力。

工资集体协商内容：（1）工资协议的期限；（2）工资分配制度、工资标准和工资分配形式；（3）职工年度平均工资水平及其调整幅度；（4）奖金、津贴、补贴等分配办法；（5）工资支付办法；（6）变更、解除工资协议的程序；（7）工资协议的终止条件；（8）工资协议的违约责任；（9）双方认为应当协商约定的其他事项。

协商确定职工年度工资水平应符合国家有关工资分配的宏观调控政策，并综合参考下列因素：（1）地区、行业、企业的人工成本水平；（2）地区、行业的职工平均工资水平；（3）当地政府发布的工资指导线、劳动力市场工资指导价位；（4）本地区城镇居民消费价格指数；（5）企业劳动生产率和经济效益；（6）国有资产保值增值；（7）上年度企业职工工资总额和职工平均工资水平；（8）其他与工资集体协商有关的情况。

工资集体协商代表：工资集体协商代表应依照法定程序产生。职工一方由工会代表。未建工会的企业由职工民主推举代表，并得到半数以上职工的同意。企业代表由法定代表人和法定代表人指定的其他人员担任。协商双方各确定一名首席代表。职工首席代表应当由工会主席担任，工会主席可以书面委托其他人员作为自己的代理人；未成立工会的，由职工集体协商代表推举。企业首席代表应当由法定代表人担任，法定代表人可以书面委托其他管理人员作为自己的代理人。协商双方的首席代表在工资集体协商期间轮流担任协商会议执行主席。协商会议执行主席的主要职责是负责工资集体协商有关组织协调工作，并对协商过程中发生的问题提出处理建议。协商双方可书面委托本企业以外的专业人士作为本方协商代表。委托人数不得超过本方代表的1/3。协商双方享有平等的建议权、否决权和陈述权。由企业内部产生的协商代表参加工资集体协商的活动应视为提供正常劳动，享受的工资、奖金、津贴、补贴、保险福利待遇不变。其中，职工协商代表的合法权益受法律保护。企业不得对职工协商代表采取歧视性行为，不得违法解除或变更其劳动合同。协商代表应遵守双方确定的协商规则，履行代表职责，并负有保守企业商业秘密的责任。协商代表任何一方不得采取过激、威胁、收买、欺骗等行为。协商代表应了解和掌握工资分配的有关情况，广泛征求各方面的意见，接受本方人员对工资集体协商有关问题的质询。

工资集体协商程序：职工和企业任何一方均可提出进行工资集体协商的要求。工资集体协商的提出方应向另一方提出书面的协商意向书，明确协商的时间、地点、内容等。另一方接到协商意向书后，应于20日内予以书面答复，并与提出方共同进行工资集体协商。在不违反有关法律、法规的前提下，协商双方有义务按照对方要求，在协商开始前5日内，提供与工资集体协商有关的真实情况和资料。工资协议草案应提交职工代表大会或职工大会讨论审议。工资集体协商双方达成一致意见后，由企业行政方制作工资协议文本。工资协议经双方首席代表签字盖章后成立。

工资协议审查：工资协议签订后，应于7日内由企业将工资协议一式三份及说明，报送劳动保障行政部门审查。劳动保障行政部门应在收到工资协议15日内，对工资集体协商双方代表资格、工资协议的条款内容和签订程序等进行审查。劳动保障行政部门经审查对工资协议无异议，应及时向协商双方送达《工资协议审查意见书》，工资协议即行生效。劳动保障行政部门对工资协议有修改意见，应将修改意见在《工资协议审查意见书》中通知协商双方。双方应就修改意见及时协商，修改工资协议，并重新报送劳动保障行政部门。工资协议向劳动保障行政部门报送经过15日后，协议双方未收到劳动保障行政部门的《工资协议审查意见书》，视为已经劳动保障行政部门同意，该工资协议即行生效。协商双方应于 5 日内将已经生效的工资协议以适当形式向本方全体人员公布。工资集体协商一般情况下一年进行一次。职工和企业双方均可在原工资协议期满前 60 日内，向对方书面提出协商意向书，进行下一轮的工资集体协商，做好新旧工资协议的相互衔接。

8.5.5 劳动用工规范机制

双方权利和义务：职工享有取得劳动报酬、休息休假、获得劳动安全卫生保护，享受社会保险和福利等劳动权利，同时应当履行完成劳动任务、遵守企业规章制度和职业道德等劳动义务。企业负有支付职工劳动报酬、为职工提供劳动和生活条件、保护职工合法劳动权益等义务，同时享有生产经营决策权、劳动用工和人事管理权、工资奖金分配权、依法制定规章制度权等权利。职工应聘企业职位时，一般应当年满 18 周岁（必须年满 16 周岁），并持有居民身份证、暂住证等合法证件。职工应聘企业职位时，必须是与其他用人单位合法解除或终止了劳动关系，必须如实正确填写《应聘人员登记表》，不得填写任何虚假内容。职工应聘时提供的居民身份证、暂住证、职业资格证书等证件必须是本人的真实证件，不得借用或伪造证件欺骗企业。企业录用职工不收取押金，不扣留居民身份证、暂住证、毕业证书、职业资格证书等证件。企业应加强职工的培训和教育，根据职工素质和岗位要求，实行职前培训、职业教育或在岗深造培训教育，培养职工的职业自豪感和职业道德意识。企业选送职工脱产培训涉及有关事项，由劳动合同或培训协议另行约定。

劳动合同管理：企业招用职工实行劳动合同制度，自职工录用之日起 30 日内签订劳动合同，劳动合同由双方各执一份。劳动合同必须经职工本人、企业法定代表人（或法定代表人书面授权的人）签字，并加盖企业公章（或合同章）方能生效。劳动合同自双方签字盖章时成立并生效。企业对新录用的职工实行试用期制度，根据劳动合同期限的长短，设定试用期：合同期限不满 6 个月的，不设定试用期；合同期限满 6 个月不满一年的，试用期 30 天；合同期限满一年不满三年的，试用期 60 天；合同期限满三年以上的，试用期不超过 6 个月。试用期包括在劳动合同期限中，并算作本企业的工作期限。企业与职工协商一致可以解除劳动合同，由企业提出解除劳动合同的，依法支付职工经济补偿金；由职工提出解除劳动合同的，可以不支付职工经济补偿金。双方协商一致可以变更劳动合同的内容，包括变更合同期限、工作岗位、劳动报酬、违约责任等。职工有下列情形之一的，企业可以解除劳动合同：（1）在试用期内被证明不符合录用条件的；（2）提供与录用相关的虚假的证书或者劳动关系状况证明的；（3）严重违反劳动纪律或者企业依法制定并公示的工作制度的；（4）严重失职，营私舞弊，对企业利益造成重大损害的；（5）被依法追究刑事责任或者劳动教养的；（6）法律、法规、规章规定的其他情形。

8.5.6　劳务派遣制度

用工范围和用工比例：用工单位只能在临时性、辅助性或者替代性的工作岗位上使用被派遣劳动者。临时性工作岗位是指存续时间不超过6个月的岗位；辅助性工作岗位是指为主营业务岗位提供服务的非主营业务岗位；替代性工作岗位是指用工单位的劳动者因脱产学习、休假等原因无法工作的一定期间内，可以由其他劳动者替代工作的岗位。用工单位决定使用被派遣劳动者的辅助性岗位，应当经职工代表大会或者全体职工讨论，提出方案和意见，与工会或者职工代表平等协商确定，并在用工单位内公示。用工单位应当严格控制劳务派遣用工数量，使用的被派遣劳动者数量不得超过其用工总量的10%。用工总量是指用工单位订立劳动合同人数与使用的被派遣劳动者人数之和。计算劳务派遣用工比例的用工单位是指依照劳动合同法和劳动合同法实施条例可以与劳动者订立劳动合同的用人单位。

劳动合同、劳务派遣协议的订立和履行：劳务派遣单位应当依法与被派遣劳动者订立2年以上的固定期限书面劳动合同。劳务派遣单位可以依法与被派遣劳动者约定试用期。劳务派遣单位与同一被派遣劳动者只能约定一次试用期。劳务派遣协议应当载明下列内容：（1）派遣的工作岗位名称和岗位性质；（2）工作地点；（3）派遣人员数量和派遣期限；（4）按照同工同酬原则确定的劳动报酬数额和支付方式；（5）社会保险费的数额和支付方式；（6）工作时间和休息休假事项；（7）被派遣劳动者工伤、生育或者患病期间的相关待遇；（8）劳动安全卫生以及培训事项；（9）经济补偿等费用；（10）劳务派遣协议期限；（11）劳务派遣服务费的支付方式和标准；（12）违反劳务派遣协议的责任；（13）法律、法规、规章规定应当纳入劳务派遣协议的其他事项。劳务派遣单位应当对被派遣劳动者履行下列义务：（1）如实告知被派遣劳动者劳动合同法第八条规定的事项、应遵守的规章制度以及劳务派遣协议的内容；（2）建立培训制度，对被派遣劳动者进行上岗知识、安全教育培训；（3）按照国家规定和劳务派遣协议约定，依法支付被派遣劳动者的劳动报酬和相关待遇；（4）按照国家规定和劳务派遣协议约定，依法为被派遣劳动者缴纳社会保险费，并办理社会保险相关手续；（5）督促用工单位依法为被派遣劳动者提供劳动保护和劳动安全卫生条件；（6）依法出具解除或者终止劳动合同的证明；（7）协助处理被派遣劳动者与用工单位的纠纷；（8）法律、法规和规章规定的其他事项。用工单位应当按照劳动合同法第六十二条规定，向被派遣劳动者提供与工作岗位相关的福利待遇，不得歧视被派遣劳动者。被派遣劳动者在用工单位因工作遭受事故伤害的，劳务派遣单位应当依法申请工伤认定，用工单位应当协助工伤认定的调查核实工作。劳务派遣单位承担工伤保险责任，但可以与用工单位约定补偿办法。被派遣劳动者在申请进行职业病诊断、鉴定时，用工单位应当负责处理职业病诊断、鉴定事宜，并如实提供职业病诊断、鉴定所需的劳动者职业史和职业危害接触史、工作场所职业病危害因素检测结果等资料，劳务派遣单位应当提供被派遣劳动者职业病诊断、鉴定所需的其他材料。

劳务派遣单位行政许可有效期未延续或者《劳务派遣经营许可证》被撤销、吊销的，已经与被派遣劳动者依法订立的劳动合同应当履行至期限届满。双方经协商一致，可以解除劳动合同。有下列情形之一的，用工单位可以将被派遣劳动者退回劳务派遣单位：（1）用工单位有劳动合同法第四十条第三项、第四十一条规定情形的；（2）用工单位被依法宣告破产、吊销营业执照、责令关闭、撤销、决定提前解散或者经营期限届满不再继续经营的；（3）劳务派遣协议期满终止的。被派遣劳动者退回后在无工作期间，劳务派遣单位应当按照不低于所在地人民政府规定的最低工资标准，向其按月支付报酬。被派遣劳动者有劳动合同法第四十二条规定情形的，在派遣期限届满前，用工单位不得依据《劳务派遣暂行规定》第十二条第一款第一项规定将被派遣劳动者退回劳务派遣单位；派遣期限届满的，应当延续至相应情形消失时方可退回。

劳动合同的解除和终止：被派遣劳动者提前 30 日以书面形式通知劳务派遣单位，可以解除劳动合同。被派遣劳动者在试用期内提前 3 日通知劳务派遣单位，可以解除劳动合同。劳务派遣单位应当将被派遣劳动者通知解除劳动合同的情况及时告知用工单位。被派遣劳动者因《劳务派遣暂行规定》第十二条规定被用工单位退回，劳务派遣单位重新派遣时维持或者提高劳动合同约定条件，被派遣劳动者不同意的，劳务派遣单位可以解除劳动合同。被派遣劳动者因《劳务派遣暂行规定》第十二条规定被用工单位退回，劳务派遣单位重新派遣时降低劳动合同约定条件，被派遣劳动者不同意的，劳务派遣单位不得解除劳动合同。但被派遣劳动者提出解除劳动合同的除外。劳务派遣单位被依法宣告破产、吊销营业执照、责令关闭、撤销、决定提前解散或者经营期限届满不再继续经营的，劳动合同终止。用工单位应当与劳务派遣单位协商妥善安置被派遣劳动者。劳务派遣单位因劳动合同法第四十六条或者《劳务派遣暂行规定》第十五条、第十六条规定的情形，与被派遣劳动者解除或者终止劳动合同的，应当依法向被派遣劳动者支付经济补偿。

第 9 章

坚持党的领导与国有企业改革

9.1　国有企业作为市场经济主体，党组织的作用和体现机制

国有企业是中国共产党创立的，中国共产党和国有企业是不可分的。从马克思主义基本原理出发，中国共产党成立初期就提出了国有企业的概念，在革命和建设的实践中逐步形成和确立了国有企业制度。党的十一届三中全会开启的改革，为解决效率问题，改革国有企业，推行了"经济承包责任制""下放企业经营权"等策略。党的十四届三中全会确立了国有企业建立现代企业制度的改革方向。① 现代企业制度的核心，是以产权制度改革为基础，建立和完善法人治理结构，使企业真正成为"自主经营、自负盈亏、自我发展、自我约束"的法人实体和市场竞争主体。在这种治理结构下，企业的发展战略、生产经营等重大事项由董事会决策，经理层执行。法人治理结构的建立，使企业党组织的地位和作用发生了很大的变化。但是不管如何变化，都必须坚持党的政治领导，这是由党的执政地位和国有企业的性质所决定的，是一个重大的原则问题，任何时候都不能动摇。

9.1.1　党组织的政治领导作用

这是由党的执政地位和国有企业的性质所决定的，是一个重大的原则问题，任何时候都不能动摇。强调坚持党对国有企业的政治领导，不是以党代政、以党

---

① 张喜亮. 三中全会国企改革思路解读——如何"完善"现代企业制度 [J]. 现代国企研究，2013 (12).

代企，而是通过保证监督党的路线方针政策和国家法律法规在企业的贯彻执行，确保国有企业的社会主义方向；通过坚持党管干部的原则，为国有企业的改革发展提供有力的组织保证；通过坚持发挥党组织的政治核心作用和党员的先锋模范作用，促进国有资产的保值增值，提高国民经济的控制力。党的政治领导与法人治理结构，目标都是为了促进企业的改革发展。坚持党对国有企业的政治领导，必须正确处理好党的领导与法人治理结构的关系，找准党组织在企业及企业决策管理中的位置，进一步理顺企业党组织与企业决策层、管理层之间的关系。

9.1.2　紧紧围绕生产经营开展党的工作

这是企业党组织必须遵循的一条重要原则。围绕生产经营开展工作，不是降低了企业党组织的地位和作用，而恰恰是企业党建工作摆正了位置，找准了着力点。同样，如果没有党组织政治核心作用的充分发挥，没有思想上、政治上和组织上的有力保证，国有企业的改革发展就容易出现偏差。坚持以生产经营为中心开展工作，并不是说党建工作要依附和局限于生产经营，而是通过充分发挥党组织的政治优势、组织优势，引导和调动广大干部职工的积极性和创造性，增强企业的凝聚力，促进企业的生产经营。

9.1.3　党管干部、党管人才

并不是说企业的所有干部、各类人才都由党组织直接任免、选拔，而是通过建立和完善企业选人用人制度，参与和监督选人用人全过程，坚持正确的选人用人原则，确保党的路线方针政策在企业中得到贯彻落实，真正把那些讲政治、善经营、会管理、职工群众拥护、有开拓创新精神的优秀人才选拔到企业经营管理岗位上来。同时，坚持党管干部、党管人才，必须适应法人治理结构的要求，支持和保证董事会依法选择经营管理者以及经营管理者依法行使用人权；必须充分发挥市场在人才配置中的基础性作用，把组织考察推荐与市场化选聘人才结合起来，为企业改革发展提供组织保证和人才支持。

9.1.4　党组织参与企业重大决策

依法对企业生产经营管理中的重大问题进行决策，是董事会的基本职权。参与企业重大问题决策，是《党章》规定的国有企业党组织的重要职责，是保证监督的前提，是发挥政治核心作用的基本途径。党组织参与决策，不是参与生产经营具体问题的决策，更不是直接指挥生产经营，而是参与企业改革发展和市场竞争中带有方向性、长远性、战略性、全局性的重大问题的决策；不是代替董事会和经理层决策重大问题，而是对需要决策的重大问题提出意见和建议。现在，有的企业党组织参与重大问题决策不力，有的企业党组织负责人对生产经营不熟悉，参与不进去；有的企业经营管理者在决策过程中，不与党组织沟通情况、征求意见，甚至不愿意让党组织参与。就党组织来说，如果不积极参与企业重大问题决策，不发挥保证监督作用，就是失职；就企业经营管理者来说，如果不让党组织参与重大问题决策，就是违规。党组织要切实增强参与意识，努力熟悉经济工作，懂得生产经营，不断改进参与方式，提高参与水平。同时，党组织负责人要坚决支持企业经营管理者依法行使职权，开展工作。①

9.2　职工在完善现代企业制度中的地位和作用

9.2.1　实施民主管理是现代企业制度的内在要求

"现代企业"是指第二次世界大战后基于对既往教训的反思形成的企业价值理念，本质上至少包括"人权、民主、社会责任"三方面内容。如果说近代企业是以"资本至上"为价值判断的话，则现代企业是以"人本至上"为最高准则的。"资本至上"追求的是不择手段实现利益回报最大化，并以此为终极目的；"人本至上"则是以实现人的社会价值为终极目的，在为社会做贡献中求发展，进而获得合理利润。现代企业追求的是人的价值：投资人、经营者和职工等相关群体通过生产或服务来满足和引导消费，提升生活品质，承担社会责任，实现人生的社会价值。古今中外载入史册的伟大企业，无不是在贯彻这样的价值理念。

近代工业社会创立的股份制公司企业组织形式，体现了资本民主的精神，人的民主并没有得到充分的体现。现代企业制度必须颠覆资本崇拜的价值观，转而实现企业中所有人的民主，即实现投资人、经理人和职工（甚至包括如消费者、供应商、社区邻里等）对企业的共治，这样的共治就是现代企业民主制度。著名的美国"霍桑试验"，找到了突破提高劳动生产率的方法即吸收工人参加企业管理，第二次世界大战以后的德国法律严格保障职工参加企业管理的权利。我们国家不仅把职工参加管理视为企业调动职工劳动热情的一种管理方法，更是从保障

---

① 王宪魁. 加强国有企业党建巩固党的执政基础 [J]. 党建研究, 2006 (1).

人权、尊重劳动的道德高度和社会主义政治理想的高度以法律制度确立职工在企业中的主人地位，全心全意依靠工人阶级是中国共产党的根本方针，依靠职工办企业是中国共产党的要求。党的十八届三中全会把"健全以职工代表大会为基本形式的企事业单位民主管理制度"作为实现国家治理基层民主的具体内容。贯彻党的十八届三中全会决议，完善现代企业制度，必须落实职工参加企业管理的各项权利。职工参加管理既是现代企业制度的形式体现，也是现代企业制度内涵的应有之义。

9.2.2　强调职工在企业管理中的权利和作用是我国现代企业制度的一个重要特征

我国现代国有企业制度与西方公司制企业的一个最大不同就是，在完善公司法人治理结构之同时，特别强调职工在企业管理中的权利和作用。党的十四届三中全会在《决定》中曾提出："工会与职工代表大会要组织职工参加企业的民主管理。"党的十五届四中全会，又重申了建立现代企业制度的方向，指出："公司制是现代企业制度的一种有效组织形式。""要明确股东会、董事会、监事会和经理层的职责，形成各负其责、协调运转、有效制衡的公司法人治理结构。""国有独资和国有控股公司的党委负责人可以通过法定程序进入董事会、监事会，董事会和监事会都要有职工代表参加。""所有者对企业拥有最终控制权。"党的十八届三中全会的《决定》则明确要求："健全以职工代表大会为基本形式的企事业单位民主管理制度，加强社会组织民主机制建设，保障职工参与管理和监督的民主权利。"①

9.2.3　完善现代企业制度过程中职工的权利和地位保障机制

（1）确保职工参加企业管理和监督的权利。基于国有企业属于"全民所有"这个最高原则，党的十八届三中全会《决定》要求"健全以职工代表大会为基本形式的企事业单位民主管理制度""保障职工参与管理和监督的民主权利。"职工参加管理是从共产党建党之初就确立的原则，也是中国国企发展的政治优势之所在。新中国成立以来的经验教训反复证明，职工参加企业管理是提升科学决策水平、决策执行力度和实现国企健康发展不可或缺的保障。（2）确保职工的劳动报酬得到合理的增长。如果说从"国有"思维出发，过去的十几年职工的劳动报酬增加缓慢或相对有所降低了的话，那么，新一轮的

---

① 张喜亮.三中全会国企改革思路解读——如何"完善"现代企业制度［J］.现代国企研究，2013（12）.

国企改革必须建立和完善职工劳动报酬正常增长机制。党的十八届三中全会《决定》指出："着重保护劳动所得，努力实现劳动报酬增长和劳动生产率提高同步，提高劳动报酬在初次分配中的比重"；"健全工资决定和正常增长机制，完善最低工资和工资支付保障制度，完善企业工资集体协商制度"；"允许混合所有制经济实行企业员工持股，形成资本所有者和劳动者利益共同体"。在混合所有制经济中以"利益共同体"为目标的"员工持股"实际上体现的是改制的国有企业"按份共有"的理念。（3）发挥工会的作用创新劳动关系协调机制。党的十八届三中全会基于对国企"全民所有"的最高原则，《决定》指出："人民是改革的主体，要坚持党的群众路线"，"充分发挥工会"等人民团体的作用，"齐心协力推进改革"；"创新劳动关系协调机制，畅通职工表达合理诉求渠道"。劳动关系是企业的基本关系之一，和谐的劳动关系是企业健康发展的保障。畅通职工合理诉求表达渠道，激发职工的工作热情，为提高劳动生产率贡献自己的聪明才智。①

9.3　工会在国资国企改革中的作用及机制

9.3.1　工会性质

工会性质是工会的最基础的知识，对工会性质的认识决定了工会作为。《工会法》关于工会的性质规定有过两次重大的变化。1950 年《工会法》第一条规定："工会是工人阶级自愿结合的群众组织。"1992 年《工会法》第二条规定："工会是职工自愿结合的工人阶级的群众组织。"2001 年修改后的《工会法》第二条规定："工会是职工自愿结合的工人阶级的群众组织。中华全国总工会及其各工会组织代表职工的利益，依法维护职工的合法权益。"

中国工会是职工自愿参加的群众组织，在法律上是社会团体，依法取得法人资格。中国工会接受中国共产党的领导，是历史渊源决定的。1921 年中国共产党成立，在纲领中明确领导工人运动，共产党领导了"二七罢工"，1924 年在京汉铁路成立了"中华全国铁路总工会"，此间，共产党又改造了社会上既有的一些工会组织，1925 年成立了"中华全国总工会"，由此可见，我们的工会是中国共产党组建的，职工"自愿参加"的群众组织。时至今日，我们也必须承认，不

---

① 张喜亮. 三中全会国企改革思路解读——如何"完善"现代企业制度［J］. 现代国企研究，2013 (12).

是任何职工都可以任意成立工会。现行《工会法》第三条明确规定："都有依法参加和组织工会的权利"；第十一条明确规定："基层工会、地方各级总工会、全国或者地方产业工会组织的建立，必须报上一级工会批准。"这两条规定说明，中国工会就其本质而言，是中国共产党组建起来的，职工"自愿参加"的群众组织。在中华人民共和国境内，只有一个工会，那就是中华全国总工会；各地方总工会、各产业工会、基层工会都是中华全国总工会系统内的，其他组织冠以工会之名都是非法组织。所谓"企业工会"并非"企业的工会"，也非企业的职能部门，而是建立在企业之中的独立组织，把工会纳入企业管理是违反法律法规的行为。中国特色的社会主义工会依照法律和章程独立自主开展工作，工会与经理层的关系是平等伙伴的关系。《工会法》第三十八条规定："企业、事业单位应当支持工会依法开展工作，工会应当支持企业、事业单位依法行使经营管理权。"①

9.3.2 工会的依法维权的作用

《工会法》第六条规定："维护职工合法权益是工会的基本职责。"如何理解这个基本职责？有的基层工会同志就提出疑问：1992年《工会法》规定工会"四项职能"即参与管理、维护权益、参加建设和组织教育，内容丰富，工作也好开展，确立了以维权为内容的"基本职责"，缩小了工会工作的内容，一些企业在职工权益都得到了很好保障的情况下，工会岂不是无所作为了？这样的观点，很显然误解了"基本职责"的内涵。正确宣传《工会法》规定的基本职责，澄清一些误解是十分必要的。必须全面理解工会"基本职责"的内涵。

"基本职责"涉及的内容是广泛的。"维护职工合法权益是工会的基本职责"，其含义是：所有的法律法规赋予职工的合法权益，工会都应当给予维护；劳动权益是职工的核心权益，但是，基本职责所要求工会维护的则不仅限于劳动权益。具体来说包括：职工的政治权益，比如选举权；经济权益，比如企业利润的收益权；管理权益，比如参加企业的管理权；劳动权益，比如平等就业；健康权益，比如休息休假权；文化娱乐权益，比如文体活动权；接受教育权益，比如技能培训、素质教育等。

履行基本职责，一个都不能少。我们在日常生活中经常使用"广大职工""最广大职工"等等模糊词语。究竟多大是广大呢？"最广大"比"广大"大多少呢？如果没有量化的标准，那么工作中只能是自由裁量，是很难把握的，工作

① 张喜亮. 对工会三个基础知识的探讨 [J]. 工会博览（上旬），2011（12）.

也难以落到实处。如果说其他方面的工作、事情尚可以这样模糊判断的话，那么工会作为职工的群众组织，是不可以这样的。工会组织履行基本职责对于职工来说，一个都不能少。也就是说，每一位职工的合法权益都要维护，不能以"广大""最广大"而忽略小众甚至是个别职工的合法权益，更不能以少数服从多数而压制甚至是侵害少数或个别职工的合法权益。

9.3.3 工会的民主管理和监督保障作用

民主管理是工会参与职能的具体化，是化解劳动争议的有效途径，是企业劳动关系双方的纽带和桥梁，开辟了职工表达利益诉求的渠道，畅通了劳资双方协商共决的途径。工会应完善以职代会为主要载体的民主管理若干配套制度，把职代会作为员工参与民主决策、民主管理和民主监督的平台，作为员工理性表达利益诉求的畅通渠道，并在实践中不断加以完善。如完善职代会民主评议领导干部制度，建立业务招待费使用、领导人员廉洁自律、集体合同履行情况及收入分配、员工福利等企业重要事项向职代会报告制度，使员工的知情权、审议权、通过权、决定权和评议监督权落到实处。

建立以推行企务公开为基本形式的监督机制。企务公开维护了员工的知情权、参与权和监督权，使决策能够更加科学合理、切合实际。企务公开是实现企业内部利益均衡的有效平台，是促进形成企业与劳动者"相互尊重、平等合作、共谋发展"共赢局面的重要途径。企务公开制度保证了广大员工及时准确地了解企业的运作状况，以便更理解企业决策，激发员工的积极性，也为企业吸引人才、创新管理创造了良好的环境。工会要不断拓宽民主监督的实施范围、广度和深度，创新方式方法，提高员工的满意度。企业要推行的业务公开，在一定程度上是企务公开的延伸与深化，实行"阳光操作""透明管理"，坚持对投资决策、工程招投标、物资采购、产品销售等重点领域操作结果，利用网络信息平台，以公开促民主，以公开促清廉，引导员工与管理者参与到企业生产经营及对外业务管理中，实施有效监督，促使企业管理依法、科学、民主决策，从而促进劳动关系的和谐。

工会还具有教育引导的作用。一是充分发挥教育职能。以员工喜闻乐见的宣传、培训形式，把专业化的法律条文转化为通俗易懂的大众语言，使员工知法、懂法，并学会用法律的手段来实现自我保护。实现员工自我保护，是从根本上维护员工合法权益的最好途径，也是建立和谐劳动关系的有效途径。二是充分发挥建设职能。围绕提高技能、立足岗位培养知识型员工，大力开展技术练兵、劳动竞赛和合理化建议活动，让员工在实践中提高技能，在技能提高时体现岗位效益。员工本身有能力适应岗位，才不会失去岗位。三是搭建平台注重引导。通过举办运动会、歌咏比赛、主题摄影比赛、职工联谊等各种形式的活动，引导和激发员工的集体意识和团队精神，增强企业凝聚力，构建和谐的企业文化。

9.4　深化国资国企改革中创新劳动关系

"创新劳动关系协调机制，畅通职工表达合理诉求渠道"，这是党的十八届三中全会《决定》提出的明确要求。因此，必须首先弄清劳动关系的内涵，因为这是创新劳动关系协调机制的基础。

9.4.1　我国劳动关系的历史演变

我国的法律，至今还没有对"劳动关系"的概念作出明确规定。早年在起草《劳动法》和《劳动合同法》的过程中，曾试图界定其概念，拟做这样的定义："本法所称劳动关系，是指用人单位招用劳动者为其成员，劳动者在用人单位管理下提供有报酬的劳动而产生的权利和义务关系。"这个定义存在着严重的问题：第一，劳动者即职工与企业的关系，被实际确认为"管理与被管理"关系，职工处于法定"管理下"的地位，这显然有悖于我们国家社会制度的根本原则；第二，它有诱使企业拒绝向劳动者支付劳动报酬以规避法律责任之嫌——只要不提供"报酬"，即非本法所称劳动关系。几经争论，《劳动法》和《劳动合同法》最终均未能将该定义纳入正式条款。

对劳动关系内涵的理解，我国大体经历过三个阶段。新中国成立初期沿用的是旧中国使用的"劳资关系"，它具有资本主义尤其是原始资本主义的性质和特点，劳动双方是职工与资本家的关系。资本主义工商业改造完成后，将"劳资关系"改称为"劳动关系"，使其具有了与当时社会特点相适应的社会主义性质，劳动双方不再是劳动者与资本家的关系，而是职工与国家的关系，其问题被视为劳动人事问题，属于人民内部矛盾，主要是通过政治思想工作来解决，内部不能解决的，则通过政府设立的人民来访机制解决。改革开放后，涉及内资非公企业时，多用"雇佣关系"；涉及港澳台资企业和外资企业时，则惯用"劳资关系"；涉及内外合资合作企业，常用"员工关系"；至于国有企业，依然使用的是"劳动关系"，但一些企业经营者实际将之理解为"劳资关系"，即职工是"打工"的，经理才是"老板"。

9.4.2　按贡献取得收入现代劳动关系的内涵

已形成基本共识的社会观点认为：按照法律和政策，劳动关系是与中国特色的社会主义"市场经济"相适应的，职工与企业依法建立劳动契约关系。这只是对劳动关系现象的表层描述，并未反映出劳动关系的本质。现代劳动关系的完整表述应该是：职工与法人或人格化的组织，按照法定程序与内容，平等自愿缔结的关于劳动力所有与使用权限的关系。现代劳动关系的主体是职工与企业，标的是劳动力，内容是权限，依据是法律，形式是合同。之所以采用"现代"这个用词，是要表达这样几层含义：一是与劳资关系区别开来；二是与公司制企业形式相适应；三是强调现代社会的人权、民主、平等、自由和道德等价值观念。①

9.4.3　构建和谐的劳动关系

创新劳动关系协调机制，首先要使职工和企业经营者都能树立起现代劳动关系意识，即职工是现代国有企业主体之一，在法律上是与企业平等的，投资人、经营者和职工只有岗位与职责之分，没有人格地位上的差异；职工拥有其劳动力的终极所有权，企业在劳动力的使用过程中必须充分考虑人权、人格等道德因素。未来的劳动关系协调机制，必须建立在这样的理念基础之上，即和谐劳动关系必须满足职工与其劳动力等价的工资、福利、安全和发展之需，必须使职工与经营者拥有平等的话语权，必须保障职工企业管理的参加权。党的十三届三中全会指出："我们办的是社会主义企业，整个企业是一个利益共同体。办好企业，要靠经营者和工人共同努力。既要保证企业经营者独立行使经营权，又要保证工人能够充分行使民主权利。经营者的管理权威和工人的主人翁作用是一致的，而不是对立的。在深化企业改革的各项工作中，都应当掌握并体现这个原则。"党的十五届三中全会要求："发挥工会和职工代表大会在民主决策、民主管理、民主监督中的作用。坚持和完善以职工代表大会为基本形式的企业民主管理制度，实行民主评议企业领导人和厂务公开。"党的十八届三中全会《决定》进一步要求：健全以职工代表大会为基本形式的民主管理制度，保障职工参与管理和监督的民主权利。因为参与企业管理是职工表达合理诉求的基本渠道，也是协调劳动关系的最主要机制，关键是要把这些既定的机制和渠道落到实处。②

---

①② 张喜亮. 新一轮国企改革与职工权益保障问题发微——《中共中央关于全面深化改革若干重大问题的决定》研习心得 [J]. 天津市工会管理干部学院学报，2014（2）.

9.5　混合所有制改革中职工持股应当重点注意的问题

9.5.1　员工持股计划适用于混合所有制经济体

所谓混合所有制经济，指的是国有资本、集体资本、非公有资本等交叉持股、相互融合的经济。推动混合所有制的目的，是放大国有资本功能，实现国有资本保值增值，提高企业竞争力，促进各种所有制资本取长补短、相互促进、共同发展。党的十八届三中全会《决定》提出：允许更多国有经济和其他所有制经济发展成为混合所有制经济，国有资本投资项目允许非国有资本参股。根据历届中央全会决议精神，研究混合所有制经济的形成、形式、目的与性质，可以得出这样几个基本认识：第一，混合所有制经济是以国有企业为基础或由国有企业发起建立的，是国有企业改革的一项措施；第二，混合所有制经济是指资本所有权多元结构的经济组织即股权多样化，各种性质的资本都可参与国企产权改革，但重要的企业必须是国有控股；第三，混合所有制经济是基本经济制度的重要实现形式之一，无论国有控股还是国有参股，都必须有国有股份。

党的十八届三中全会《决定》提出："允许混合所有制经济实行企业员工持股，形成资本所有者和劳动者利益共同体。"这实际上表明了三点：第一，职工持股实现的环境基础是混合所有制经济体；第二，职工持股是现代企业制度的内在要求；第三，实行职工持股的目的是形成投资人和职工的利益共同体。

9.5.2　我国员工持股的探索过程

职工持股计划一般被认为兴起于 20 世纪 50 年代的美国，以福特公司为典型代表。教科书通常用"员工持股计划"之概念，其英文表述大体有两种：Employee Stock Option Plan 和 Employee Stock Ownership Plans。两者开头字母缩写，便是 ESOP，即员工持股计划。前者强调的是对股份的"选择"，后者突出的是对股份的"所有"，两者共同点则是"Employee"，即雇员。这个"雇员"，一般是指与资本所有者相对应的劳动力所有者。具有现代企业制度意义的"员工持股计划"中的"雇员"，则泛指所有员工而不是特指那些高管。

职工持股可分为以下几种状况：一是募集资金，二是激励员工，三是人力资本化，四是资本社会化。从历史和逻辑上分析，职工持股计划的动机可能是单一的，也可能是多种并存的。员工持股在不同企业或同一个企业的不同发展阶段，作用也不是完全相同的，动机与作用相背离的情况也是有的。职工持股计划是企业或企业投资人主导的行为，从根本上说是企业管理的一种手段，即用持股的方法激励员工而提升劳动生产率。20世纪90年代，我国国有企业改革也曾探索过职工持股方案，大体有这样几种情况：一是实现企业募集资金之目的，以职工出资购买股份来补充企业的资本金或流动资金；二是企业以股份制改革为名转让一部分股权，以偿付本应支付给职工的工资、福利等；三是企业通过分享一部分股权的办法，诱使职工脱离岗位，以实现用新人换旧人之目的；四是职工出资购买企业股权，实现彻底改革，政府悉数收回国有资本；五是一些高管故意做空企业，以职工持股名义改革，然后收购分散在职工手中的股份，变国有为民营。国有企业职工持股改革有成功的经验，也有失败的教训，所造成的国有资产流失，已遭到社会的诟病。如今再次深化国有企业改革，在混合所有制经济中实行职工持股，就必须认真总结以往的经验教训，努力创新职工持股计划理念，要从企业公有化实现的理论高度，对国有企业改革进行顶层设计，谋定而后动，这将更能展示中国特色社会主义国有企业健康发展的力量。①

9.5.3　混合所有制经济中实行员工持股应坚持的原则

（1）先试点，再铺开。职工持股是国企混合所有制改革的一种重要形式，符合条件的应当优先考虑，这不仅是贯彻落实党的十八届三中全会精神的具体表现，是国有企业适应市场规律和增强国有经济的活力、控制力与影响力的客观要求，也是实现多种所有制主体共赢的有效途径。深刻理解混合所有制改革的内涵，大力推进职工持股参与国有企业混合所有制改革，不是全面开花而是有选择的试点推进。在试点过程中，要不断总结职工持股的经验和教训，加快完善股权激励设计、国有资产监管、企业内部管理等方面的制度规范，在试点基础上进行逐步推广。（2）以机制完善为前提。因为法律法规的不尽完善，职工持股在我国的发展确实走过不少弯路，为此从国家层面针对存在的问题，分别对职工持股中直接持股人数、持股方式、筹资方式等方面进行了规范，这些规范和要求对当前提倡职工持股仍有提醒和示范意义。（3）以激励导向为核心。激励是职工持股的根本属性，职工持股实施的成功与否，不仅要体现在激励持股员工为企业创造更多利润、更大价值上，也要体现其是否能在不同企业落地生根的生命力上。（4）以保证国有资产不流失为底线。回顾历史，国资改革与国有资产流失就像一对孪生姊妹，始终如影随形，这不仅真实反映了国资改革工作的艰辛程度，也对时时刻刻

---

① 张喜亮. 新一轮国企改革与职工权益保障问题发微——《中共中央关于全面深化改革若干重大问题的决定》研习心得 [J]. 天津市工会管理干部学院学报，2014 (2).

提高警惕、严格把关、确保国有资产流失无死角提出了更高的要求。一是严把持股范围关，要坚决落实《关于规范国有企业职工持股、投资的意见》相关要求，职工持股原则上仅限于持有本企业股权。二是严把关联交易关，禁止企业员工对外投资有关联关系或有关联业务的企业，通过非公开渠道与职工所在企业发生关联交易、获取无偿服务，转移国有利益；或让渡商业机会、获取无偿借款和担保，损害国有权益。三是严把公示监督关，一方面要加大对经允许保留的职工持股企业与职工所在企业关联交易的监管力度，将关联交易收入或利润控制在职工持股企业业务总收入或利润的一定比例以内，并要求逐年降低；另一方面要建立健全职工持股的公示制度，从选择可持股对象到可持股数量，从入股资金来源到兑现退出股权，实施全程公示、接受全程监督，尤其应加强对间接持股的公示和监督，确保国有权益的同时保护职工股东的利益。①

9.6 建立健全国企现代企业制度要坚持与完善职工代表大会制度

9.6.1 明确职工代表大会的职权

对于职工代表大会的职权，一些企业负责人甚至是一些工会干部都存在着似是而非的认识。一种观点认为，职代会是维护职工合法权益的重要阵地；另一种观点认为，职代会是工会工作的组成部分；也有观点认为职代会应当接受经理的管理；还有观点认为，职工代表大会是企业管理的最高权力机构等等，可谓五花八门。在调查中我们发现，在有些企业中，经理要对职代会制度进行审定，没有总经理的签字，职代会制度甚至是职代会的决议就是无效的。我们工会的一些高级领导同志的讲话也时常出现这样的观点：工会要加强对职代会等民主管理工作的领导，职代会是工会履行基本职责、维护职工合法权益的重要阵地，对此绝不能退缩。

职代会的性质、作用、权利，早在 20 世纪 80 年代的《全民所有制工业企业职工代表大会条例》中就作出了明确的规定。现在有些人提出，改革开放进入市场经济以后，全民所有制工业企业已经不复存在，所以，职代会条例已经过时失效了。从时间的角度说，职代会条例确实有时过境迁之嫌，但是，关于职代会制度的理念却是贯彻始终的。现行的《公司法》《工会法》《劳动法》《劳动合同法

---

① 黄茹原、谢涛. 关于发展混合所有制企业中职工持股的若干思考［J］. 产权导刊，2014（8）.

企业工会工作条例》《中央企业职工代表大会指导意见》等等，都对职工代表大会制度、工作程序及其权利作出了规定和界定。

以国有企业为例，《工会法》第三十五条规定："国有企业职工代表大会是企业实行民主管理的基本形式，是职工行使民主管理权力的机构，依照法律规定行使职权。"此条明确规定了职代会的地位和作用；明确界定了工会与职代会的关系。第一，职代会是企业管理的组成部分，而不是职工维权或工会履行基本职责的载体；第二，职代会是企业民主管理的基本形式，不排除还有其他形式；第三，职代会是职工行使民主管理权力的机构，而不是企业管理的最高权力机构，也不是职工或工会维权的机构；第四，职代会依法独立行使职权，而不需要接受经理或工会领导。上述观点，在企业工会工作条例规定的职代会的职权中也可以得以印证，以国有企业为例，职代会职权包括：听取审议企业生产经营、安全生产、重组改制等重大决策以及实行厂务公开、履行集体合同情况报告，提出意见和建议；审议通过集体合同草案、企业改制职工安置方案；审查同意或否决涉及职工切身利益的重要事项和企业规章制度；审议决定职工生活福利方面的重大事项；民主评议监督企业中层以上管理人员，提出奖惩任免建议；依法行使选举权；法律法规规定的其他权利。

9.6.2　职工代表大会与工会的区别

职代会与工会的关系，在《工会法》中也是有明确规定的。《工会法》第三十五条还规定："国有企业的工会委员会是职工代表大会的工作机构，负责职工代表大会的日常工作，检查、督促职工代表大会决议的执行。"此规定包括两个方面的内容：第一，工会委员会是职代会的工作机构，主要是在职代会闭幕期间负责职代会的日常事务性工作，并非由工会领导职代会，职代会是企业管理机构而不是工会的工作机构；第二，工会委员会作为职代会的日常工作机构，负有检查、督促职代会决议的执行情况的职责，工会委员会不能越俎代庖行使职代会的职权。调查发现，在绝大多数的企业中，都不自觉地把职代会的工作纳入了工会的组成部分甚至成为工会工作的重要组成部分。这显然是没有领会职代会制度的法律精神，工作中把职代会工作取而代之的现象比较普遍。按照法律的规定，工会也必须依法履行基本职责，职代会是企业管理制度，把它当作工会维权的载体、平台，这显然也是一种误解。我们当然不否认职代会有维护职工合法权益的作用，但是，这个作用更是从企业科学管理的角度体现出来的。正确处理好工会与职代会的关系，更有利于开展工会工作。工会与职代会的关系也可以理解为：职代会工作主观为企业，客观为职工；工会工作主观为职工，客观为企业。如此把握两者的关系，即可以发挥互补共济的作用。①

9.7 完善职工董事制度的方法与措施

9.7.1 调整职工董事制度的适用范围

建立职工董事制度旨在赋予职工在董事会的发言权，以维护职工权益。我国目前的法律制度仅仅要求在国有独资企业、两个以上的国有企业或其他两个以上的国有投资主体投资设立的有限责任公司设立职工董事，这主要是由国有企业的性质所决定的。但是，毕竟上述企业在全国国有性质的企业中仅占一部分，除此之外，还有国有控股的股份公司、国有企业或国有投资主体投资控股的有限责任公司、集体企业、集体控股的有限责任公司和股份制企业，这些企业都代表着国家、人民和集体的利益，有不少职工是在这些类型的企业工作，按现有的法律规定，职工权益的保障是具有局限性的。将职工董事制度的范围扩大到国有企业、国有控股的有限责任公司和股份制企业、集体企业、集体控股的有限责任公司和股份制企业，确立职工董事制度在所有企业中的适用性和合法性势在必行。但是，并不是所有的国有企业、国有控股的有限责任公司和股份制企业、集体企业、集体控股的有限责任公司和股份制企业，都必须建立董事会并推行职工董事制度，在规模较小的企业设立董事会并不利于企业的决策与运作，可以按照企业规模划定一定的设立标准，在此标准之上的企业必须设立职工董事，在此标准之下的企业可以根据企业自身的需求设立职工董事。

9.7.2 细化职工董事的任职条件及程序

职工董事作为职工代表在董事会行使表决权，其代表的是全体职工，他的权力来源于全体职工，无论是基层职工还是中层管理人员，抑或是企业高管，只要是企业职工，都是职工代表的基础。由于法律在职工董事任免职条件中的缺失，企业往往选举或任命企业中层管理人员或高管担任职工董事，因为这些人选对股东或企业管理层的忠诚度较高，能够更好地与企业的发展步骤保持一致。但是这些人在权衡企业与职工利益的时候，天平往往向股东和企业利益倾斜，也就是说无法公平、合理地对待职工诉求，维护职工权益，无法担当起其原本的责任。其

---

① 张喜亮. 对工会三个基础知识的探讨 [J]. 工会博览（上旬），2011 (12).

次，我国现有法律仅对职工董事的任职程序进行简单的规定，要求职工董事由民主选举产生，不同的企业对民主选举的认识和选择不同，有的企业是通过职工大会、职工代表大会、工会、工会委员会等方式选举职工董事，有的企业甚至是由高管层直接选定代表。有的企业是采用管理层推举等额人选，由工会形式化地选举指定人选为职工董事，这样形式上是采用民主选举方式产生职工董事，实质是以民主选举形式指定职工董事。为此，细化职工董事的任职条件与程序至关重要。要明确职工董事人选应来自于基层职工或具有广泛基层职工基础的中层干部，通过基层推选职工董事候选人，职代会在候选人以差额选举的方式产生职工董事。职工董事人数应占董事会人数的三分之一以上，以确保在董事会中，职工董事有足够的票数抵抗股东指派的董事。

9.7.3　规范职工董事的权利与义务

职工董事作为董事会成员，享有法律赋予董事的权利，也必须遵守董事所具有的义务，在这方面，职工董事的权利与义务在《公司法》等法律法规中有具体且全面的规定。但是职工董事同时是一名职工代表，代表职工在董事会中行使权力，而现有法律法规对这方面的规定处于空白阶段，职工董事只能靠自己的责任心和自觉性去维护职工权益。那么作为代表职工的董事具有哪些权利与义务呢？一是明确职工董事必须在董事会中维护职工权益，阻止损害职工权益的决策产生，在涉及职工切身利益的劳动安全卫生、社会保障、劳动就业、劳动报酬、劳动争议、职业培训、变更劳动关系、裁员等重大问题表决时具有特殊建议权或者"一票否决权"；二是在董事会研究企业高管的聘任或解聘时，应听取职工董事汇报的真实的民主评议结果。三是职工董事享有专业知识培训的权利，可参考独立董事的方式对职工董事设立持证上岗制度；四是职工董事有向工会收集材料和建议的权利，职工董事也具有主动联系职工，听取意见并及时向董事会反馈职工意见的职责；五是职工董事应向全体职工负责，定期向职代会述职，接受职工代表的询问。

9.7.4　明确保障职工董事权利的途径及方式

职工董事制度的确立维护了职工的权益，可又有谁来维护职工董事的权利呢？职工董事的身份首先必须是职工，而企业具有开除职工的权力，如果企业免除了职工董事的职工身份，那么该职工代表也将无法再继续担任职工董事。从某种意义上来说，职工董事的任免是由企业决定的。此外，根据国有企业的有关规定，无论职工身兼几职，也仅能领取一份工资，许多职工董事往往都是领取职工身份所取得的薪酬和福利。由此可见，在职工董事权利保障体制缺失的情况下，职工董事将时时刻刻受制于企业，这也影响了职工董事的主观能动性，职工董事为了其事业的发展和生活条件的改善，难免会迎合股东和企业的决策。为此，制定保障职工董事权利的途径及方式势在必行。首先，企业开除职工董事职工身份的行为，应提请职工董事的任免机构审核；其次，应由工会以全体职工的名义，适当支付职工在履行职工董事职责时的薪酬，以解除其后顾之忧，激励其为职工维权的主观能动性；最后，设置职工董事维权的机构与途径，职工董事在权利受到侵害的情况下，可向其任免机构职代会申请维权保护，由职代会代表其与企业谈判维权，如果对职代会与企业商议的结果不服的，可通过司法途径向法院上诉。

9.7.5　制定追究职工董事责任的途径及方式

正如前面所列举的，在现实工作中，职工董事存在的不作为、不履职、违反法律等现象，产生这些现象除了保护制度缺失致使缺乏安全感，选举条件不明确致使高管担任职工董事，缺乏培训机制致使职工董事素质不达标等原因外，缺乏对职工董事的追责机制也是导致职工董事制度无法有效推进的重要原因。在全体职工赋予职工董事维权权力、给予其报酬的同时，还应该监督其权力，促使职工维权行为能落到实处。首先，赋予工会对职工董事的监督权，由于职工对职工董事的监督往往是有限的，而工会作为法定的职工团体，具有法律赋予的途径和权力参与到企业的部分经营活动中，能够拥有更多的途径和机会了解到职工董事的日常工作状态。其次，应该确立职工董事的考核机制，每年职工董事都应该对其选举机构职代会述职，由职代会代表通过听取职工董事的述职报告和工会提供的职工董事监督报告，并结合平时对职工董事工作情况的了解对职工董事进行综合考核评价，以确保更为公平、全面、真实地反映职工董事的履职情况，考核结果应作为职工董事岗位薪酬发放和任免的标准。最后，应建立职工董事的罢免途径，一方面，在职工董事的考核结果不合格的情况下，职代会可以启动对职工董事的罢免，由三分之二以上职代会代表投票决定。另一方面，如果在日常工作中，职工董事存在重大失职行为，可由工会或职工向职代会常设机构申请更换职工董事，如经查实，可召开临时职代会对职工董事进行免职。①

---

① 陈绚．论职工董事制度的完善［D］．广州：暨南大学，2013.

第 10 章

创新国有企业改革的外部环境

10.1 当前国企改革的主要动力

10.1.1 当前国企改革的外在动力

10.1.1.1 不断完善国有资产管理体制

实践证明，在深化国有企业改革的同时，还要致力于国有资产管理体制的完善。党的十八届三中全会明确指出，以管资本为主加强国有资产监管，这对提高国有资产监管能力和水平提出了新的更高要求。要积极探索"以管资本为主加强国有资产监管"的新模式和新方法。以管资本为主加强国有资产监管，更加突出了出资人代表性质，更加突出了国有资本运作，更加强调从出资人角度加强监管。各级国资委要以产权关系为纽带，依法通过公司章程和公司治理，围绕"管好资本"这四个字，落实好出资人职责，不干预企业具体经营活动，不侵犯企业的法人财产权和经营自主权。按照这一要求，我们将进一步研究国资委的职能定位、监管方式和监管措施，及早启动国资监管法规、规章、制度的修订完善工作，尽快对国资委现在承担的工作事项进行全面梳理，按照法律赋予的职能和管资本的规律办事，充分尊重企业市场主体地位，该管的一定要管住管好，不该管的坚决不管，真正做到监管不缺位、不错位、不越位。要抓紧研究组建或改组国有资本投资运营公司。国有资本投资公司以产业资本投资为主，着力培育产业竞争力。国有资本运营公司主要开展股权运营，改善国有资本的分布结构和质量效益，实现国有资本保值增值。国有资本投资运营公司与所出资企业更加强调以资本为纽带的投资与被投资关系，更加突出市场化的改革措施和管理手段，更充分体现国有经济的活力和竞争力。组建或改组国有资本投资运营公司，国资委作为出资人代表的职责定位没有变。目前，我们正在抓紧研究制订推进这项改革的具体实施方案，按照整体规划、分类实施、稳妥推进的原则，在符合条件的中央企业开展试点，在试点基础上总结经验，逐步推进。要准确界定不同国有企业功能，进一步增强国有资产监管的针对性和有效性。对于分类考核，国资委正在进行深入研究，积极探索和完善中央企业分类考核的办法。初步考虑：一是在准确界定不同国有企业功能的基础上，区分企业不同的业务性质，进一步完善分类考核政策。拟对中央企业的业务，按政策性业务与经营性业务进行区分，并据此实施分类考核。二是在确保国有资本保值增值的前提下，针对不同类型企业以及企业不同发展阶段，设定不同的发展目标。三是按照科学发展观要求，远近结合，分步推进、分类实施。

10.1.1.2　社会对继续深化国有企业改革的期盼

近40年来的改革开放，使我国国有企业管理体制与经营机制发生了深刻变化，正如党的十八届三中全会作出的科学判断："国有企业总体上已经同市场经济相融合"。但随着改革的深化，一些制约国有企业走向市场化、国际化的因素充分显现。主要有三个方面的障碍：一是企业内部因素，相当一部分国有大型企业公司制股份制改革步伐缓慢，国有企业的公司治理还不完善，企业经营机制还不能完全适应市场经济的要求，市场化选人用人和激励约束机制还未真正形成；二是历史包袱，国有企业还有大量的历史遗留问题尚未解决，普遍存在着企业办社会问题；三是外部环境，外部配套改革还不到位，对全面深化国有企业改革形成不利影响。

10.1.1.3　出资人动力

政府具有国有资本公共管理和监管的职责。包括国有资本的基础产权管理、布局规划、制度建设和协调监督，主要通过拟订国资管理的法律、行政法规和制定规章制度等规范性文件进行政策性的指导；国有出资人代表的职责是根据政府的授权，享有国有资本收益、重大决策、选择管理者等股东权利，履行股东的义务，同时不同于一般的股东，国有出资人代表要体现国家的资本意志，负有国有资产保值增值的特殊职责；在国有出资人代表这个层面发挥在市场和政府之间纽带和隔离带的作用。通过国有私人代表按照市场化来履行职责，实现政企分离、政资分离；国有企业的职责是在完善公司治理的规则下，通过出资人授权形成有效的决策执行制衡机制，建立激励有效、约束有力的机制，按照管理科学、治理规范、内控严密、效益良好，提高综合实力为目的的现代企业，在履行社会责任的基础上，通过公平竞争实现利润的最大化。汇金公司就是通过控参股机构、股东大会对董事会、董事会对管理层的层层授权实现的授权管理。国有出资人代表要坚持市场化的原则管好国有资本。通过资本来引导市场，优化资源配置，实现国家的战略意图，提升国有资产的活力、控制力和影响力，最主要的是通过市场化的方式履行职权，使国有企业在经营活动中达到有活力、有市场竞争力。这要解决两个方面的问题：一是国有出资人代表管什么，国有出资人代表要根据国家的授权行使出资人的职责，依法享有资产收益、参与重大决策、选择管理者等全部或者部分的出资人权利；二是出资人代表对国有资产的保值增值负责。

10.1.2 当前国企改革的内在动力

10.1.2.1 深化国有企业管理体制改革，健全完善现代企业制度

（1）继续推进规范董事会建设。依法落实董事会职权，严格董事履职责任。建立健全股东会、董事会、监事会和经理层协调运转、有效制衡的公司法人治理结构。建立国有企业长效激励和约束机制，强化国有企业经营投资责任追究。积极探索现代企业制度下党组织发挥政治核心作用、职工民主管理的有效途径。

（2）探索建立职业经理人制度，更好地发挥企业家作用。在总结经验的基础上，继续加大国有企业高管人员市场化选聘和管理力度，在国有企业集团层面逐步建立职业经理人制度，并对企业领导人员实行分层分类管理。

（3）深化国有企业内部三项制度改革。抓紧建立健全企业管理人员能上能下、员工能进能出、收入能增能减的制度，为企业赢得市场竞争提供制度保障。探索推进国有企业重大信息公开，提高国有企业运营透明度。

（4）合理确定并严格规范国有企业管理人员薪酬水平、职务待遇、职务消费和业务消费。建立健全根据企业经营管理的绩效、风险和责任来确定薪酬的制度，不断完善企业薪酬激励约束机制。对市场化聘任的企业管理人员，研究建立市场化薪酬协商机制，以适应建立职业经理人制度的需要。要加快研究制订有关国有企业领导人职务待遇、职务消费和业务消费方面的管理办法。

10.1.2.2 发展混合所有制，改善国有企业的治理结构

党的十八届三中全会要求："推进产权多元化，使尽可能多的国有经济和其他所有制经济发展成为混合所有制经济。"推动国有企业整体上市，也是实现产权多元化和国有资产资本化的一种途径。但是，也必须注意到：股权过于分散就有可能产生在二级市场上被恶意收购的问题；股权过于集中"一股独大"问题依旧，则国企治理结构不能得到改观，又无力驱动资本效率。引入战略合作伙伴，变国有企业为股份公司，这是实现产权多元化的另一个路径。引进战略合作伙伴必须注意对象的选择，合作方只是注重短期经济利益，则可能在股权溢价后就退出，导致公司股权频繁变动，国有资本则可能沦为其他资本赚钱的工具。还必须研究合作方的数量比例问题：合作方较少则决策快速，民主制衡或许会弱；合作方过多则加大了决策的难度，有可能错失市场良机。在20世纪90年代国企改革

中就探索过职工持股和管理层收购办法，由此国有资产流失也遭到社会的诟病。在"管以资本为主"完善国资监管体制需要汲取既往的教训，规范的职工持股和管理层收购行为，可以作为国有资本退出通道的选项进行试点。党的十八届三中全会提出了要大力发展混合所有制，确实是亮点之一，会议指出，要"积极发展混合所有制经济。国有资本、集体资本、非公有资本等交叉持股、相互融合的混合所有制经济，是基本经济制度的重要实现形式，有利于国有资本放大功能、保值增值、提高竞争力，有利于各种所有制资本取长补短、相互促进、共同发展。"

10.2　国企改革与法制体制建设

10.2.1　依法保障和促进国有企业改革的必要性

10.2.1.1　深化国有企业改革迫切需要法制的保障和促进

市场经济就是法制经济。国企改革是处在社会主义市场经济体制的中心环节，需要依靠法制的保障和促进来推行。

当前国有企业改革正处于攻坚阶段，随着国内外形势的发展变化，国有企业改革越来越触及一些深层次的矛盾和问题，需要采取一系列重大政策措施予以调整。但法律手段是不可或缺的。现阶段国企改革的目标是建立现代企业制度，这是一场伟大的制度创新，需要充分发挥法律的规范、引导、调节、保障的功能。新制度的设计需要应用法律科学，新制度的建立需要采用法律形式，新制度的推动需要运用法律手段，以保障国有企业改革的顺利进行。国企改革是一场深刻的社会变革，涉及方方面面的利益关系，必然伴随着复杂的利益冲突，需要运用法律手段来调整。要运用法律来建立准则、调整关系、维护秩序、稳定人心，妥善地协调各方面的利益要求，正确处理好改革、发展、稳定三方面的关系，为国企改革创造良好的法制环境。

10.2.1.2　依法保障和促进国有企业改革是我国三十多年改革经验的总结

党的十一届三中全会以来，国企改革取得了重大进展。纵观国有企业改革的历程，不难发现，改革的每一项举措都有相关的法律法规相呼应，改革的每一步前进都离不开法律的保障和促进。实践表明，国有企业改革的历程，是运用法律法规管理经济的探索过程，也是我国市场经济法律体系建立和完善的过程。在国有企业改革进入攻坚战的关键时期，更需要发挥法制的保障和促进作用，使改革的成果获得法律的确认，使改革措施上升为法律规范，使国企改革的制度建设在权威性、普遍性和稳定性各方面都上升到一个新的水平。

10.2.1.3　用法律保障和推进企业改革是国际上的通行做法

20 世纪 70 年代末以来，为了实现国有经济的战略调整和国有企业的改组、改造，一些发达国家纷纷掀起国有企业改革的浪潮①。由于重视发挥法律制度的作用，这些改革不同程度地实现了预期目标。各国在国有企业改革中的一个普遍做法，就是尽可能地把国企改革纳入已有的民商法制度框架。与此同时，一些国家还制定特别法律，对不同类型的国有企业进行分类规范。以法律手段促使国有企业改善内部结构和经营机制。规定将国有企业组建为有限责任公司，由财政部和国有企业部充当持股人，公司董事会由这两个部任命。政府不干预公司事务，但通过多种方式对公司进行严格监督。各国还十分注意运用法律武器维护改革的正常进行。法国在 20 世纪 80 年代末 90 年代初的国企改革中，针对国有企业民营化过程中可能出现的种种异常行为，制定了一系列的法律，如规定国有资产出让必须公开招标并且经会计师事务所评估，以防止国有资产的流失；规定企业股份公开和分批出售，严禁垄断和投机；限制外资股，以维护本国资本在关键领域的主导地位。总之，世界上不论是发达国家还是发展中国家，都由立法机关制定法律或由政府颁布法令进行国有企业改革，这已成为国际上通行的成功做法。

10.2.2　国企改革发展问题需要通过法律制度创新规范和推进

当前，国有企业改革与发展正处于关键时期。按照党的十八大要求，国有资产管理体制和制度需要完善，国有大型企业公司制股份制改革亟待加快，国有经济布局结构调整的任务很重。国有资产管理体制和国有企业改革发展面临的若干深层次矛盾和问题，需要通过企业法律制度创新继续予以规范和推进。正如国有企业改革的第一个阶段和第二个阶段分别孕育催生了《企业法》和《公司法》的出台一样，解决现阶段国有企业改革问题的历史重任，已经现实地落到了企业国有资产等重点立法上。

从国有企业改革立法发展趋势上看，《企业国有资产法》的制定，一方面要注意与《公司法》《物权法》相衔接，依法把握好国有资产的价值形态与实物形态在适用法律方面的不同要求，对国有企业内部的组织、行为和财产权等，包括企业再投资形成母子公司之间的出资关系问题，主要依据《公司法》《物权法》加以解决；另一方面，要着力解决国有资产、国有企业、国有经济的特殊属性问题，重点是：（1）如何在国有企业集团公司一级与政府之间规范建立出资关系；（2）如何依法强化国有资产出资主体人格化并落实好相关责任。具体可以概括为以下三个层面的问题。

---

① 陆军荣. 国有企业的产业经济学分析 ［M］. 上海：上海人民出版社 2014 年版。

第一，微观层面，国有资本的界定及法律调整问题。

在绝大多数国有企业实现产权多元化的新形势下，国有经济领域改革调整和监管运营的立足点，要逐步从国有企业转向国有资本。这也是依法维护国有企业的市场主体和法人实体地位的必然要求。

国有资本既包括国家直接出资即国家股（产权），也包括国有企业的再投资即国有法人股。其中，如前所述，国有法人股的出资人问题已经通过《公司法》基本解决，还需要《企业国有资产法》等立法重点解决：一是国家股的出资人到位问题。如果出资关系中的上游国家股出资人不到位，就会造成国有产权主体不完全清晰，职责难以完全落实，最终影响到下游的国有法人股的监管以致整个国有资产的经营管理。二是对国家股履行出资人职责问题。严格意义上说，由于目前国家直接出资企业许多是按照《企业法》注册登记的国有独资企业，国资委作为出资人履行相关职责的企业体制基础尚不完全具备。为此，中央企业正在积极开展董事会试点，通过试点加快国有企业公司制股份制改革，建立规范的法人治理结构。当前，要特别注意处理好国资委与董事会的关系，通过制度设计，实现国有资产出资人代表由企业外部到企业内部的层层到位，从而有效解决企业"内部人控制"问题。同时，对实现产权多元化的公司，国资委能不能直接持股、如何委派股东代表出席股东会等问题，也需要通过立法作出规定。三是对国有法人股加强监管问题。从现实看，目前绝大部分企业国有资产已通过国家出资企业再投资和股份制改革、中外合资、民营合资等形式，下沉演变成为国有法人股；国有企业尤其是中央企业的优质资产，主要集中在二级以下的企业；企业改制、与关联方交易、产权转让、利润分配等容易引起国有资产流失的情况，也主要发生在子企业。因此，从国有资产特殊属性出发，《企业国有资产法》的适用范围，不能完全限定在国家出资企业即国家股一个层面上，有关国有资产基础管理和重大事项管理的原则和规范，应当适用于国有法人股。

第二，中观层面，企业国有资产出资人制度问题。

现阶段国有资产管理体制和制度完善的任务依然艰巨。尽管国有资产管理体制改革方向已经明确，但国资委承担的出资人职能尚未完全到位；尽管国资委的出资人定位比较清晰，但混淆出资人职责与行政管理职能的现象时有发生；尽管国有企业公司制股份制改革取得很大进展，但多数集团一级中央企业按照《公司法》运行的企业制度还没有完全建立。

为此，特别需要通过《企业国有资产法》等重点立法，为健全完善企业国有资产出资人制度提供法律保障。一是依法促进国有资产管理体制的完善。坚持国资委作为国务院直属特设机构的出资人定位，进一步明确其在国有资产管理体制中的主体地位。二是依法处理好国资委、政府其他部门和企业三者关系。坚持履行出资人职责的机构不行使社会公共管理职能、履行社会公共管理职能的部门不行使国有资产出资人职责的原则，逐步剥离国资委承担的部分社会公共管理职能和过渡性职能，使国资委专司企业国有资产出资人职责和监管职责，不干预企业生产经营权；同时加快转变政府职能，政府的宏观调控部门、行业管理部门不行使企业国有资产出资人职责，不干预企业生产经营活动。

第三，宏观层面，国有经济的功能定位问题。

新中国成立以来，国有经济一直是我国社会主义工业化和现代化建设的主力军。从现实国情看，我国仍处于重化工业阶段，巩固和发展国有经济，不仅是坚持和完善社会主义基本经济制度的前提，而且也是全面建设小康社会和促进社会和谐、建设创新型国家、应对日益激烈的国际竞争形势、提高国家综合竞争力的迫切需要。在进一步扩大开放的同时，应当尽快把党和国家有关发挥国有经济主导作用、增强国有经济活力控制力影响力的方针政策，通过法律形式加以确认、巩固和规范，作为国家意志长期加以贯彻。

要根据《宪法》原则规定，通过《企业国有资产法》等有关立法进一步确认和巩固国有经济在我国国民经济中的重要地位，包括国有经济在我国产业发展、经济安全、公共服务、宏观调控、社会制度和党的执政等方面的主要功能。要依法规范推进国有企业改革和国有经济布局结构调整，明确国有经济的发展方向和规模比重，国有资产必须实现保值增值，国有经济对关系国家安全和国民经济命脉的重要行业和关键领域必须保持控制力和影响力。要依法促进具有较强国际竞争力的大企业大集团的形成，努力增强我国综合竞争实力。

10.2.3 依法推进国有企业改革需要注意的问题

10.2.3.1 保障和促进国企改革的法律法规要系统化和配套化

法制建设是一项系统工程。要实现依法保障和促进国企改革，就必须实现有关法律法规的系统化、配套化。第一，各项基本法律必须有完整和周密的体系。第二，围绕各项基本法律，要有一系列配套的法规。第三，相关的法律之间要建立有机的联系和协同。此外，对于已经不适应深化国企改革要求的行政法规和部门规章，也要加以清理、废止。国内市场进一步开放和国际竞争加剧的新形势，对我们完善有关问题法律制度，提高企业素质，增强企业适应竞争和抗御风险的能力，提出了更高的要求。同时，我们在制定规范市场秩序的法律时，一方面要遵守国际条约和国际惯例，另一方面也要采取必要的措施，对我国的企业给予充分的保护。

10.2.3.2 严格执法，公正司法，为国企改革提供有力的法律保障

国企改革的法律保障要落到实处，法律实施至关重要。当前，要坚决打击借改革之机侵吞国有资产和扰乱正常市场经济秩序的经济犯罪活动。重点查办贪

污、贿赂、挪用公款、玩忽职守、滥用职权造成国有资产流失的职务犯罪；查办走私贩私、经济诈骗、偷税抗税和伪造、倒卖、虚开增值税发票、制售伪劣假冒商品等犯罪案件，加强对企业商标权、专利权的保护，维护其合法权益。要下力气解决诉讼难、执行难、地方保护等问题，创造一个公正司法、严格执法的良好环境。要充分发挥律师、公证等专职法律服务机构的功能，为国企改革提供优质、高效、全方位的法律服务。

10.2.3.3 认真抓好依法治企工作

国企改革的各项立法，在很大程度上要靠企业落实。以依法管理、依法经营和依法保护自身权益为主要内容的"依法治企"工作，不仅是依法治国的要求，也是企业自我完善和发展的需要。在依法治企的过程中，要着重抓好以下三个环节。第一，抓好规章制度建设，提高企业管理水平。第二，抓好企业经营管理人员的法律培训。第三，抓好企业法律顾问制度的推行。大力加强企业法律顾问的制度建设和队伍建设，将是下一步推行依法治企的一项重要工作。

10.2.3.4 发挥政治优势，保证国企改革的健康发展

根据发达国家的经验，市场经济下的企业制度，总是长期受到两大难题的困扰。这两大难题，一是劳资关系，即企业及其资本所有者与劳动者之间的利益冲突问题。二是所谓"代理人道德风险"，即董事、经理滥用职权谋取私利的问题。我国在建立现代企业制度过程中，也不可避免地要面对和解决这两大难题。我们除了借鉴发达国家的经验外，还应当重视我们已有的制度性资源。这些资源中，首先是企业党组织在凝聚先进党员、团结群众、树立正气、鼓舞士气方面的传统优势。其次是实现劳动者主人翁地位的种种组织形式在加强民主管理、维护职工权利和建设企业文化等方面的巨大潜力。我们要积极探索在我国现代企业制度下发挥企业党组织的政治核心作用，加强思想政治工作，完善企业民主管理，协调企业内部利益关系和建设高素质经营管理者队伍的新路子，确保国企改革健康、有序地进行。

10.2.3.5 国有企业改革立法的关键是确认国家与国有企业之间的正确关系

国有企业不同于一般企业，还具有国家所有的特殊属性。如何运用法律手段妥善处理这个特殊属性，直接关系到国有企业能否按照企业规律经营发展。为了把国有企业从政府附属的生产单位逐步转变成为相对独立的市场主体，国企改革中不断对国家与国有企业的关系进行调整，并依法加以确认和规范。

10.2.3.6 国有企业改革立法必须有利于增强国有经济活力、控制力、影响力

建设中国特色社会主义，必须毫不动摇地巩固和发展国有经济。我国《宪法》第七条明确规定，"国有经济，即社会主义全民所有制经济，是国民经济中的主导力量。国家保障国有经济的巩固和发展。"我们要增强国家的经济实力、国防实力和民族凝聚力，就必须不断促进国有经济的发展壮大。包括国有经济在

内的公有制经济，是我国社会主义制度的经济基础，是国家引导、推动、调控经济和社会发展的基本力量，是实现广大人民群众根本利益和共同富裕的重要保证。增强国有经济活力、控制力、影响力与鼓励、支持和引导非公有制经济发展不是对立的。在经济全球化的今天，只有使它们相辅相成、共同发展，才能加快提高整个国家应对全球化挑战的竞争实力。

10.3　国企改革与市场环境建设

10.3.1　按照市场经济规律深化国企改革

中国经济体制改革明确了以社会主义市场经济为基本的体制目标，毫无疑问，以市场作为资源配置的方式就成为一种必然的选择，因此，客观上要求资源要素必须能够自由地从低效率部门流向高效率部门，从而完成资源的优化配置过程。所以，国有企业要成为自主经营、自负盈亏的市场主体、产权主体，是社会主义市场经济能够成立的必要条件。按照国有企业改革的思路，改革的方向不是使国有企业成为没有所有者约束的独立经济实体，政府作为国有企业的所有者应该向国有企业行使自己的权利，关键问题是政府以何种身份来行使所有者的权利，政企分开是既要强化所有者对国有企业的所有权，又不能对企业经营进行行政干预。

国有企业改革的实质并不是对旧体制的完善，而是从根本上用一种新体制替代传统旧体制，是一种企业制度的变革。归根到底是通过产权的深化改革解决财产责任约束硬化的问题，使国有企业实现政企分开，成为真正的市场主体。

10.3.2　深化国企改革是使市场起决定性作用的关键

党的十八届三中全会公报指出："经济体制改革是全面深化改革的重点，核心问题是处理好政府和市场的关系，使市场在资源配置中起决定性作用和更好发挥政府作用。"怎样才能使市场在资源配置中起决定性作用，首先是加快政府职能转变，用政府权力的减法换取市场活力的加法；其次是培育真正的市场行为主体和形成规范的市场竞争秩序。关于前者，李克强总理主持国务院工作以来已有明确表述，并推出了相关政策，如给小微企业免税、放开利率的市场化调节等。关于后者，党的十八届三中全会通过的《中共中央关于全面深化改革若干重大问题的决定》（下称《决定》）提出了一系列原则性意见，如必须毫不动摇巩固和发展公有制经济，坚持公有制主体地位，发挥国有经济主导作用，毫不动摇鼓励、支持、引导非公有制经济发展，激发非公有制经济活力和创造力；公有制经济财产权不可侵犯，非公有制经济财产权同样不可侵犯；保证各种所有制经济依法平等使用生产要素、公开公平公正参与市场竞争、同等受到法律保护，依法监管各种所有制经济，等等。

要把这些原则真正落实到社会的经济运行中，关键在于深化国有企业的改革。对国有企业的改革，《决定》作出了全面部署，内容丰富，力度很大。从理论上说，这些改革的目的是要提高国有企业的效率，增强市场经济的活力。如果做不到这一点，市场就无法在资源配置方面起决定性作用。在实践上，要想让国有企业成为真正的企业，可从国企管理体制的前端和末端入手试行改革：前端的改革，包括管理体制和激励机制两方面，如在选择职业经理人时，要有一定的可抵押资本；末端的改革，是对国企利润的分配管理改革，《决定》提出到2020年，国有资本收益上缴公共财政的比例提高到30%，就体现了这一点。"动两头"，目的在于"促中间"，即切实加快国企按照市场经济法则，在投入决策、产出管理两方面刚性约束的条件下，走成本控制、创新竞争的路子。总之，国有企业的改革一方面要敢于触动既得利益，勇于打破传统观念和垄断格局；另一方面要从理论、机制和政策上寻找推进这一改革的途径，把国有企业改革成为真正的企业。

10.3.3 瞄准市场化加速国有企业转型发展

党的十八大以来，国资委持续推进国有企业公司制股份制改革。利用境内外股票市场、产权市场和债券市场，国有企业逐步发展成国有控股、多种资本参与融合的公众化公司。加快传统产业向先进制造业升级，实现信息化与工业化融合。我国国有企业主要分布在钢铁、石化、机械、能源、交通、通信、金融等领域，这些行业大都属于传统产业。近几年国有企业利润的增长，在一定程度上得益于国内市场对重化工产品的需求大幅增加，得益于一些行业的资金、技术进入门槛较高，民营企业尚未进入，充分竞争的局面尚未形成。巩固和发展国有企业在这些行业的优势，必须运用高新技术，特别是电子信息技术对传统产业进行改造，实现传统产业的升级。如果满足于眼前的成绩而不思进取，就有在激烈的市场竞争中再度陷入困境的危险。特别是一些已与外企合资的国有企业，应充分利用技术和管理的溢出效应，加大自主研发力度，创造自主品牌，逐步降低对国外技术的依赖。

积极开展跨国经营，在国际竞争中把企业做大做强。国有大型企业应积极扩大海外投资、合作，大力开拓国际市场，提高跨国经营能力。应充分利用国际市场的科技资源，抓住当前国外一些企业经营困难、企业价值大幅下降的机会，选准那些具有较好技术资源的企业，积极开展国际并购，以提高国内企业技术水平。通过扩大智力引进和关键技术、零部件引进，增强自主研发能力。通过国际合作研发、成果共享，促进中外企业互利共赢。积极大胆地到海外参与各类工程和项目的投标，对一些资源型企业进行参股、控股，争取获得更多的能源资源的勘探权和开采权，满足国内经济增长对短缺能源资源的需求。不仅大企业要积极"走出去"，还要鼓励众多的中小企业"走出去"。中小企业机动灵活，容易获得更多的投资机会。中小企业同大企业应密切配合，形成"走出去"的合力。

10.4　国企改革与国资监管方式同步制度设计

10.4.1　国资监督制度和国企改革现状

我国的国资监管体制的转变是从国务院成立国有资产监督委员会开始，到《中华人民共和国企业国有资产法》的正式施行，国有资产监管不仅逐渐改变了以往管理混乱、政企责任不分的局面，更迈入了国有资产管理的法治时代；在完善国资监管体制的同时，国企改革工作也得到进一步的推行，这两项工作的开展是我国经济发展的必然要求，也是充分发挥国有经济主导作用的重要举措。

10.4.1.1　我国国资监管制度的内容

国资监管，即对国有资产进行监督和管理；我国的国资监管体制是一项建立在国有资产监管基础上的，综合了国有企业内部监管机构设置、政企职责划分以及相关管理方式的确定等方面内容的制度体系。

10.4.1.2　我国国资监管体制和国企改革现状分析

我国国有企业的发展经历了从计划经济体制到市场经济体制的转变，国有企业的改革也随之开展，虽然在改革过程中，国有企业取得了一定的进展，但在经济发展大潮下，国有企业的改革之路仍然漫长。从目前我国国有企业改革的现状来看，国企改革还存在一定的问题，改革的阻力也相对较大。在和国际化企业的竞争中，我国国有企业依然处于比较靠后的位置，企业的竞争力不强是我国国有企业普遍面临的问题。国有企业发展依然依赖于政府的扶持，不注重企业内部的改革。我国政府对国有企业的扶持力度很大，国有企业的竞争意识和自我提升意识的缺乏。同样在国企改革中比较凸显的是国有企业改革的不彻底并随之遗留下来的职工安置和企业发展的相关问题。

10.4.2 完善国资监督体制和深化国企改革的重要性和必然性

10.4.2.1 重要性分析

国资监管和国企改革是相辅相成的两项工作，两者不仅能够互相促进，对经济社会发展的意义也很大。

（1）由于完善国资监管体制和深化国企改革的目的相同，两项工作的同时进行有利于国有企业的整体发展。完善国资监管体制，就是要在已经形成的国资监管体制中找到并剔除不符合时代发展要求的制度，同时进行相关工作和责任的明确与落实，进而推动我国国有企业向更好的方向发展；深化国企改革，也是在已经进行过改革的企业中进一步地推进相关组织管理工作的实行，摸索出适合国有企业发展的新路子。两者的结合，不仅能够增加国有企业的活跃度，使之树立出自己的企业品牌，同时对国有经济的发展也具有积极的推动作用。

（2）完善国资管理体制和深入国企改革有利于社会经济环境的建立。国有企业在我国经济发展中一直处于主导地位，它对我国其他所有制经济的发展具有示范和带头作用，深化国企改革，能够为我国其他企业的发展提供参考经验；同时，对国有资产的监管有利于促进国有企业尽快形成自身核心竞争力。

10.4.2.2 完善国资监管体制和深化国企改革的社会必然性

我国国有企业在近几年来得到了长足的发展，其社会影响力和社会认同度都较高，这从一定程度上为国资监管体制的完善工作提供了物质支持；同时，改革过程的既有经验又为完善体制和深化改革提供了借鉴和理论依据，因此，进行国资监管体制的完善和国有企业改革的深化有其社会必然性。

10.4.3 推动国资监督体制完善和国企改革深化的举措

10.4.3.1 进一步完善国资监管机构的建立，同时明确国企的具体职能

党的十八大报告曾明确要求实现国有资产的两个最优，一是最优化的资产配置，二是对资产的最充分利用。为了落实这些具体要求，各级政府部门要进行相关国有资产监管工作的责任落实，保证相关国资监管机构的完善，避免因省、市、乡的经济发展差别而出现的监管机构设置的空白。对国资监管机构的完善和相关职能的明确，是一项适应我国城乡发展情况的举措，一方面，监管工作不到位的情况会在完善的监管机构的作用下相应地减少，另一方面，对责任主体和产权关系的明晰，能够将责任制具体地落实到相关责任人，从而确保监管工作的顺利开展。

10.4.3.2　国家要尽快制定国资监管工作的相关法律法规

健全而完整的法律系统，能够为国资监管工作提供必要的法律依据；同时，有相关法律法规的支持，国资监管中各项权利和资产关系都得到明晰，对国资管理工作的开展具有积极的推动作用。

10.4.3.3　以管资本为主加强国有资产监管

要研究选择一批符合条件的国有企业，开展国有资本投资运营公司的改组和组建试点工作。要着重探索政府对国有资本投资运营公司的有效授权，实现以管资本为主，完善监管体制。改组和组建后的国有资本投资运营公司要服务国家战略，发挥资本投资运作功能，成为优化国有资本布局结构、推进产业转型升级、提升企业国际竞争力、发展混合所有制经济、创新核心科技和商业模式的重要平台。

加强对国有资产的统一监管力度，监管工作要及时有效，同时要针对企业的不同实施不同的监管。国资监管工作的基本要求是明确企业相应的权利和责任，合理配置国有资产，推动国有企业生产的正常进行，监管工作必须到位。国有资产是国有企业创造的经济价值和社会价值的体现，因此，在对国有资产的监管中，监管人员需要根据具体的监管标准进行统一监管，确保监管工作的科学合理；在对不同运营模式的国有企业开展资产监管时，工作人员需要根据该企业的特点，适当地调整监管措施，同时，我国在经济发展的不同阶段对企业有着不同的发展要求，因此，及时地进行监管重点的调整也很重要。但总体而言，国资监管工作要开展得及时有效，才能够确保国资监管发挥其应有的作用。对国有企业资产的监管是一项需要长期人力投入和资金投入的工作，国资监管只有做到监管到位才能促使国有企业进行相关的结构调整和发展方向的调整。深化国企改革，也是一项需要具体问题具体分析的工程，只有在充分了解目前我国国有企业改革中存在的问题的基础上，才能做好国有企业改革的深化工作。

10.4.3.4　准确界定功能，完善国有企业分类考核办法

研究和界定不同国有企业的功能，就是明确国有企业、国有资本在国民经济中承担的使命和作用，进而厘清企业战略定位、发展目标和深化改革的方向，这对于有针对性地推进国有企业改革调整、调整优化国有资本布局，实施国有企业分类监管具有重要意义。在界定国有企业功能过程中，要始终坚持公有制为主体的基本经济制度。同时，要根据国有企业所处不同行业或领域、不同业务属性、不同目标责任、不同市场地位进行科学分类。在准确界定企业功能的基础上，针对不同类型企业实施分类考核，增强考核的导向性和针对性。

10.5 政府职能与国企改革

10.5.1 政府在国企改革中的历史作用

10.5.1.1 政府在国有企业改革中的促进作用

我国国有企业改革始终都离不开政府的有效参与，政府不断地调整改革的目标，根据现实制定一系列政策措施，对国有企业进行宏观指导，为其发展创造了良好的制度环境和市场环境，政府发挥的积极作用，主要表现在以下几个方面。

（1）政府为国企改革提供了基本的制度安排和法制环境。政府通过法制环境的确立促进了自由竞争市场体系的形成。市场机制的本质就在于通过竞争来实现资源的最优配置，从而促进经济发展。

（2）在社会主义市场经济条件下，政府通过建立起一系列的制度框架促进了市场的有效运行，保障了人们的人身安全和自由，通过对财产权利的明确界定使得市场得以有效运行，为人们积极地从事经济活动提供了内在的动力。

（3）政府通过意识形态、伦理道德、习惯等精神文明建设，促进了国有企业改革的顺利进行。因为成功的意识形态和伦理道德等有利于克服机会主义行为，减少国有企业改革过程中道德风险问题的发生，降低交易成本，有利于提高国有企业的经济绩效。

10.5.1.2 政府为国有企业的变革提供了有利的社会条件

（1）政府规范了社会行为主体的选择空间，保证了社会的安定团结、正常有序。这种稳定的社会秩序只有政府才能提供。

（2）政府完善了社会保障体系的建立，减轻了国有企业的社会负担。社会保障制度建立和实施的主体是政府，政府在建立这种公平的制度方面有着特殊的作用。社会保障体系包括社会保险、社会救济、社会福利、优抚安置、个人储蓄积累和作为补充的商业保险等。这些社会保障措施的实施，解除了国有企业职工的后顾之忧，促进了劳动力资源的优化配置，形成企业公平竞争的环境，为国有企业改革提供了基本的社会条件。

（3）政府在改革中通过政府补偿、注销债务、减免税等，减轻国有企业的负担。首先，政府可以通过直接增加注入资本而减轻国有企业的债务负担。其次，政府还可以在企业、银行和国家财政之间进行债务重组，对一些非竞争性企业进行减免税等措施，减轻国有企业的债务负担。政府这些措施为国有企业改革提供了资金补偿，减轻了国有企业的负担。

10.5.1.3　政府的权威性减少了国有企业改革的阻力，保证改革能够顺利进行

（1）从公共管理理论看，政府职能的变迁方式，不论是强制性变迁还是诱致性制度变迁，政府的作用都是明显的。因为政府职能的变迁具有"路径依赖"的特点，职能变迁一旦走上某一条路径，它就会朝既定方向自我强化，成为职能变迁的阻力，一般不会轻易改变。此时，政府的权威性就发挥了决定作用。政府可以凭借自己的权威性以最短的时间和最快的速度推进职能变迁，突破改革过程中的阻力，使国有企业改革能够顺利进行。

（2）政府的权威性可以打破垄断，使市场竞争更加有序。针对转型时期，部门和地方对市场较为严重的封锁和分割，政府可以凭借其权威性和强制力，克服体制性阻碍，打破地区、部门之间的垄断和封锁，建立一个具有竞争性的、开放性的、全国统一的市场体系，从而扩大市场规模，促进国有企业改革中的制度创新。

（3）政府制度创新的规模效益，降低了政府在强制性职能变迁中的组织成本和实施成本。国有企业改革是一个极其复杂的政府职能的变迁过程，通过有计划、有步骤的强制性职能变迁，政府可以以其权威性为后盾，在国有企业改革中普遍推行与市场经济相适应的新职能安排，在全社会实现所有权。政府权威性的使用还可以降低产权界定和转让中的交易费用，能达到规模经济和防止"搭便车"问题。

10.5.1.4　政府在国有企业改革中的制约作用

政府在国有企业中发挥了重要作用，为国有企业的改革和发展提供了制度环境和基础条件，保障了国有企业改革顺利进行。但是，政府在国有企业改革中存在的制约作用也不容忽视。

（1）政府职能错位影响了国有企业的产权界定。现阶段创建现代企业制度的核心要求是：产权明晰、权责明确、政企分开、管理科学。产权明晰，就是不仅要使企业的产权界定和归属清晰，而且企业产权的代表或行为人也必须明确。产权明晰一般有两个评价标准：一是经营成果，即利润由谁分享；二是经营责任最终由谁承担。由于产权界定不明晰，导致所有权被肢解。国有资产的所有权名义上归全国人民所有，但在实际行使中，处于国民经济管理、经营中的任何环节的各个单位，都可以部分地行使国有资产的所有权，而且往往是某一项权能就有几个主体在行使，最终谁也不对国有企业的盈亏承担经济责任和法律责任。这样的政府管理体制是没有效率的，必须进行改革转变政府的职能。

（2）政企不分，造成国有企业所有者的越位和缺位。国有企业目前仍是我国财政收入的重要来源，政府干预企业的经济活动，会降低企业的运营效率。提高国有企业效率，就必须理顺政企关系，使国有企业真正成为自主经营、自负盈亏的经济实体。

国有企业从经济关系上来说就是国家是企业资产的所有者，作为所有者，国家必然享有对企业管理的权利，享有保证国有资产保值、增值的权利，从这个角度看，国有企业不可能做到政企完全分开。也就是说，只要国家是国有企业的唯一所有者，国有企业的政企不分就是合理的。在国家所有制占支配地位的条件下，作为资产所有者的国家采取国资委等形式来经营，这些机构都是政府的代表和化身，都必须听从政府的意志，执行政府的意图。另一方面，国家又是一个政权组织，因而政治权利和经济权利必然结合在一起，国有企业自然成为经济权利和政治权利的混合体，有时执行着经济职能，有时又执行着政治职能，国有企业的多重职能本身说明国有企业不可能成为真正意义上的"企业"，不可能等同于私人企业。

10.5.2　国企改革中政府的职能问题

10.5.2.1　政府双重职能延缓国企发展道路

政府职能转变的重要内容，就是要分离政府的"双重角色"以及"双重职能"，即行政管理者及其职能与国有资产代表者及其管理职能。第一种角色和职能包括经济职能和政治职能，例如政策制定、领导规划与组织协调等等，这些职能属于正常的政府职能范畴之内。政府经济职能在市场经济体制中的表现有三个方面的特质，即具有稳定、公平和效率的特质。通过引导市场、调节分配、优化配置来提高效率，从而行使政府职能。第二种角色和职能是指国有资产管理职能，而这种职能的真正掌控者并非企业自身，而是主管企业的政府部门。双重职能如同树干与藤蔓一般紧紧缠绕在一起，这意味着政府与企业之间必然产生难以分离的关系。政府既承担着国有企业的管理职能，同时也承担着宏观调控与市场管理等经济职能，那么政府对企业经营活动的干涉也是理所当然的，国有企业对政府的依赖程度也是很高的。这种"你中有我、我中有你"的关系所产生的一系列影响，在前一阶段的改革过程中并没有得到有效解决，这也是政府职能转变下一阶段的重点攻坚方向。那么在下一阶段，若要真正实现国有体制改革和国有企业制度创新，必须以政企分开为突破口，进一步深化政府职能转变，进而改革政府机构体制，彻底分开政府承担的双重职能。目前，我国政府的上层建筑要紧随经济结构的深刻变化而进行相应的变革。在现实紧迫性的要求下，政府职能转变幅度应该变得更快些，步子应该迈得更大些，建立现代企业制度，实现国有企业保值增值，增强国家经济实力。

10.5.2.2　政府职能扭曲引发国企改革矛盾

由于在计划经济体制的大环境下，政府形成了集国有企业所有者职能、经营者职能、社会经济管理职能于一身的经济职能体系。正是这种高、大、全的政府职能在市场经济国企改革的过程中发生了扭曲。之后，伴随着我国社会主义市场经济体制的发展，这种体制下所产生的各类矛盾、各种问题日益凸显。一方面，政府没有精力去对国有企业履行所有者职能，更无暇关注企业经营，只能沿用旧的计划经济方式去管理国有企业，而有些国有企业在特定领域对政府存在着较强的依赖性，因其成为独立市场经济主体的条件并不充分，时机也并不成熟，受制于政府的管理实属无奈之举。与此同时，众所周知，某些国有企业被迫担负起了政府分配的社会职能，导致其依然以政府的附属品出现在大众面前。长此以往，政府由于职能扭曲带来了大量的严重后果。由于我国的政府职能扭曲，自从我国实行改革开放以来，我国宏观、微观经济领域里产生的诸多矛盾变得日益尖锐。

10.5.2.3　政企、政资分开还不彻底

长期以来体制形成的路径依赖惯性，中央政府往往把中央企业当作宏观经济工作及社会工作的"抓手"，各级政府习惯性地把自身的任务下达给国有企业；国有企业也习惯性地把接受政府的指令当作应尽的义务，不惜成本确保完成政府的各项任务。政府需要确保 GDP 的增长，首先就下令国有企业必须完成指标，政府需要维护社会稳定，首先就要求国有企业必须出资、出力，等等。从国有企业的角度来说，一旦生产经营或市场出现问题，也习惯性地请求政府通过行政手段给予解决，有的时候和有的地方政府实际上就成了企业产品的推销员。另一方面，在国有企业法人治理结构不完善的情况下，防止"内部人控制"，强行要求国资监管机构责任向企业内部管理延伸，国资委在"管资产"的同时，还不得不监管企业安全生产和工资总额控制等企业的内部事务。由此便难以真正实现政资、政企分开。

10.5.3　我国新政企关系中政府职能的定位

10.5.3.1　"三统一、三结合、三分开"促进了政企分开和政资分开

国有企业长期以来是政府职能的延展，20 世纪 90 年代，国有企业竞争力低下，大面积亏损，很多企业经营难以为继，成为各级政府的负担。经过长期国有企业改革的实践，特别是党的十六大以后，国有企业改革取得了令人瞩目的成就，国有企业效益明显好转，国有经济的活力、控制力和影响力显著提高。究其原因，就是党的十六大把建立国有资产管理体制作为深化经济体制改革的重大任务。设立国资委是全面贯彻落实党的十六大精神，深化国有企业改革和国有资产管理体制改革的重大举措，解决了国有资产多头管理和出资人不到位等问题。授权履行出资人职责，国资委与政府职能部门不同，不承担公共管理事务。国资委履行出资人职责，实际上是出资人的代表，代表所有权人实现国有资产的权益和目标。

国资委作为出资人机构，坚持了"三统一、三结合、三分开"的重要原则，客观上成为政府与企业之间的一道"防火墙"，促进了政企分开和政资分开。"三统一"即：权利、义务和责任相统一。国资委履行国有资产出资人职责，在享有出资人资产收益、重大决策和选择管理者权利的同时，也要履行出资人的义务和责任。"三结合"即：管资产与管人、管事相结合。管资产如果不管人、不管事，资产就无从管起，这三者不结合就无法统一权利、责任和义务，就无法改变过去"五龙治水"的局面。"三分开"即：政企分开、政资分开、所有权与经营权分开。"政企分开"是政府授权国资委对企业国有资产履行出资人职责，不直接管理国有企业；"政资分开"是国资委不行使政府公共管理职能，政府其他机构、部门不履行企业国有资产出资人职责；"所有权与经营权分开"是国资委不直接干涉的生产经营活动。

党的十六大以来，国资国企改革稳步推进，坚持"三统一、三结合、三分开"是国有资产管理体制改革的重大成果，保证了国有资产监管的有效性，是政企分开、政资分开的关键，是国有企业自主发展、激发活力的重要保障。

10.5.3.2 深化改革进一步推动政府职能部门与所属国有企业的分离

贯彻党的十八届三中全会精神，深化国资国企市场化改革，需要进一步推动政企分开和政资分开，使国有企业成为自主经营、自负盈亏、自我发展的市场主体。新一轮国资国企改革需要解决的问题有：第一，明确国资监管的边界。进一步明确国有资产唯一出资人职责，对经营性国有资产实施统一监管。目前国务院各部委所属企业有8000多户，资产总额1万亿元。国务院国资委授权监管的中央企业仅有113家。非国资委监管的政府办企业现象依然严重，政企不分、政资不分的格局基本没有改变。这种状况严重地影响了国有资产的统一监管，也阻碍着非国资委监管的中央企业参与国际国内市场竞争。贯彻党的十八届三中全会精神，必须尽快改变政府职能部门管理企业的局面，建立国资委对国有资产统一监督管理的新体制。明确国资经营目标，统一国资监管法律规范，统一国有企业经营机制和考核标准、经营者能力市场化评价与市场化薪酬标准，实现更大范围和更为彻底的政企分开和政资分开，完成国有经济结构布局的战略调整目标，更好地参与国际国内市场竞争。

第二，进一步完善国有企业法人治理结构。完善法人治理结构，首先要实现政资分开，授权国有资产监管机构统一监管国有资产：以管资本为主，建立并完善国有企业董事会制度，董事会依法行使股东决策权，依法聘任经理人，考核经理人业绩；经理人依法按照国有资产经营方向和目标，组织企业生产经营活动，履行国有资产保值增值职责；建立和完善监事会制度，确保监事会对董事会和经理人活动的有效监督；依法保障国有企业职工以职工代表大会为基本形式参加管理的制度权利，职工代表依法进入董事会和监事会，确保职工董事、职工监事依法行使职权。国有企业法人治理结构不完善，就容易发生"内部人控制"问题，国有资产的监管必须延伸至企业内部。国有企业法人治理结构完善程度与政资分开、政企分开相辅相成。

第三，区分国有资本预算的功能与公共财政的功能。党的十八届三中全会《中共中央关于全面深化改革若干重大问题的决定》明确指出，国有企业属于全民所有。国有企业的收益也理应惠及全国人民。国有资本预算是公共财政的重要补充，但不能由此认定国有企业的红利有"准财政"色彩。企业红利分配首先要符合公司法、会计法等法律法规的规定，还要兼顾当前回报社会能力与企业长远发展需要。混淆公共财政与国有资本收益预算的功能，在国家财政政策层面将导致"软预算约束"，动辄向企业伸手，形成"鞭打快牛"的局面，在国有企业层面又将导致国有企业重新依附政府，无法且不愿意自主经营、自负盈亏，更无法建立"产权明晰、权责明确、政企分开、管理科学"的现代企业制度。混淆公共财政与国有资本收益预算的功能，在国有企业改革实践中只能导致新的政企不分和政资不分，葬送十年来国资国企改革来之不易的成果。

10.5.3.3 "以管资本为主"不能不"管人""管事"

党的十六大以来国资监管实践的重要经验，就是"管资产与管人、管事相结合"。在实践中，"管资产"主要是管国有资产的保值增值。"管事"主要是管企业投资、薪酬分配等的重大决策，"管人"主要是遴选和任免企业负责人，这是当时国有企业法人治理结构不完善时的无奈之举。在有"内部人控制"可能性的情况下，要想管好资产，就必须"管人"和"管事"，只能通过管好人、责任到人，才能确保国有资产不流失；只有管住企业的重大决策，才能促进企业规避风险，做强做优主业，保证国有资产保值增值。进一步推动政企分开和政资分开，创新国资监管方式，要求在吸取过去成功经验的同时，对"管资产与管人、管事相结合"体制有所创新和突破。国有企业特别是中央企业，一般都担负着国家政治责任和社会使命，不能和其他资本一样只以盈利为目标。

"管资本"首先是管资本的使用方向，通过董事会引导企业的决策，使国有企业的重大决策符合国家战略意图和国有经济需要，在此基础上追求国有资本的保值增值。为此，需要对全国的国有资本进行"一盘棋"的战略规划，并依据国有资本不同的功能进行分类监管，确保国有资本的活力，发挥影响力和控制力，在国家经济和社会建设中起到"顶梁柱"的作用。

10.5.4　完善国企改革中政府职能的主要思路与途径

10.5.4.1　政府在指导国企改革的过程中要有所为

（1）政府在指导国企的改革进程中要有所为。第一，分类推进。从那些已实施政企分离的国有企业（石油、电力、电信、民航等行业）中入手，细化具体改革措施，引入完善的竞争机制，进一步深化企业改革。问题的关键是放开市场准入，借由引入新的竞争主体进入垄断市场，对产业结构进行重组，从而进一步提高国有企业效益。对于目前仍未完成政企分开等体制改革的企业（比如铁路和城市公用事业等）则应当进行制度改革，加速推进其政企分开的改革进度。第二，梳理性质。及时理清垄断企业的国家安全性、垄断性以及战略关系等各个方面的环节。从经济布局开始，进而研究垄断企业的影响程度，从分析这些企业产业链的每一个环节入手，对比其对国家安全和经济影响程度轻重，以及该企业在其领域的重要性，进一步掌握政府对该国有企业的控制程度轻重，最终得出政府在国有企业股权中应该占有的比例大小。第三，明确使命。根据我国目前在促进国有企业战略性改组等方面的要求，其目的在于明确国有大型企业集团的职责和使命，并在此基础上切实减少国有企业数量，并且以行业相近度为第一原则，对国有企业进行新一轮的重组改革，组建几家国有大型企业集团，各家企业根据其自身需求，而选择适合其发展的科学发展战略和企业管理模式。第四，科学监管。只有将国有企业进行由政府主导的市场化大改革后，继而制定出完善出资人管理、兼具行业性社会监督的相关条例，例如完善在价格控制、服务标准、收入分配、资源配置等方面的制度，从而达到进一步提高国有企业的运营效率，切实保证国有企业的服务能力的目的。

（2）政府在指导国有大型企业市场化、公开化上要有所为。我国国有大型企业改革的总体方向是向公众化、市场化进行转变，力求通过资本市场把现有的大型国企改造成为颇具影响力的上市公司，使之成为独立的市场竞争主体，使之成为具有公众性的企业。政府指导国有大型企业改革的大方向是使之具有公众化、市场化的鲜明特点，具体表现为：一是推进上市，为了进一步推动国有大型企业进行公众化和市场化的改革，将有条件上市的国有大型独资企业实施股权多元化改造；二是改制分离，将大型国有企业中不具备上市条件的企业进行分离，通过政策性破产、脱钩改制等方式进一步减轻国有企业包袱，以期保证上市国企的纯净性。

（3）政府必须在切实增强国有企业核心竞争力上要有所为。我国政府应当清醒地意识到，我国国有企业的人力物力资源是有限的，务必要将企业的资源重点转移到如何进一步切实提高企业的核心竞争力上。目前我国的国有企业仍然处于盲目追求如何扩大企业规模上，而对如何切实提高企业核心竞争力的关键性问题置于不顾。因此，政府必须要求国企放弃其不相关的工作业务。与此同时，沿产业链纵向延伸已逐步成为国企变大变强的新趋势。政府对此已提出了明确的要求，一方面要将国有企业的主营业务有效贯穿起来，另一方面在企业内部要切实打通产业链，这将成为我国国企"集中发展"的"主力军"。

（4）政府在进一步完善国有企业监管机制上必须要有所为。严格遵循国有资产管理体制（管资产与管人、管事紧密结合）；坚持把国有资产出资人的职能和政府的社会公共管理职能进行严格区分，坚持政企分开的同时，实施经营权与所有权进行分离的制度。政府要做到在完善国有资产管理体制上有所为。进一步统一国有资产亟须实行统一监管的大思想，必须打破各级政府以及各个部门利益固化、各自为政的现有模式，从而顺利将各类资源性、经营性资产集中纳入国资监管的范畴，统一进行严格监管；以解放思想为观念，在明确各类国有资产监管的责任主体的基础上，通过授权经营、委托管理等多种经营管理方式，创新监管模式。

（5）政府要在完善国有经营责任制上有所为。政府必须就如何指导企业进一步完善国有经营责任制上狠下功夫，一方面采用在目标确立阶段，进行具体指标逐步考核的管理办法，以期加强国有资产经营责任目标及其责任指标的整体架构。

（6）政府要在避免国有资产流失问题上有所为。为避免在产权交易过程中所产生的国有资产流失，政府必须引导国有资产产权交易向正确、有序的方向发展。政府必须强制国有资产产权交易在产权交易平台上完成，以切实保障国有资产产权交易过程中的公平性。政府必须在国有资产产权交易过程中进行信息公开化和透明化。

（7）政府必须在健全国有企业改革中法制建设上有所为。政府必须将市场经济的发展同国企改革的进程相结合，不断完善和健全国企改革中的相关法律、法规。避免出现国企在改革过程中，因为相关法律、法规的缺失，对国有资产造成损失，以期确实做到出现问题有法可依。

10.5.4.2　政府在国企改革过程中必须有所不为

（1）国有企业的"官帽子"，政府应该松手。取消国企行政级别是政府对国企领导"官帽子"松手的第一步，只有取消了国企行政级别，政府才能不对国企领导人员进行直接任命。政府应该遵照政企分开的基本原则，彻底取消国有企业领导人员行政级别，探索出一条适合国有企业选人用人的机制。

（2）国有企业的经营权，政府应该放松。政府要实现对国有企业经营权的放松，必须实现从政府到企业、自上而下的机构改革。明确政府机构的改革必须满足市场经济的需求，将不具有政府职能的经济部门逐步进行撤销、改组，从而保证政府与企业不再存在行政关系，而是形成在政府委托国资委履行出资人职责的条件下形成的以产权为纽带的经济隶属关系。要切实加强业务分工过细的政府部门的合理调整，进一步转变为间接调整为主的宏观调控体系，取代原有的以直接调整为主的微观调控体系。切实加强政府的服务性职能，简政放权，达到弱化微观经济管理职能的成效。政府要进一步放松中介机构能提供的、企业能够决定的、审批市场能调节的具体事宜，有效地实现政企分开。

10.6　国有企业舆论与国企改革

10.6.1　国企改革需要舆论宣传的支持

在企业改革发展的进程中也时刻面对着各种各样的舆论，企业员工对企业现实和现象，对生产经营、改造扩建、领导作风、企业管理、个人收入、福利待遇等等都会有主观反映；社会公众、主流媒体及网络等对于国有企业的特殊地位、社会责任以及改革发展过程中暴露出来的种种问题都会有这样那样的看法和评判。只要存在着企业矛盾、企业热点、企业变化，就一定会引发企业舆论。加强企业舆论防控工作，就是正确、客观、科学地反映舆论信息，及时了解职工群众的所思所想、所急所盼，及时掌握公众、媒体的看法、观点，尽早发现带有苗头性、倾向性的问题，并加以正确控制和引导，使之朝着有利于企业有益的方向发展。

国有企业是我国国民经济的命脉，在国民经济发展中发挥着重要的支柱作用。由于其国有的特殊地位，保障了其思想政治工作的有效开展。国有企业一直把思想政治工作作为经济工作的生命线来抓，形成了"党政工团"齐抓共管的大政工格局，建立了一整套有效保障广大职工群众参政议政、表达合理诉求、维护自身权益的制度体系，如：职工代表大会制度、职工来信来访制度、党务公开、政务公开热线、企业职工思想政治工作研究会等。

10.6.2　当前国企舆论宣传工作面临的问题及原因

10.6.2.1　特殊的职能地位形成了滞后的舆论管理机制

国有企业是国民经济的命脉，不仅肩负着繁重的生产经营任务，同时还承担着重大的社会责任。国有企业虽然一直以来比较重视思想政治工作和舆论宣传，但是仍然存在着很多不适应发展需求的舆论管理问题。

思想意识问题。一是一些企业对于舆论管理重视不够。虽然大多数企业比较重视舆论管理，但仍有一些企业和管理人员缺乏舆论管理的敏感性，对一些不实言论没有及时澄清，从而造成事态的扩大。有些企业不能及时开展有效的工作，从而丧失了舆论引导的先机。二是一些管理人员胆小怕事，不敢直面真相。一些管理人员在处理与媒体的关系上过于谨慎，对媒体记者还是处在"防火、防盗、防记者"的封闭时代，"怕、拒、躲"，导致媒体无法求证，偏听偏信他人一面之词，导致有些报道不全面、不客观。

统筹协调问题。虽然与舆论管理关系密切的部门都建立了相应的组织，但存在各自为政的问题。从整个企业集团层面来讲，没有一个牵头抓总的部门，部门之间也没有形成信息的共享机制。比如某部门发现一则舆论信息，通过自己的系统上报，但没有和其他的部门进行沟通，结果造成上级知道了，本级领导和其他部门却还不知道，使得一些工作处于被动。

应对能力问题。缺乏应对的经验技巧。尤其是一些年轻管理人员，缺乏经验，往往在应对突发性舆论事件时慌了手脚、乱了阵脚，在结果还没有出来之前，乱下结论、乱表态，结果被人抓住不放。缺乏分析研判能力，对于已经掌握的消息，不知轻重缓急，不会研究分析，导致失去舆论处置的最佳时机。

10.6.2.2　自身存在的问题带来舆论的增量和分量

近年来，虽然国有企业通过一系列改革，加强了管理、提高了效率、增强了实力，但仍存在一些不尽如人意的地方。这些不足之处，事实上常常成为不良舆论的根源和诱因。

一是国有企业的透明度问题。国有企业是属于国家和人民的，人民群众有理由对国有企业的改革发展情况享有充分的知情权、监督权和成果分享权。从长远看，国有企业向公众充分、清晰地披露企业生产经营情况，既有利于国有企业主动宣传自身成绩，又有利于落实广大群众的知情权和监督权。沟通化解矛盾，国有企业有计划地从快增加透明度，势必可以消除一些不良舆论滋生的土壤。

二是腐败问题。腐败问题不仅严重损害国有企业的形象，而且伤害国有企业内部员工的进取心、信任感。近年来，一些国有企业高管层腐败问题的相继暴露，涉案金额之大、腐败行为之烈，让人触目惊心。除了这些大案要案外，一些发生在中层、基层管理人员身上的腐败行为，也给国有企业带来了不良影响。完善反腐倡廉制度，从源头上预防腐败，加大对违法犯罪活动的惩处力度，增强广大群众和广大员工的信心，需要国有企业长期努力的工作。

三是安全生产管理方面的问题。在经济全球化日益深化、市场竞争日益激烈的环境中，管理能力、生产效率、竞争实力、创新能力等问题将长期受到媒体的关注。近年来，大部分国有企业的管理能力、生产效率、竞争实力、创新能力都有很大提高，但与国际先进水平相比，差距依然存在。这类问题如果处理不当，也会导致国有企业受到不良舆论的困扰。

四是劳动关系问题。国有企业近年来的改革力度很大，政企分开、改制上市，建立现代企业制度，推行劳动合同制，实施绩效考核制等。在这些改革和制度措施推行的过程中，因政策不善、执行偏差等原因，确实形成了一些新的矛盾，如劳动关系紧张，劳动用工规范性不够，对劳动者的安全保护、社会保障欠缺，超长时间加班等。加之客观上一定程度存在的收入差距过大、裙带关系等，使国有企业内部员工关系不尽和谐、员工积极性受到打击，有些长期得不到解决的问题还存在激化的可能性。诸如此类的问题被媒体公开曝光后，则可能进一步影响国有企业的形象，同时也更加强化了内部的紧张关系。

10.6.2.3　职工依法维权、参政议政意识的增强给舆论管理工作提出了新要求

随着社会主义市场经济的逐步确立，职工的法律意识、维权意识、民主意识、参政意识不断觉醒并越来越受到重视，越来越多的职工更加关注自身民主权利、经济权利和人身权利的落实。职工的思想观念实现了从束缚、封闭到解放、进步、务实，再到开放、科学、包容、创新的历史性跨越，民主、自由、平等的理念逐渐在职工心中扎根。强调人权、主张民主、重视维权的呼声要求，渗透到社会的各个领域和生产生活的各个方面。如何才能够及时掌握相关的舆论信息，对信息进行研判、分析，为企业管理层的决策提供帮助，及时地进行政策调整。如何才能引导广大职工科学、合法地进行维权，有序、高效、民主地进行参政议政，真正体现主人翁的地位和归属感，这些问题都从另一个方面给舆论防控工作提出来了更高的要求。

10.6.2.4　网络信息时代使企业舆论防控困难加大

传统的舆论传播依靠电视、广播、报纸等传统媒体，向公众单方面灌输信息。限于技术短板，传播的反馈机制始终不够成熟，并呈现明显的滞后性。但是，技术融合和全球范围的媒体创新引发了声势浩大的信息革命，冲撞、改变着社会舆论场的生成与存在方式。网络新闻、博客、论坛、视频、即时通信、社交网站、微博客等新型的互联网应用构成了纵横交错的传播渠道，并与传统媒体共同助力，形成立体化传播方式，拓宽信息传播范围并最终扩大了对社会舆论和网络舆论的影响力。

10.6.3　做好国企舆论宣传工作的极端重要性和紧迫性

10.6.3.1　加强舆论防控工作是用社会主义先进文化占领思想文化阵地的迫切要求

随着社会主义市场经济的不断发展和国有企业改革的不断深入，国有企业自身发生了复杂而深刻的变化，改革的过程中也激发了一系列复杂的矛盾，而意识形态领域的深层次问题也逐渐暴露出来。国有企业的思想政治工作面临着大量的新情况、新问题。整个社会及企业的共同理想、价值观念和道德规范在不断地经历着挑战和磨难，拜金主义、享乐主义、自由主义和极端个人主义在不断地滋生和蔓延，要解决好这些问题并不容易。

舆论导向正确是党和人民之福，舆论导向错误是党和人民之祸，要牢牢把握

正确导向，壮大主流舆论，要宣传党的主张、弘扬社会正气、通达社情民意、引导社会热点、疏导公众情绪。这就要求国有企业加强舆论防控工作，用社会主义的先进文化去占领企业思想文化阵地，引导企业舆论走向，增强思想政治工作的保障力，从而不断维护企业稳定。只有牢牢把握正确舆论导向，不断提高引导舆论的本领，以企业自身的文化理念、价值观念影响社会，凝聚职工群众，形成积极健康向上的主流舆论，才能充分引导和激励广大职工群众，最大限度地在全企业形成共识，最大限度地统一不同方面、不同思想理念职工的意志和行动。

10.6.3.2　舆论防控工作是科学发展观和以人为本的重要要求

加强舆论防控工作是科学发展观的重要要求。国有企业只有始终坚持把正确舆论导向放在首位，做好舆论信息的搜集、分析、研判、引导、合理应对，才能营造又快又好的发展环境，促进企业的科学发展。

加强舆论防控工作同样是以人为本的重要体现，有利于密切企业同职工群众的血肉联系，从而不断凝聚企业的向心力。知民情、晓民意，及时把握、引导、利用好企业舆论，反映最广大职工群众的根本利益，是架起企业与职工群众沟通交流的桥梁。只有通过经常地、深入细致地调查研究和通畅的舆论反馈，对职工群众思想动态和所思所想了然于胸，才能把民情动态作为第一信号，把职工群众的意愿作为第一准则。

10.6.3.3　加强舆论防控工作是国有企业健康、高效发展的迫切要求

在现代企业中，舆论信息已经成为企业管理层了解情况、科学决策、指导和推动工作的重要依据，舆论信息反映着企业员工普遍关注的问题和他们的思想状况。谁最先占有舆论信息，掌握的信息最全面、最准确，谁就获得了主动权，就能增强企业科学决策的针对性和主动性，以便及早发现问题、化解矛盾、解决问题。做好当前的舆论防控工作对于凝聚企业员工力量、展示企业良好形象、增强企业文化软实力、提升企业品牌价值和提高企业舆论突发事件处置能力都具有重要意义。

第一，国有企业大多处于关系国家安全、国民经济命脉的重要行业和关键领域，社会影响面大，公众关注度高，更需要媒体的大力支持，树立企业形象和品牌，激励和鼓舞员工，才能为企业的改革发展营造良好的舆论环境。

第二，随着国有资产管理体制改革和国有企业改革不断深化，改制分流、结构调整、重组并购、关闭破产等必然引起利益格局调整、职工身份变化和不稳定因素增多，导致深层次矛盾凸现，敏感热点问题频现，舆论突发事件时发等，对国有企业的新闻宣传和舆论引导工作提出了更高的要求。因此，国有企业要高度重视不良舆论的监测与研判工作，并采取适当措施进行积极引导。

第三，新闻宣传工作是现代企业管理的重要一环，是企业软实力的重要组成部分，已成为影响国家生活、社会舆论和群众情绪的重要因素，成为影响企业形

象、决定企业命运的重要方面。新闻宣传和舆论引导是国有企业品牌传播的重要途径，通过加强对不良舆论的引导，积极开展新闻宣传工作，减少不良舆论，负面影响，才能达到维护企业品牌形象，提升企业品牌价值的目的。

10.6.4 国有企业做好舆论宣传工作的对策建议

10.6.4.1 建立舆论防控七大机制

（1）建立健全组织领导机制，构筑"大舆论"管理组织网络。舆论管理是一项系统工程，必须形成合力，首先要领导重视。要进一步提高国有企业主要领导对企业新闻宣传和舆论管理工作重要性的认识水平，不断加大企业新闻宣传工作力度，不断加大企业品牌形象建设的投入，特别是在机构建设、人员配备、资源整合、物质投入、宣传规划等方面做到统筹安排，执行有力，落实到位，从根本上重视舆论工作，加强对舆论防控工作的组织领导。同时要成立专门的企业舆论管理领导小组，由主要领导担任组长。要制定出台创新舆论管理的实施意见，进一步规范和创新舆论管理工作。

（2）建立舆论信息的监测、搜集、报送机制。舆论信息是企业了解情况、分析形式和科学决策的重要依据。企业舆论包括外部舆论和内部舆论，外部舆论主要来源于主流媒体和网络媒体的舆论信息，内部舆论来源于职工群众。企业舆论内容丰富、涉及面广，而具有倾向性、导向性的舆论能够集中反映社会的看法、期望和职工群众的思想状况、情绪。只有及时掌控企业舆论信息，才能更好地增强舆论工作的主动性，找准切入点，理顺情绪，化解矛盾，维护企业稳定的发展环境。

（3）建立畅通舆论诉求机制。要加强和改进舆论监督，推动解决党和政府高度重视、群众反映强烈的实际问题，维护人民利益，密切党群关系，促进社会和谐发展。国有企业在以往好的传统做法的基础上要继续畅通职工群众舆论诉求的通道，对于职工群众的合理诉求等要采取"疏而不堵"的策略，舆论工作开展的前提是确保社情民意的反映渠道畅通。只有尊重和维护职工群众表达自己意见的权利，提供畅通诉求的渠道，才能全面了解职工群众所盼所求，理性地维护企业自身的合法权益。

（4）建立舆论信息分析、研判、处置机制。要建立专门的舆论分析部门，对搜集、汇总上来的舆论进行科学的分析和研判，分层、分级处理，提出应对的方案，以供上级部门和相关业务科室参考采用。

（5）建立舆论引导机制。有效主导信息发布、有效影响和引导舆论是舆论管理工作中不可或缺的环节。通过影响舆论的倾向、力度和构成，进而影响社会舆论、媒体舆论和职工群众的口头舆论，达到引导舆论走向的目的。舆论阵地我们不占领就要被他人占领，正面宣传不占领就要被负面报道占领。媒体是党和人民的喉舌，是舆论引导的重要力量，要善于利用主流媒体，引领企业舆论走向。首先，要充分利用主流媒体通过宣传典型、展示形象等方式正面引导舆论，大力宣传国有企业的地位、作用和贡献，进一步树立国有企业的良好形象，增强广大职工搞好国企的信心和决心，达到树立信心、化解矛盾、疏导情绪的作用，为国有企业改革发展营造良好舆论环境。

（6）建立舆论突发事件处置工作机制。要高度重视企业舆论突发事件的处置工作，把舆论突发事件处置纳入企业全面风险管理工作和整体应急预案中，制定处置预案和工作流程。要通过宣传、培训和演练，把处置预案和工作流程落实到基层。舆论突发事件发生后，要在第一时间启动应急预案，积极主动开展新闻发布，解疑释惑，掌握话语权。

（7）建立健全舆论管理责任追究机制。建立和完善舆论管理工作考核制度，将舆论管理工作责任落实到各子企业和部门，形成一级抓一级的工作运行落实机制。加强督查力度，检查各单位制度是否完善、预案是否制订、人员是否到位、工作是否落实。加强问责力度，对舆论引导控制不力、发生重大舆论事故、造成工作被动、损害企业形象的单位和个人严肃处理，以此强化各级各部门加强舆论管理的责任感和主动性。对不实舆论发布人建立约谈机制，对不同观点试行网络解释制。对别有用心、煽风点火、制造混乱的，严格按照相关法律法规进行打击，起到惩前毖后的作用。同时要完善事后总结机制。对舆论中发现的问题，深入剖析原因，进行总结、梳理，编写典型案例，形成书面报告和建议，供领导决策参考，举一反三，减少舆论危机的发生。

10.6.4.2　组建培养一支高素质、现代化的舆论管理人才队伍

舆论信息工作是一项涉及全局的有较强政策性、敏感性、时效性的工作，对从业人员的思想素质和业务素质都有较高的要求。要注意专门人才队伍的培养和建立：第一，建立企业新闻发言人队伍。企业总部及重要子企业要设立新闻发言人以及相应的新闻发布机构，加强新闻发言人的培训工作，提高新闻发言人的专业知识水平和综合素质，加快企业新闻发言人队伍的建设步伐，为做好企业新闻发布工作奠定良好的人才基础。第二，建立基层舆论信息员队伍。充分发挥企业的人才优势组建一支基层舆论信息员队伍，整合资源，建立制度，统一管理，形成合力，让这张网覆盖企业的各个层面、各个角落。第三，建立第三方专家学者队伍。发展和培养一批支持国有企业改革发展的第三方专家团队或意见领袖。通过召开座谈会、情况通报会、开展培训、加强资金支持等方式，以高校、研究机构教授、专家学者为重点，加快建立第三方专家队伍，争取他们的理解支持，从而进一步优化企业的舆论环境。

10.6.4.3　做好企业网络舆论工作，大力推进网络文化建设

随着互联网在我国的高速发展，论坛、博客、微博客等各类网络应用形态层出不穷，但混杂其中的虚假谣言信息误导网民，降低了网络公信力，污染了网络环境，有的甚至已经影响到企业形象，给企业和社会造成伤害。加强网上思想文化阵地建设，是社会主义文化建设的迫切要求。国有企业更要重视网络文化建设，增强使用和驾驭新媒体的能力。

10.7　国有企业社会责任履行机制建设

10.7.1　社会责任的概念界定及国有企业履行现状

10.7.1.1　国有企业履行社会责任概念

国有企业社会责任与企业社会责任的含义没有本质区别，但国有企业的特殊性决定了其内涵的特殊性。我国国有企业在经济社会的发展中具有独特的地位和重要的作用，因此它扮演着两种角色。第一种是国有企业是我国市场经济的主体，需要积极地参与市场竞争，并争取能够获取更多的利润。第二种是国有企业与民营企业的性质不同，它是属于公有制形式，所以在维护经济安全和国家安全方面具有重要的作用。扮演政治角色与经济角色的国有企业，其独特使命与地位决定了国有企业的社会责任的特殊性。

（1）国有企业的普遍社会责任。国有企业是众多企业中的一种，同其他类型的企业一样，国有企业具有一般意义上的普遍社会责任。诚实守信、依法经营是企业生存发展的根本之道，是我国能够建立和谐社会的根本原则，只有在这种基础上，企业才会长治久安，国家才会繁荣发展。企业在社会主义市场经济体制下，需要在法律法管制度中规范其行为，做到公平竞争，这是我国建立法制社会的根本要求和最低底线。因此，国有企业必须适应市场经济环境，既要控制国家经济命脉，维护经济安全，又不能触犯法律的底线，不然也会受到法律的制裁。这是企业社会责任的底线和硬性约束。所以，在市场经济条件下，国有企业必须履行法律责任。自然资源具有有限性与稀缺性的特点，节约资源、保护环境是企业履行社会责任的必行之举。长期以来，企业在进行生产活动中谋取利益的同时，也会产生许多的负面效应。这些负面效应有很多方面，首先它会对我们赖以生存的环境造成很大的破坏和污染，其次浪费问题也十分严重。这些问题是包括国有企业在内的所有企业都会面临的问题，如果任由这种行为发展是一种很不负责任的表现，它相当于把一些企业生产经营带来的问题强加于社会，然后借此获

得更多的利润。正是因为企业这种行为，使得我们生存的环境变得更差，对中国实现社会主义可持续发展形成了严重的阻碍。我国社会的基本国情就是资源紧缺，这些问题如在同一时期突然爆发，对企业的影响巨大，它严重制约企业的全面发展，从而影响了中国经济，所以国有企业在发展中，必然控制污染和浪费等问题，在保护资源和可持续发展方面起带头作用。

目前我国还有许多不同类型的弱势群体成员，弱势群体权益需要维护和保障，改善弱势群体的困境、发展慈善事业对国有企业来说是一种责任，也是一种义务，更是国有企业回报社会的一种方式。这是国有企业应当承担的伦理责任。

（2）国有企业的特殊社会责任。国有企业是国民经济的重要支柱，就其产权性质而言，国有企业属于全体人民，就其根源来看，国有企业不是为实现几个投资人的利益而设立的，是为实现全体人民的利益而设立的。因此，国有企业具有国有资产的保值增值责任，这是其承担的经济责任。我国国有企业资产归全民所有，所以国有企业必须履行社会责任，对全国人民负责是国有企业的天然职责，经营管理者在管理国有资产时要秉承对国家以及人民负责的态度。国有企业的税收是我国财政收入的重要来源，在维护国家经济的独立性，执行国家经济政策，维护社会的稳定与和谐等方面，国有企业发挥着重要的经济作用，承担着无法取代的社会责任。国有企业具有维护国家安全的责任，包括能源安全，国防安全。因为国有企业掌握国民经济的命脉，特别是在一些关系国家安全与发展的重要资源方面，比如石油、天然气、通信等关键领域和核心产业具有垄断的经营权。因此国有企业是维护国家安全的主体，必须切实履行好这一责任。

10.7.1.2 国有企业履行社会责任成就瞩目

国有企业作为我国公有制经济的"领头羊"，作为在国民经济中起主导作用的经济形式，在我国经济社会发展中做出了重大的贡献。

（1）国有企业经济业绩突出。国有企业是我国国民经济的重要力量。目前，我国国有企业每年对国家GDP的贡献率一直保持在30%以上，对于促进国家经济的发展和稳定繁荣做出了突出贡献。据我国财政部企业财务快报统计，2012年，全国国有及国有控股企业累计实现营业总收入423769.6亿元，同比增长11%。国有企业营业总收入、实现利润和应交税费连续两个月环比增长。在2013年1月份至5月五个月内，国有企业累计达到营业总收入为178815.7亿元，相比其他收入升高了10.4%。而国有企业累计达到利润总额8841亿元，同比增长6.5%。国有企业应缴税费14922.1亿元，同比增长5.9%。我国国有经济实力不断增强，国有企业营业业绩不断提升，增产总量不断增长，税费上缴也是连年增加，一定程度上实现了国有资产的保值增值以及强国富民的经济责任。

（2）国有企业积极参与社会公益事业。国有企业在确保国家经济稳定运行的关键时刻起到了无法替代的作用。在这样的特殊时期，大型国有企业在其中起到了中流砥柱的作用。国有企业积极响应国家要求，进行有针对性的援助，扶贫工作的深入，促进老、少、边和贫困地区的经济发展，呼吁促进和谐社会的建设。中央和地方国有企业分别根据企业自身的情况和扶贫点当地的情况，因地制宜，采取各种措施，加快落后地区的经济发展。

10.7.2　国有企业履行社会责任的影响因素

10.7.2.1　制度制定层面

不承担社会责任的企业，究其原因，即为企业在既有的制度框架下对其应履行社会责任的自我认知程度与社会公众期望值在客观上产生了巨大的差距。合理的制度能够规范国有企业承担社会责任行为，然而在现实条件下，相关立法的不足以及执法和监督乏力都导致了国有企业社会责任受到严重的制度约束，从而使国有企业在承担企业社会责任过程中面临着困境。目前，只是在消费者权益保护法、公益事业捐赠法等法律法规中涉及了社会责任，但无具体要求。此外，国资委在2008年颁布的《关于中央企业履行社会责任的指导意见》只是一个倡导性文件，缺乏对国有企业行为法律上的强制力和约束力。而制度的确立，可以规范过程，也可以确定结果。所以，通过制度的确立，可以降低企业不履行社会责任的可能性，同时，也为企业自觉履行社会责任提供了范围，明确了方向，设定了路线。

10.7.2.2　政治体制层面

由于国有企业更多受到政府的干预和控制，导致其地位受到政府的影响，其发展战略更多地受到政府的影响。而政府的执政理念是"以经济建设为中心，效率优先，兼顾公平"，并未提到社会责任，关键是抓经济，正是由于这种政治关联性和依赖性，导致国有企业一味地迎合政府理念而追求效益，忽略了社会责任。政府"先发展、后治理"的理念也产生了一系列环境问题。"科学发展观""可持续发展"和"和谐社会"等执政理念，为国有企业的发展提出了新的要求，要求国企更加主动地承担社会责任。因此，必须改善"政府缺位"问题，明确政府的职能与责任，避免国有企业因过度承担政府的责任而导致社会责任缺失。

10.7.2.3　社会公众层面

公众的力量影响和改善着国有企业自愿履行社会责任的现状。尤其是随着网络媒体的发展，通过新闻、微博等媒体方式，公民获取信息更快速、便捷，公民的维权意识进一步增强，并更多地关注社会问题。同时，通过微博、网络投票等方式，社会公众积极发表自己的观点，进而形成了有利的监督模式，这在一定程度上改变了两个主体之间的博弈格局。即改变着国有企业对社会责任的参与程度和履行程度。社会公众的监督将成为国有企业履行社会责任最有力的保证，对国有企业承担社会责任提出了新的挑战。而社会公众的评价也是对国有企业履行社会责任的一种激励，合理的评价有利于鼓励国有企业积极参与社会责任的履行，以满足社会的期望。此外，一些问题，如安全问题、环境问题等，不仅仅是政府和企业的责任，也是每位公民应尽的责任，若每位公民都能积极参与并履行社会责任，必将创造一个良好的工作、生活环境。

10.7.2.4 社会建设层面

随着经济的发展和社会的进步，网络已经改变了整个社会互动的模式。网络作为一种新兴媒体，为政府、社会公众和企业之间的沟通提供了快捷的平台，政府通过网络发布相关政务信息，为社会公众提供了更有效率的办事渠道。此外，网络技术的进步与发展促进了公民意识的觉醒。因此，互联网技术的发展改变了传统的治理结构，影响了社会主体间的选择和协作。一些社会组织的发展，在公共管理过程中也发挥了举足轻重的作用。这些社会组织及时填补了政府在职能转变过程中出现的社会管理空白，为企业、公众与政府之间建立了沟通平台和协商机制，在一定程度上化解了企业利益与社会利益之间的矛盾。

10.7.3 推进国有企业社会责任履行机制构建

10.7.3.1 建立一套企业社会责任的标准体系

企业社会责任有无标准可循，是企业社会责任履行机制有效实施的关键。企业履行社会责任的首要问题是标准的设立。不管是标准，还是行为规范，首先，制定出标准体系，以便宣传、学习和执行，也有助于形成一种与利益挂钩的有效机制，避免单纯的道德呼吁和劝导。当前国际上有 SA8000 标准，它是全球首个道德规范国际标准，其宗旨是确保供应商所供应的产品符合社会责任标准的要求。我国的一些行业协会和地方政府也制定了相应的企业社会责任标准，如纺织行业的 CSC9000T 管理体系和南京市 2009 年颁布的《企业社会责任》地方标准，另外很多研究机构也推出了自己的标准。其次，为了避免"标准眩晕"现象，企业社会责任标准体系的设立，要处理好各类认证标准、行为规范与法律三者之间的关系，避免重叠、冲突和交叉现象引发的理解和执行误区。也就是说，企业社会责任的标准应该涵盖上述三者，它应是一个多层次的标准体系，我们应将企业履行社会责任作为一种国际或国内的竞争手段、履行法律责任和履行道德责任的综合体来看待。国家层次的标准应定位于以自愿为基础的行为规范为主，属于非正式制度。对于行为规范，我们不能对它要求过高，它主要起规范、训导和舆论监督的作用。我们目前需要严格立法和加强执法，完善诸如公司法、消费者权益保护法、劳动法、产品质量法、食品安全法、反不正当竞争法、反垄断法、环境保护法等，通过强制性规定对企业行为进行管制并保证这些法律法规的执行力。最后，我们要考虑国际潮流和我国实际，鼓励各行业协会颁布各自的企业社会责任行业规范，并推动国际认证和国内各行业的社会责任评价工作。

10.7.3.2　创新和完善企业内部治理机制

良好的企业治理与企业履行社会责任的水平显著正相关。而良好的企业治理标准应主要包括：一是改变治理结构，引入利益相关方，实行多边治理模式，即要求企业权力机关的成员具有广泛的代表性。因为相对于其他利益相关者而言，企业股东具有组织优势、力量优势和信息优势，利益相关者的专用性资产投入和资源投入应按类似于"同股同权"的原则处理，通过增加博弈力量来化解股东的优势滥用。二是权力机关的决策程序和决策结果要做到公开、透明，要求实施企业社会责任信息的强制披露和强制审计，尽快出台《公司社会责任报告准则》及其操作指南。虽然我国上市公司已实行了独立董事制度，《公司法》也要求国有控股公司或者国有独资公司中的董事会和监事会中要配有职工代表，但"独立董事不懂事""职工代表不敢代表"、公司内部控制形式化、相关社会责任信息披露不规范是我国当前的现实。从当前频发的上市公司大股东掏空事件、管理层的欺诈行为及短期行为可以看出，我国已有的多边治理措施的步子还太小、太弱，企业治理权还很有必要进一步放开，有关利益相关者参与企业治理的法律规定也应尽可能固定、明细并使其具有操作性。而在企业履行社会责任的企业治理实践中，一是要建立 CSR 规章制度和 CSR 组织体系。有条件的企业可制定 CSR 宪章和行动标准，建立正式的企业社会责任部门，如 CSR 推进委员会，可归属于董事会下的战略委员会等强力部门，并在其下面分别设置环境管理、客户关系、职工权益、社会贡献等分会来主导实践。二是要设计 CSR 工作程序，如内部审核控制程序、内部沟通、紧急事件应变程序、外部评价控制程序、社会责任对话机制等。

10.7.3.3　继续推进社会公众的监督和评价机制

通过网络、媒体等手段，发挥社会公众的力量，形成全方位监督，避免政府过度干预而产生寻租和腐败问题。充分发挥个人与公民社会的力量来限制政府权力的行使，积极对社会责任履行进行评价，不断完善社会责任评价指标体系，持续改进国有企业社会责任履行的意愿，建立激励机制。进一步提高国有企业履行社会责任的积极性，进而提高企业声誉。

10.7.3.4　加强企业文化建设

我国的传统文化是中华民族的精神支柱，义利兼顾、人性本善、公序良俗是和谐社会的道德支撑。CSR 的核心在于人的理念，如何构筑符合企业战略、业务和文化特色的社会责任观，如何将管理大师德鲁克的远见卓识——"管理在于化社会问题为商机"心领神会，并引起管理者和企业职工的共鸣，是当前企业文化建设的关键，更是 CSR 工作推进的关键。以上的企业文化也就是企业家精神、企业家目标和企业家的责任理念。如何将这些企业文化教化员工，要求领导者率先垂范，因为管理者的社会责任立场和态度对该企业履行社会责任水平有着重要影响，对改变企业各个利益相关者之间的力量对比起着关键的作用。企业文化对内具有导向功能，对外具有辐射功能，在组织间具有互动效应。在一个倡导有道德经营的商业氛围中，标杆公司的 CSR 行为能够得到广为推崇和传播。从目前企业的跨国经营和国际贸易的实践来看，许多跨国公司都把执行社会责任标准作为重要的企业发展战略。可以说，企业社会责任作为一种新的企业价值观，已被国际社会广泛接受。管理的最高境界是自律。通过企业文化建设，自觉引导社会责任观念，得到员工的认同，并积极履行。要定期向社会报告其履行情况，不断树立企业形象，提高企业声誉，进而提升企业价值。国有企业社会责任，其实就是指国有企业在追求经济效益的同时所承担的维护和促进公共利益的责任，切实履行好社会责任是提升国有企业软实力、增强市场竞争力和推进管理规范化的内在需要。通过对国有企业履行社会责任的影响进行分析，进而提出相关建议，期望有利于改善民生，有利于社会资本的积累，有利于改善中国的软资源，走可持续发展之路，培育和形成企业新的竞争优势，引导其他企业积极履行社会责任，从而有利于中国构建社会主义和谐社会。

10.8　国有企业历史遗留问题分类、解决办法，与社保对接制度安排，建立国有企业改革成本分担机制

10.8.1　国有企业历史遗留问题现状

随着国企改革的不断深入，特别是党的十六大以来，新的国资监管体系逐步建立完善，有效解决了政企不分、政资不分等"政府办企业"问题。同时，大部分地方国企的历史遗留问题也逐步得到妥善解决，但少数地方国企和中央企业有待解决的历史遗留问题仍然较多。

第一是厂办大集体问题。20 世纪 70 年代至 80 年代，国有企业为安置富余人员、职工子女返城以及残疾人就业等问题而自助兴办了大量向主办企业提供配套产品或劳务服务的厂办大集体，每个厂办大集体企业下面还有若干工作小组或者小企业。这些厂办大集体对发展经济和解决就业发挥了重要的作用。随着市场化进程的加快，除极少数厂办集体企业能够维持生存之外，绝大多数厂办大集体机制不活、人员富余、职工知识结构单一、企业产业转型升级困难等问题日益突

出。同时，由于企业产权不清，厂办大集体无法正常办理破产程序，基本上都处于工厂停产和职工失业状态。鉴于厂办大集体企业和国有企业在业务和人事等方面有着千丝万缕的联系，厂办大集体问题的困难很快传递到国有企业，国有企业不得不为厂办大集体埋单——成立专门机构，拿出大量安置资金等，国有企业事实上成为厂办大集体企业改革的无限责任主体。随着物价水平的不断提高，厂办大集体的改制费用与职工安置费等改革成本也越来越高。日益增加的改革成本让国有企业痛苦不堪。仅仅彻底解决厂办大企业一项，有可能使国有企业由盈转亏，甚至破产。厂办大集体改革在国有企业市场化改革中成为越来越大的"绊脚石"，也是导致群体性事件和集体上访的重要因素。

第二是壳企业问题。壳企业是指不具备企业基本生存条件，没有生产经营能力，又因客观条件限制没有注销的名存实亡的国有企业。壳企业大多是在国有企业改制后形成的，是我国由计划经济向市场经济转轨过程中出生的"怪胎"。壳企业给国有企业改革的深化带来了不少隐患：一是造成国有资产流失。空壳化企业往往管理不善，少数留守人员借机将改制预留的部分资金涨工资、发补贴，对部分没有变现的门面出租收入坐收坐支，甚至变卖资产、私吞钱财。二是"债务链"影响企业的正常发展。空壳型企业丧失了经营活动能力，所欠债务必然形成呆账，又无法通过破产清算偿还债权人债务，必然影响了债权人企业的发展。三是不利于形成公平竞争的市场环境。空壳型企业的主体资格并不合法，在竞争主体上存在不公平，特别是有些空壳型企业利用执照欺诈经营，扰乱了市场竞争秩序。

第三是企业办社会问题。按照国有企业深化改革的要求，国有企业要剥离企业办社会职能，但目前国有企业办社会的现象仍然存在，不少国有企业同时承担着生产厂区和家属社区的"供水、供电、供热、物业"，企业每年消耗了大量资金和人力，束缚了企业发展，一些国有企业还保留着医院和幼儿园。

第四是企业改制后，历史债务问题未能得到完全解决。很多企业在进行改制后，资金的主要来源由国家投入变为主要从银行贷款，所需资金主要从商业银行借入，而且大部分资金被固定资产和长期投资占用，造成资产结构失衡和资金分布不合理，这就给企业开展正常的投资经营活动造成了障碍。有的企业在进行改制后，工资费用支出大，应收账款比例高，经常面对银行以及其他债主催还贷款的现状，使得企业的负担不断加大，企业虽然实现了改制，但是与企业原先进行股份制改造的目的相差甚远，也未能达到企业股份制改造的预期目标。

国有企业改革的上述历史遗留矛盾在特定地区（老工业基地、资源枯竭型城市）和特定行业（资源开发和生产等）同时存在，这些问题也与经济转型、环境保护问题相互交替，互为因果，已成为国有企业改革的一块硬骨头。在我国今后经济步入新常态的形势下，经济增幅和财政收入增速相对下降、人口老龄化突出的背景下，过去掩盖的矛盾也逐步显现，解决上述问题就显得更加棘手。

10.8.2　国有企业历史遗留问题解决途径研究

（1）加大对地方处置国企改制遗留问题的财政支持。中央财政应加大对地方处置国企改制遗留问题的支持力度，通过加大转换支付帮助地方减轻处置国企改制遗留问题的资金压力。

（2）要多渠道筹措资金，切实解决改革成本不足的问题。充分利用国家和省政府已出台土地、国有资本和股权转让以及招商引资、债务处置等方面的政策筹措改革成本，利用陈欠税费减免，拖欠社会保险费用由政府承担等方面缓解改制企业支付改革成本的压力。通过打包打折回购债权倒出净资产，加大资产变现力度，对暂时不能变现的资产现行收储，统一集中运营活化；继续加大招商引进工作力度，多渠道、多形式吸引域外资本和民营资本，参与国企改制重组，解决成本不足的问题；积极鼓励经营者和职工购买本企业资产，在条件允许的情况下，可用资产支付职工的补偿金、劳动债权消化改革成本。同时，可在国有资本经营预算中拿出一部分资金解决改革成本不足问题。

（3）要采取多种渠道，加大化解企业金融债务的力度。化解企业金融债务是国企改革的重点，要进一步完善政府、金融机构和改制企业协调机制，针对金融债务化解的难点问题，共同研究寻找处置的途径和办法；充分利用开行的软贷款，积极筹措资金，认真摸清底数，兼顾各方利益，积极拿出化解方案；充分利用国家财政对改制企业历年来的借款全部豁免政策、有关劳动与社保职工安置方面减免政策。鼓励域外资本和民营资本承债式购并改制企业，鼓励投资者购买债权，债券可按比例转为股权、促进企业资产、债务重组。同时，要加快推进资不抵债企业的依法破产、政策性破产进度，对破产立案、进入破产程序的，要加快实施程序和步骤，尽快破产终结。

（4）检查和推进。检查就是督促，就是推进，就是对具体工作的支持。加大对各地国企改制遗留问题处置工作的检查、调研和交流，督促地方领导重视，传播国有企业改制遗留问题处理方式方法和技巧。

10.8.3　国有企业改革成本分担机制

改革的成本分阶段地主要由不同的利益阶层承担，这是我国国企改革的一条经验。在改革的初始阶段，政府承担了大量的成本，随后，国企职工承担的改革成本快速增加，现阶段，需要重新厘清改革成本的分摊比例，寻找合适的成本分摊方式，最终实现"成本分担、收益共享"的制度目标。

10.8.3.1　国有企业改革成本的硬性剥离：政府的成本分摊机制

政府具有国有企业资产所有者和经济管理者的双重角色，基于社会公正原则中的受益原则，政府理应成为改革成本的负担者。不仅如此，在国有企业强制性制度变迁中，政府必须自觉承担改革成本，以发挥对其他相对弱势的利益相关者的"示范效应"，缓解成本分摊过程中的利益冲突。

在国有企业改革的初期阶段，政府的"放权""让利"发挥了激活企业细胞的作用，国有企业也因此获得生机与活力，但是，长期存在的"企业办社会"的问题并没有得到妥善解决，剥离这个巨大的"成本中心"是政府义不容辞的职责。这既是政府职能的回归，也是国有企业改革顺利推进的必要条件。

政府通过财政、金融和产业政策实施的转移支付机制可以达到这个目的，主要做法包括：（1）政府财政收入是支付国有企业改革成本的重要来源，必须将财政收入的一定比例用于对国有企业职工基本生存权、就业权和社会保障权的支付，矫正以国家财力不足为由拒绝支付或延迟支付的理念和行为。（2）政府通过发行债券和财政贴息的办法筹集国有企业改革的资金，并要真正实现"花钱买机制"，通过改革成本支付切实切断政府与国有企业的不必要联系，不能停留在用给予国有企业市场特权的权宜之计减轻改革成本支付负担的浅层次上。（3）政府利用优惠利率和差别的信贷政策引导市场主体参与国有企业改革，通过在竞争性领域实行倾斜的产业政策，理顺产品和生产要素的价格形成机制，为政府负担国有企业改革成本奠定坚实的经济基础。（4）用一部分"国退民进"的变现收入化解离退休职工社会保障、职工医疗费用、企业办社会等问题，同时，通过国有产权转向基础设施和公益性行业转移的方法安置部分过剩员工。（5）利用政治优势防范改革成本的恶化。为此，政府必须要求国有企业建立合理的工资增长机制，尤其要关注下岗职工和传统产业普通职工的工资与福利的增长速度和水平；同时控制高层管理人员的薪金增长幅度，适度降低国有垄断企业职工的福利水平；要提高国企上缴红利的比例，集中财力调控利益相关者的收益状况。

10.8.3.2　国有企业改革成本的内部消化：企业的成本分摊机制

国有企业改革成本的内部摊销应该是国有企业成本分摊的最重要方式。主要做法包括：（1）在"国退民进""抓大放小"的调整过程中，除少数必须要国家控股的领域外，中央和地方的国有企业应该选择从绝大多数竞争性领域退出；不是必须由国家控股的垄断行业，必须打破垄断，让民间资本进入，企业可以通过国有资产清算、国有股权的出售和国有土地使用权的流转的收益承担改革成本。（2）用企业上缴红利的方式承担改革成本。这些红利应该首先用于国有经济的布局调整，国有企业的关停并转、破产等对职工和下岗工人的补助、补偿以及对企业负债的费用偿还，从而有助于遏制垄断性国有企业"工资侵蚀利润"的行为，充分保障所有改制企业职工的基本权益。（3）用部分未分配利润承担改革成本。

（4）从国有资产存量（包括上市公司）、基础设施和部分垄断行业中退出和出售一部分资产和股权。

10.8.3.3 国有企业改革成本向后累积：代际转移的成本分摊机制

由于国有企业改革成本巨大，而且改革必须要以不损害改革主体和既得利益主体为前提。在国有企业的成本承受能力有限性的情况下，改革成本向后累积就在所难免，这就是我国创立的成本待机转移的成本分摊机制。特别是在政府官员和国企领导任期制下，现任政府和国企领导都存在以本届任期效益最大化为目标的行为动机，他们也需要向后推移成本的制度设计。尽管成本后推是一种阶段性有效的成本分摊机制，但是，它不能被过分使用，因为，成本后推必须建立在未来稳定的潜在收益或租金的基础上，否则，成本累计和向后推移只会贻误改革时机加大改革成本。还必须对改革成本分摊制定明确的时间表，规定改革不同阶段应该支付的改革成本，防止改革成本支付期限无限延长，否则，累计的改革成本同时释放可能引发整个社会动荡。此外，必须用制度化的方式确保改革成本向后累积的支付来源。为此需要在考虑代际公平的前提下，合理测算改革成本承担者未来的收入流，利用收入资本化的手段建立稳定的资金来源。只有在成本分摊过程中对成本承担者实行有效的外部约束，才能平滑改革成本的支付压力，确保改革成本向后累积分摊机制的有效性。

参 考 文 献

[1] Boardman, A. E., Vining A. R. 1989, Ownership and Performance in Competitive Environments: A Comparison of the Performance of Private, Mixed, and State-Owned Enterprises [J]. Journal of Law and Economics, 32 (1): 1-30.

[2] Zhang, A., Zhang, Y., Zhao, R., 2001, Impact of Ownership and Competition on the Productivity of Chinese Enterprises [J]. Journal of Comparative Economics, 29 (2): 327-346.

[3] Cato, S. 2008. Privatization and the Environment [J]. Economics Bulletin, 12, 9, pp. 1-10.

[4] William, B., Chao, C. and Song Z., 2013. Cash Dividend Policy, Corporate Pyramids, and Ownership Structure: Evidence from China [J]. International Review of Economics & Finance, 27: 445-464.

[5] 徐传谌, 彭华岗等. 中国国有经济发展报告 (1949-2002) [M]. 经济科学出版社, 2012.

[6] 徐传谌, 彭华岗等. 中国国有经济发展报告 (2003-2010) [M]. 经济科学出版社, 2013.

[7] 李维安. 现代公司治理研究 [M]. 中国人民大学出版社, 2002.

[8] 梁丹. 关于完善国有公司企业董事会制度的思考 [J]. 经济体制改革, 2008 (1).

[9] 国务院国有资产监督管理委员会副主任, 党委副书记黄淑和. 国有企业改革在深化 [J]. 现代企业研究, 2014 (2).

[10] 吴凡, 卢阳春. 我国国有企业公司治理存在的主要问题与对策 [J]. 经济体制改革, 2010 (5).

[11] 郑新军. 中央企业监事会和巡视工作两种监督制度关系的研究 [D]. 武汉理工大学, 2010.

[12] 姚海. 我国国有资产管理中的委托代理问题研究 [D]. 复旦大学, 2008.

[13] 马克思. 马克思恩格斯选集 (卷1) [M]. 人民出版社, 2012, 1999.

[14] 国务院国资委宣传局. 国企热点面对面 [M]. 中国经济出版社, 2012.

[15] 高举中国特色社会主义伟大旗帜, 为夺取全面建设小康社会新胜利而

奋斗．人民日报［N］.2007年10月25日．第1-4版．

［16］中共中央关于全面深化改革若干重大问题的决定．人民日报［N］.
2013年11月26日．第1-3版．

［17］2014年政府工作报告［M］.人民出版社，2014.

［18］中共中央关于建立社会主义市场经济体制若干问题的决定．人民日报
［N］.1993年11月17日．第1版．

［19］中共中央关于制定国民经济和社会发展"九五"计划和2010年远景
目标的建议．人民日报［N］.1995年10月5日．第1-3版．

［20］高举邓小平理论伟大旗帜，把建设有中国特色社会主义事业全面推向
21世纪．人民日报［N］.1997年9月22日．第1-3版．

［21］中共中央关于国有企业改革和发展若干重大问题的决定．人民日报
［N］.1999年9月27日．第1-2版．

［22］全面建设小康社会，开创中国特色社会主义事业新局面．人民日报
［N］.2002年11月18日．

［23］国家统计局：2013年国民经济和社会发展统计公报．

［24］刘玉平．国有资产管理（第二版）［M］.中国人民大学出版社，2012.

［25］周自强，黄新春，薛献华．国有资产管理［M］.南开大学出版社，
2005.

［26］王绛．别曲解国资监管改革的手段与方向［J］.现代国企研究，2014
（5）．

［27］郭芳．"大国资"突围：国资委的下一个十年［EB/OL］.http：//
news.xinhuanet.com/2013-04/23/c_124617494.htm，2013-04-27.

［28］廖红伟．我国国有资产监管问题与对策研究［J］.经济纵横，2009（1）.

［29］安林．区分国有资产与国有资本管理行为［EB/OL］.http：//finance.si-
na.com.cn/leadership/mroll/20090413/14096096367.shtml，2009-04-13.

［30］张政军．"管资本为主"：国资委如何当好股东？［J］.中国经济周刊，
2014（3）.

［31］楚序平：国企退出竞争性领域是误读［N］.东方早报，2014-06-09.

［32］彭建国．改革试点肩负重任［N］.经济日报，2014-07-16：009.

［33］陈波．为什么要实行"政资分开"？［N］.解放军报，2004-01-15.

［34］国资委：国企政企不分、政资不分问题仍存在［EB/OL］.http：//
www.zgpaw.com.cn/2012-10/25/c_123868230.htm，2012-10-25.

［35］胡文骏．国企如何实现政资分开——基于淡马锡的经验［J］.科技致
富向导，2010（7）.

［36］黄淑和．国有企业改革在深化［J］.求是，2014（3）.

［37］曾金冬．以管资本为主加强国有资产监管的重大意义［J］．理论导报，2013（12）．

［38］国资委研究中心副主任彭建国：推改革试点缘于分歧较大［N］．21 世纪经济报道，2014 - 7 - 16018.

［39］梁军．"管资本"与"管人管事管资产"［J］．国企，2014（7）．

［40］华晔迪．混合所有制改革如何推进［N］．中国信息报 2014 - 10 - 29.

［41］胡钰．建好国有资本投运公司的着力点［N］．第一财经日报．2014 - 01 - 29. A13.

［42］刘纪鹏．国有资产监管体系面临问题及其战略构架［J］．改革，2010（9）．

［43］"大国资"时代到来．中国经济周刊．2013（15）．

［44］彭建国．中国企业改革三十年回首［N］．中国企业报，2008 - 10 - 17004.

［45］深入推进政企分开政事分开政社分开——中央编办负责人就国务院机构改革和职能转变答记者问［N］．辽宁日报，2013 - 03 - 11.

［46］蔡玉梅．去行政化：国企改革新期待［J］．产权导刊，2014（2）．

［47］刘小玄．企业边界的重新确定：分立式的产权重组［J］．经济研究，2001（4）．

［48］廖红伟．论国有企业战略重组与产权结构优化［J］．学习与探索，2013（2）．

［49］丁传斌．地方国有资本运营法制探索［D］．华东政法大学；2013.

［50］王勇在全国国有资产监督管理工作会议上的讲话［EB/OL］．http：//www. gov. cn/gzdt/2013 - 01/，2013 - 01 - 10.

［51］黄淑和在全国国资委系统指导监督工作座谈会上的讲话［EB/OL］．http：//www. sasac. gov. cn/n1180/n14200459/n14550482/n14550501/14550882. html，2011 - 06 - 28.

［52］黄淑和在全国国资监管政策法规暨指导监督工作座谈会上的讲话［EB/OL］．http：//www. sasac. gov. cn/n1180/n1566/n11183/n11199/15560096. html，2013 - 10 - 20.

［53］东方早报．国有资本公司明年启动试点［EB/OL］．http：//www. dfdaily. com/html/113/2014/6/6/1157938. shtml，2014 - 06 - 06.

［54］戴锦．中央企业与地方政府战略合作问题研究［J］．国有经济评论，2012（1）．

［55］夏晓柏．五矿造系：控股湖南有色八"金刚"整装上路［N］.21 世纪经济报道，2009 - 12 - 28.

[56] 孙小林. 地方政府傍央企将引发国资新布局 [N]. 21世纪经济报道, 2009 – 12 – 07.

[57] 吕晓蕊, 刘长杰. 重归央企东北国企穿旧鞋走新路 [J]. 东北文窗, 2007 (7).

[58] 兵器装备集团太原南方重汽与晋煤集团签署合作协议 [EB/OL]. http: //www. sxcoal. com/enterprise/628575/articlenew. html, 2009 – 10 – 15.

[59] 巴家韦. 中国通用充分发挥特长力助瓦轴进入世界前三 [N]. 大连日报, 2009 – 09 – 26.

[60] 刘青山, 赵闪闪, 陶如军. 央企援疆: 我们一直在行动 [J]. 国企, 2014 (8).

[61] 徐晶晶. 新疆国资酝酿大动作, 推动疆企参股援疆央企 [N]. 上海证券报, 2013 – 11 – 06; B01.

[62] 白万纲. 淡马锡国有资产管理模式研究 [J]. 现代企业教育, 2008 (1).

[63] 尚鸣. 中国的淡马锡实践 [J]. 中国投资, 2006 (3).

[64] 张喜亮, 陈慧, 张释嘉. 废除国资监管机构不可想象 [J]. 现代国企研究, 2014 (9).

[65] 彭建国. 国有资产经营公司总体设计 [J]. 瞭望新闻周刊, 2006 (31).

[66] 王绛. 进一步优化国有经济布局调整 [J]. 现代国企研究, 2014 (9).

[67] 彭建国. 积极发展混合所有制经济 [N]. 人民日报, 2014 – 09 – 15.

[68] 胡伟. 加强国有企业的业绩考核 [J]. 商业经济, 2012 (1).

[69] 周绍朋, 郭凯. 论国有资本经营预算制度的建立与完善 [J]. 江南论坛, 2010 (6).

[70] 毛专. 我国政府国有资本经营预算管理研究 [D]. 中国海洋大学, 2009.

[71] 王绛. 国企利润都到哪儿去了? [J]. 现代国企研究, 2014 (8).

[72] 吴祥云. 建立国有资本经营预算的若干思考 [J]. 当代财经, 2005 (4).

[73] 周绍朋. 以管资本为主加强国有资产监管 [J]. 前线, 2014 (2).

[74] 丁传斌. 地方国有资本运营法制探索 [D]. 华东政法大学, 2013.

[75] 丁传斌. 地方国有资产监管与运营困境突破 [J]. 南通大学学报 (社会科学版), 2013 (2).

[76] 地方国资监管之忧 [J]. 中国经济周刊, 2013 (15).

[77] 高珊. 地方国有资本监管问题研究 [D]. 湖南大学, 2008.

[78] 李珊. 共容与发展: 我国国有资产管理体制改革研究 [D]. 南京大学, 2013.

[79] 樊继达. 国有资产监管 [D]. 中共中央党校, 2006.

［80］刘小玄．企业边界的重新确定：分立式的产权重组［J］．经济研究，2001（4）.

［81］李欢．国有资本经营预算监督体系研究［D］．财政部财政科学研究所，2013.

［82］谢英姿．国有资本经营预算制度研究［D］．长沙理工大学，2006.

［83］陈勇强．公共财政框架下的国有资本经营预算制度建设研究［D］．厦门大学，2007.

［84］郜志宇．国有资本经营预算设计与研究［D］．厦门大学，2007.

［85］刘剑文，郭维真．论我国财政转型与国有资本经营预算制度的建立［J］．财贸研究，2007（2）.

［86］欧阳淞．国有资本经营预算制度的几个基本问题［J］．法学家，2007（4）.

［87］谭啸．我国国有资本经营预算改革研究［D］．财政部财政科学研究所，2014.

［88］邓子基．略论国有资本经营预算［J］．地方财政研究，2006（1）.

［89］张瑞琰．国有资本经营预算性质与管理研究［D］．西南财经大学，2008.

［90］张喜亮．三中全会国企改革思路解读——如何"完善"现代企业制度［J］．现代国企研究，2013（12）.

［91］王宪魁．加强国有企业党建巩固党的执政基础［J］．党建研究，2006（1）.

［92］张喜亮．三中全会国企改革思路解读——如何"完善"现代企业制度［J］．现代国企研究，2013（12）.

［93］张喜亮．对工会三个基础知识的探讨［J］．工会博览（上旬），2011（12）.

［94］张喜亮．新一轮国企改革与职工权益保障问题发微——《中共中央关于全面深化改革若干重大问题的决定》研习心得［J］．天津市工会管理干部学院学报，2014（2）.

［95］黄茹原、谢涛．关于发展混合所有制企业中职工持股的若干思考［J］．产权导刊，2014（8）.

［96］张喜亮．对工会三个基础知识的探讨［J］．工会博览（上旬），2011（12）.

［97］陈绚．论职工董事制度的完善［D］．暨南大学，2013.

［97］马正武．对组建国有资本投资运营公司的思考．人民政协报，2014-12-16.

[99] 王丽娅.民间资本投资基础设施领域研究 [M].中国经济出版社,2006.

[100] 邱曼京,刘银喜.民间资本进入公共产品供给市场的障碍分析 [J].内蒙古科技与经济,2013 (17).

[101] 课题组."民间资本进入社会公共事业领域"的现状、问题、原因及对策研究——以广西贺州市为考察对象 [J].理论建设,2014 (1).

[102] 赖旭宏.民间资本进入公共投资领域问题应用研究 [D].重庆大学建设管理与房地产工程学院,2004.

[103] 顾琳琳.PPP模式促进基础设施事业发展的机制研究 [J].金融纵横,2014 (8).

[104] 郑文开.民间资金进入社会事业的对策分析 [J].管理观察,2013 (28).

[105] 孙伟,黄志谨.国企境外投资的制度设计 [J].上海国资,2012 (5).

[106] 马建威.中国企业海外并购绩效研究 [D].财政部财政科学研究所,2011.

[107] 李飞.中央企业境外投资风险控制研究 [D].财政部财政科学研究所,2012.

[108] 严勇.中国企业"走出去"财税金融政策研究 [J].长江大学学报(社会科学版),2012 (10).

[109] 赵竹君.我国海外投资保险制度研究 [D].广西大学法学院,2012.

[110] 王红建.构建我国投资保险制度的思考 [D].山东大学(威海),2013.

[111] 贾国栋.企业境外投资的国有资产监管问题.德衡论文集,2012-07-31.

[112] 张路.国有境外投资的风险控制及评价研究 [D].财政部财政科学研究所,2012.

[113] 张玉.我国境外国有资产流失的防范机制研究 [D].安徽财经大学会计学院,2012.

后　记

2017 年 10 月 18 日，中国共产党第十九次全国代表大会在北京开幕。十九大报告提出了中国发展新的历史方位——中国特色社会主义进入了新时代。同时，十九大报告也指出，深化国有企业改革，发展混合所有制经济，培育具有全球竞争力的世界一流企业。

我国国有企业改革从 1978 年底开始，大致可以分为四个阶段：一是 1978~1984 年国有国营到放权让利。此阶段首要的任务是打破高度集权的国有国营体制，赋予企业一定的自主权，以放权让利为重点。二是 1985~1992 年政企分开与两权分离。此阶段改革的基本思路是沿着所有权和经营权分离的原则逐步推进政企分开，使企业成为独立经营、自负盈亏的商品生产者和经营者。在保持国家所有权的前提下，可以将企业的经营权下放给企业，开始探索多种形式的经营责任制。三是 1993~2002 年现代企业制度与抓大放小。从 1994 年开始，国务院选择了 100 家企业进行建立现代企业制度试点，加上各地方选择试点的企业，中央和地方共选择了 2500 多家企业，按照现代企业制度的要求进行公司制改革试点。四是 2003 年股份制成为公有制的主要实现形式。2003 年国务院国资委成立确立了建立中央政府和地方政府分别代表国家履行出资人职责，享有所有者权益、权利、义务和责任相统一，管资产和管人、管事相结合的国有资产管理体制。

在党的十八届三中全会以来，在新时代精神的感召下，国有企业改革进入了成熟期和收获期，积极推行股份制、发展混合所有制经济，按照现代企业制度的要求，国有大中型企业继续实行规范的公司制改革、规范的董事会建设、完善法人治理结构。正如十九大报告所说，要完善各类国有资产管理体制，改革国有资本授权经营体制，加快国有经济布局优化、结构调整、战略性重组，促进国有资产保值增值，推动国有资本做强做优做大，有效防止国有资产流失。

鉴于此，作为国家级教育部人文社会科学重点研究基地，吉林大学中国国有经济研究中心专兼职研究人员，紧紧跟随新时代国有企业改革与实践中的重大理论与实践进行专题研究。其中，本书的撰写分工如下：第 1 章由徐传谌教授、赵岳阳副教授负责；第 2 章由周佰成教授负责；第 3 章由廖红伟教授负责；第 4 章由张东明副教授负责；第 5 章由张炳雷副教授负责；第 6 章由李何讲师负责；第 7 章由石纬林副教授负责；第 8 章由张东明副教授负责；第 9 章由汤吉军教授、李中义副教授负责；第10章由何彬副教授负责；全书是由徐传谌教授、汤吉军教授总体设计、统一安排、修订和最终定稿。当然，由于水平有限，错误难免，还望广大读者不吝赐教。

吉大匡亚明楼

2017. 10. 20